HOW TO GET 800 POINTS ON
THE TOEIC® L&R TEST IN 4 MONTHS.

4か月集中
TOEIC® L&R TEST
800点突破
カリキュラム

FUJIYAMA DAIKI
藤山大輝

【はじめに】

TOEIC満点コーチとして独立して以来、マンツーマンコーチングやグループコーチング、セミナー、さらにメールやSNSでのアドバイスを含めると、のべ3千名以上のTOEIC学習者のみなさまをサポートしてきました。

その中でいただいた学習相談は数知れず。ただ、その内容は似ていました。「TOEIC学習で悩むポイント」にはパターンがあるのです。例えば、あなたは以下のように感じたことはありませんか？

- いつも10～20問塗り絵になってしまう（＝速く読めない）…
- 英語の基礎力がそもそもないんだと思う…
- Part3や4であたふたして3問丸々落としてしまう…
- 仕事が忙しくて勉強時間が取れない…
- モチベーションがキープできない…
- 勉強しても勉強してもスコアが上がらない…

これらは特によくお聞きする悩みです。そして、最後にみなさん次のように言われます。

「どうやって勉強したらいいでしょうか？」

究極のところは、TOEIC学習者であれば誰でも、この問いへの答えを求めているのだと思うのです。

もちろん僕も、初めてTOEICと出会ってから10年以上、その答えを求めてTOEICと向き合い続けてきました。

その結果として、今、1つの「答え」をあなたにお伝えできる段階まで来れたと思っています。

僕自身は留学なしでTOEIC（L＆R）満点（990点）を11回取得することができました。（2021年1月時点）。サポートさせていただいた方々の中からも、スコアを短期間で100～300点アップさせ、見事に目標スコアを達成された方が続出しています。

「8年間」も「600点台」で停滞していたのに、数ヶ月で点数が一気に伸びてびっくりです!!　Hさん【680点→905点】

アドバイス通りに勉強したら、自分でもびっくりするくらい早くスコアが伸びました！　Kさん【735点→990点】

自信もついたし、海外案件の仕事ばかりが来るようになって本当に良かったです！　Sさん【705点→910点】

やりました!!　諦めずにいて良かったです。ここまで来たらレベルA（860点以上）を目指して頑張りたいと思います！　Kさん【695→855点】

先月のTOEICの試験のスコアが、前回までのベストスコアを大きく更新して825点でした！！　リーディングが伸びたのが特に嬉しいです。Tさん【595点→825点】

このような喜びの声を、この数年間で数え切れないほどいただくことができました。

本書では、「どうやって勉強したらいいのか」という問いに対する答えを、僕が提供しているコーチングサービスの「4ヶ月間の流れ」に沿ってあなたにお伝えしていきます。

なぜ4ヶ月間なのか？

これまで僕は「3ヶ月」という区切りでサービスを提供してきました。その理由は、本書で解説していく学習メニューを十分にこなし、大幅なスコアアップを達成するために必要な時間が「3ヶ月」だったからです。しかし、最近はそれが難しくなってきてしまいました。TOEICが難しくなったからです。

もちろん、その分ハードに取り組めば3ヶ月でも結果を出すことはできますが、忙しい毎日を過ごしながらそれができる人は多くないと思います。そのため、1ヶ月間の猶予を設け「4ヶ月の集中学習で大幅にスコアを上げる」という目標が適切だと判断しました。

したがって、本書は「4ヶ月間」の学習スケジュールを紹介しています。

具体的には、次のような内容を解説します。

本書の流れ

▼**第1章：（1週目）正しく目標設定し、学習時間を捻出する**

事前の準備なくいきなり始めるよりも、多少の時間をかけて準備をして、満を持してスタートしたほうが効果的です。まずは最初の1週間を使って「正しい目標設定」と「学習時間の捻出」に取り組んでいきます。

どれだけ正しい学習法を知っていても、目標が曖昧だったり、そもそもの学習時間が捻出できなければ結果を出すことはできません。適切な目標を設定するためには「SMART目標設定法」というアプローチを使います。学習時間を捻出するための10個のテクニックも紹介していきます。

▼**第2章：（2～6週目）単語力を徹底的に強化する**

準備が整ったら、「単語力の強化」に取り組んでいきます。

「自分は単語力が足りてない……」と何となく感じていても、それをどうやって解決したらいいのかわからない人は多いと思います。単語力を強化するための具体的な方法をこの章で解説します。単語力は、正しくやれば一気に伸びていきます。

▼第3章：（7～9週目）文法を総ざらいする

次は文法の総ざらいに取り組んでいきます。

TOEICに出てくる文法項目は、実は基本的なものばかりです。僕がおすすめするテキストを使って文法を総ざらいする方法を解説します。また、文法学習で挫折しないためのコツも紹介していきます。

▼第4章：（10～12週目）「音トレ」でリピーティングとオーバーラッピングを身につける

次に取り組んでいくのは、発音トレーニングです。

英語は「言えるものは聞き取れる」のが原則です。したがって、TOEICのリスニングの内容を自分で言えるようにしてしまえば聞き取れるようになります。この章では発音トレーニングの具体的な方法を解説します。

▼第5章：（13～16週目）目標スコアに達するまで「多解き」する

ここからは、いよいよ本番を想定して実際の問題を解いていきます。

問題を解くことは誰でもできます。しかし、その後の「正しい復習法」を実践できている人は少ないのではないでしょうか。間違えた問題をどのように復習し、どのように弱点を潰していくのか、その具体的な方法を解説します。

▼第6章：（番外編）最後に残る壁をクリアする

ここまで進んできた人にとっての最後の壁になるのが「モチベーション」です。せっかく学習時間を確保して、正しい学習法を身につけたとしても、モチベーションが切れてしまったら求める結果は手に入りません。途中で挫折することなく、目標スコアに達するまで学習を継続するための「モチベーションキープ」の方法を紹介します。

このような流れで、本書は進んでいきます。

TOEIC学習に対するあなたなりの考えがあるのは十分承知しています。ただ、「4ヶ月」だけ、本書で紹介する流れで学習を進めてみてください。今まで気づいていなかった自分の弱点がわかったり、今まで取り組んでいたトレーニングがやりやすくなったりなど、色々な気づきを得ていただけるはずです。その先にあるのが大きなスコアアップです。

「頑張っているのに、なかなかスコアが上がらない……」

そういう人にほど、本書はお役に立てます。

目標スコアを達成したらどんな未来が待っているのか？　それを常にイメージしながら学習を進めていきましょう。それではスタートです。

第1章 正しく目標設定し、学習時間を捻出する（1週目）

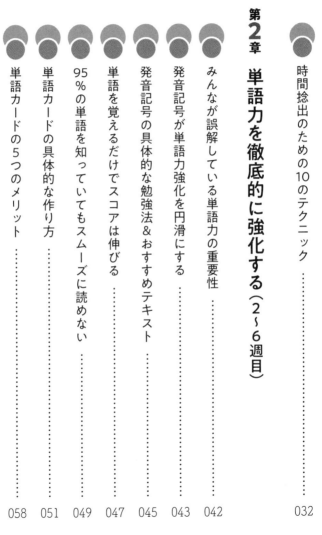

第3章 文法を総ざらいする（7〜9週目）

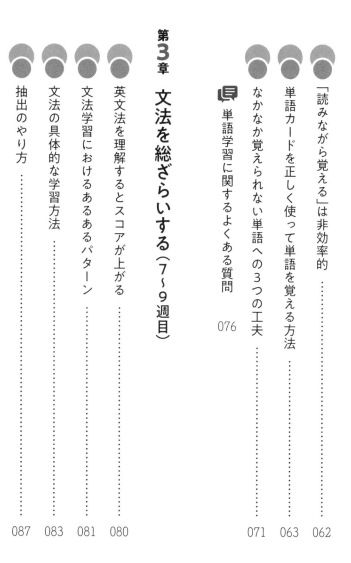

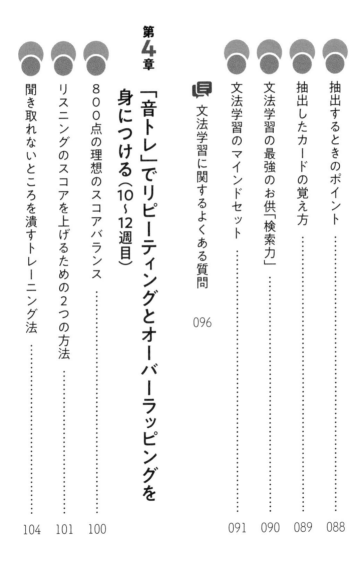

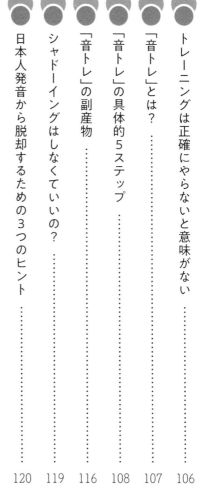

第5章 目標スコアに達するまで「多解き」する（13～16週目）

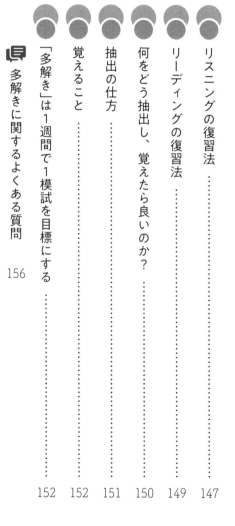

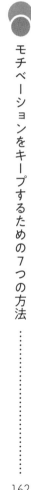

第1章

▼

正しく目標設定し、学習時間を捻出する（1週目）

まずは「目標設定」と「時間捻出」を考える

TOEICを学習している人であれば、その人なりの「目標スコア」があり、それを達成するために日々頑張っているはずです。

しかし、その目標スコアを「いつ」までに達成するかは明確でしょうか？「いつ」が明確だったとしても、その目標スコアは現実的に「達成可能な」数字でしょうか？

このあたりを考慮に入れず、やみくもに目標を設定してしまうと、本来はモチベーションの源となるはずの目標が、逆にやる気を削いでしまうものになってしまいます。目標の立て方にはコツがあります。

また、正しく目標を立てることができても、そのために使う時間が捻出できなければ目標は達成できません。誰もが忙しい毎日を過ごしていると思いますが、なんとか時間を作る必要があります。

「目標設定」と「学習時間の捻出」この2つがTOEICで結果を出すために、最初に求められるものです。まず最初の1週間を使って、これら2つをクリアしていきましょう。

そのための具体的なやり方を「目標設定法」そして「学習時間の捻出法」の順番で紹介し

ます。
まずは「目標設定法」からです。

SMART（スマート）に目標を立てる

非常に有名なメソッドなのでご存知の方も多いかもしれませんが、「SMART目標設定法」というものがあります。
「SMART目標設定法」とは、「S・M・A・R・T」それぞれを頭文字とする、以下の英単語を踏まえて目標を立てる方法です。

Specific: 具体的である
Measurable: 計測可能である
Attainable: 達成可能である
Relevant: 価値観に関連性がある
Time-bound: 期限がある

人によっては「A」を「Agreed-upon（＝同意している）」にしたり、「R」を「Realistic（＝現実的な）」にしたりしている場合もありますが、全体的な意味は変わりませんのでご安心ください。

これらの要素を考慮し、目標を立てていくのが「SMART目標設定法」です。もしかすると、あなたは今「細かくて面倒くさいなあ」と思われたかもしれませんが、正しく目標を設定するためには必要不可欠なステップなのです。

なぜなら、多くの人は抽象的に目標を立ててしまうからです。例えば「今年はTOEICのスコアを上げる！」とか「今年はジムに通う！」とかそういった抽象的な目標です。こうした抽象的な目標では、ゴールが明確ではないため途中で挫折する可能性が高くなります。

ゴールの場所が決まっていないマラソンに挑戦する人はいません。ゴールが明確だからこそ人は頑張れます。つまり、目標は明確に立てる必要があるのです。

「目標を明確に立てる」とは、言葉を変えると「**どうなったら目標を達成したと言えるのかを客観的に判断できる**」ということです。

「TOEICのスコアを上げる！」だと5点だけ上がったらいいのか、100点上げないといけないのか、そのあたりがあいまいです。しかし、「TOEICで800点を取る！」なら客観的にゴールがわかります。このような明確な目標を設定するときに便利なのが

「SMART目標設定法」です。
それでは、「S・M・A・R・T」の各項目について解説していきます。

Specific: 具体的である

目標を達成できるかどうかは、「**その目標を達成している自分を、どれだけ鮮明にイメージできるか**」にかかっています。

スポーツの世界で、イメージトレーニングをするだけでも能力の向上が認められたという研究成果があるように、「目標を達成している自分」をイメージすることは非常に重要です。そのためには、目標が具体的である必要があります。

例えば僕は、過去に営業の仕事をしていました。たくさんいる営業マンの中で、結果を出す人とそうでない人の違いは明らかでした。

それは「目標が具体的かどうか」です。

結果を出す営業マンは、「今月は○件の契約を取り、○円の売り上げを上げる」というように、「具体的な目標」を設定していました。

一方、結果を出せない営業マンは、具体的に考えることができず、「その日その日でベストを尽くす」という抽象的な目標を立てて仕事に取り組んでいました。

目標が具体的だからこそ、どうなれば達成できたと言えるのかが判断できるようになり、「目標を達成した自分」をイメージしやすくなります。

Measurable：計測可能である

「Measurable：計測可能である」は、先ほどの「Specific：具体的である」に密接に関連しています。計測可能であるということは、「数字」で測れるということです。

例えば「TOEICのスコアを上げる」という目標を立てたとします。これは数字で計測ができません。

「TOEICのスコアを上げる」という目標なら、仮に5点だけ上がった場合でも目標達成となります。しかし、5点では満足できないはずです。

つまり、「TOEICのスコアを上げる」という抽象的な目標の背後には、「できれば大きくスコアを上げたい」という気持ちが隠れているはずです。それを数字で表現しない限り、目標達成は期待できません。なぜなら、「目標を達成した自分」をイメージできないからです。

「大きなスコアアップ」とは何点のアップでしょうか？　50点アップでしょうか、100点アップでしょうか、200点アップでしょうか？　それを決めて数字で表現しましょう。

目標を「Measurable: 計測可能」なものにした瞬間に、視界がクリアになります。

Attainable：達成可能である

目標は達成可能（＝attainable）なものである必要があります。

なぜなら、「明らかにそれは無理だろう」という目標を設定してしまったら、「その目標を達成している自分」がイメージできなくなってしまうからです。

あくまでも、常識的な範囲内で考えていきましょう。ポイントは、「感情の動きが感じられるかどうか」です。

例えば「1ヶ月で300点アップさせる」という目標を達成するのは、おそらく不可能です。「1ヶ月で300点アップさせる」と頭の中で考えても、反射的に「うーん、無理だな」という感覚になるはずです。つまり、この目標では感情は動いていないということです。

では、「4ヶ月で200点アップさせる」だったらどうでしょうか。「簡単ではなさそうだけど、チャレンジしがいがありそう。もし達成できたらすごいな」というように、感情の動きが感じられるはずです。

これが達成可能（＝attainable）な目標です。

ただ、現実的に考える一方で、「自分の能力を低く見積もりすぎないようにする」ということも意識してください。

人間は本気になれば驚異的な能力を発揮することができます。明らかに無理な目標は避けるべきですが、「いやー、無理かもしれないなぁ」くらいの目標は本気になれば達成可能です。

「明らかに無理な目標」と「少し無理な目標」を上手く見分けて、あなたにとってベストな目標を立てていきましょう。

「達成はかなり難しそうだけど、100%無理かと言ったらそんなことはないぞ」というレベルの目標が、ちょうど良いです。

Relevant: 価値観に関連性がある

「Relevant: 価値観に関連性がある」とは、わかりやすく表現するなら「自分が心から打ち込める」ということです。

自発的に努力するからこそ、困難な目標だったとしてもやり抜くことができます。しかし、「誰かに押しつけられた目標」では、挫折の可能性が一気に上がります。

「自分で決めること」「自分が納得すること」「自発的にコミットすること」これらは非常に重要です。他人に押しつけられた目標に価値はありません。あなたの目標を決める権利は、あなたしか持っていないのです。

例えば、もしあなたが「会社にやれと言われて仕方なくTOEIC学習している」のであれば、そのままでは力が出ないはずです。その場合は「TOEIC学習にあなただけの意味」をつけ加えてください。

具体的には、「やり切ったら自信がつく」「キャリアアップするときに武器になる」「勉強している姿を子どもに見せられる」「将来的に英会話にも進みやすくなる」など、自分の価値観に沿うものであれば何でもOKです。そうすればTOEIC学習に心から打ち込めるようになります。

Time-bound: 期限がある

最後は「Time-bound: 期限がある」についてです。

これは単純で、「期限を決める」ということです。

「パーキンソンの法則」というものがあります。「仕事の量は、完成のために与えられた時間をすべて満たすまで膨張する」という法則です。つまり、「1時間で終わる仕事でも、3時間が与えられたとしたら、なぜか3時間かかってしまう」という意味です。

例えば、9時〜17時が決まった就業時間だとすると、その日の仕事は17時頃に終了する流れで処理されていくはずです。けれども、実はその仕事量は、本気で取り組めば午前中のうちに処理できる量だったりするのです。

人は17時まで時間があると考えると、無意識で17時まで仕事を引き延ばしてしまいます。このパーキンソンの法則は、実は「目標達成のプロセス」にも当てはまります。期限を決めない限り、いつまでもダラダラと目標達成が延びていってしまうのです。

期限を決めるからこそ、自分を追い込むことができます。

本書では「4ヶ月」という期間での学習を提案していますが、それを前倒ししてもかまいませんし、逆に、じっくり取り組むために時間を伸ばしても問題ありません。

自分にしっくりくる「期限」を設定してください。

以上の5つ、

Specific: 具体的である
Measurable: 計測可能である
Attainable: 達成可能である
Relevant: 価値観に関連性がある
Time-bound: 期限がある

これらを踏まえた目標が「SMART な目標」です。

例えば、「今から4ヶ月後の○月○日までに、以前から興味があった海外案件の仕事に立候補するために、TOEIC のスコアを100点アップさせ、800点を突破する」という目標は「SMART な目標」だと言えます。

目標がうまく立てられたら、「学習時間の捻出」について考えていきましょう。

TOEIC学習は「下りエスカレーター」を駆け上がるイメージ

あなたは毎日どれくらいの学習時間を確保できているでしょうか。1時間でしょうか。2時間でしょうか。もしかすると毎日15分を確保するのが限界と感じている人もいるかもしれません。

800点以上という高いスコアを狙っていくためには、忙しい毎日の中で、スキマ時間も合わせて合計2時間は毎日確保したいところです。

というのも、TOEIC学習は「下りのエスカレーターを駆け上がっていく」ようなものだからです。

人間は忘れる生き物です。何度もくりかえして完全に定着した知識は別ですが、基本的には、放っておいたら覚えたものをどんどん忘れていきます。つまり、忘れるペース（下りのエスカレーター）を上回るペース（駆け上がる）で学習を進めていかなければ、スコアは上がらないのです。

だからこそ、毎日一定以上の時間をTOEIC学習に充てる必要があります。その目安が2時間です。

時間の捻出にはテクニックがあります。僕自身が実践して効果を感じ、さらにコーチングの生徒さんたちにも実践していただいて効果的だった時間捻出テクニックを10個紹介します。その中の2〜3個だけでもかまいませんので、ぜひ実践して毎日2時間の学習時間を確保していきましょう。

時間捻出のための10のテクニック

▼テクニック1：選択ルールの作成

「迷う時間」ほどもったいない時間はありません。「健康でいるor病気になる」という選択で迷う人はいないように、人は「あり得ない選択肢」はもともと除外して物事を考えています。その意味で「選択肢に残っている物事」は、別にどれを選んでもいい程度のレベルなのです。そうであるなら、悩む時間をカットして、その分の時間を確保していきましょう。そのためにおすすめしたいのが「選択ルールの作成」です。ルールは、自分が納得いくだけ何個でも作ってください。例えば「3000円以下のものなら何も考えずに即決で買う」とか「仕事で使うシャツは白だけにする」などそういうイメージです。迷わなくなれば、プラスαの時間が捻出できます。

▼テクニック2：5秒ルール

アメリカの作家であるメル・ロビンスが生み出した「5秒ルール」という画期的な方法があります。

これは「**何か行動しようと思った瞬間に、頭の中もしくは実際に声に出して『5・4・3・2・1』とカウントダウンして、カウントがゼロになる前に行動に移す**」というシンプルなルールです。

「5秒ルール」の背景には「**何かをしようとしたときに5秒経過すると言い訳を考え始める**」という人間の性質があります。

言い訳が始まってしまったら、どんどん無駄な時間が過ぎていき、最後には「先延ばし」という最悪の結論に至るのが普通です。これほどの時間の無駄はありません。それを攻略するのが「5秒ルール」です。

言い訳が思考の中に入ってくるまでの5秒間のうちに、一気に行動に移しましょう。

このルールによって行動力が上がり、無駄に悩む時間が減れば、今よりも時間を生み出すことができます。

▼テクニック3：邪魔されOKタイム

これは特にお子さんがおられる方に効果的な方法です。

「子どもと遊ぶことが自分の人生の目的です！」という方はまったく問題ありませんが、そうでない方にとっては **「子どもと接する時間」と「仕事や自己研鑽の時間」のバランスを取ること** は大きな課題であるはずです。

そこで活用できるのが **「邪魔されOKタイム」** です。

1日の中に **「どれだけ邪魔されてもいい時間（＝子どもと遊ぶ時間）」** を作ってしまってください。

例えば、「19時30分から21時までは子どもに自分を捧げる！」というような感じです。

そのときの気分や状況で何となく自分の行動を決めてしまうのではなく、あらかじめスケジュール化してメリハリをつけて行動しましょう。

そうしたら物事が効率的に進んで、今よりも時間が捻出できるはずです。

▼テクニック4：スマホ断捨離

スマホ依存症を表す言葉「ノモフォビア」がケンブリッジ英語辞典に載ってしまうほど、

スマホは完全に生活の一部となり、そのせいで莫大な時間が無駄になっていると僕は考えています。

スマホをいじっている自分を思い出しながら、冷静に問いかけてみてください。

その時間は、自分の人生にとって、なくてはならないものだろうか？

「YES」ならそれでいいです。しかし「NO」なら、その時間はカットすべきです。

スマホをいじる時間をうまくカットできたら、間違いなく時間が捻出されます。それも、かなり大きな時間です。

▼テクニック5：アウトソーシング（外注）

「**時間がないなら、時間を買ってしまえ！**」という発想がアウトソーシング（外注）です。

家事代行や育児代行、もう少しマイルドなものだとロボット掃除機で掃除を自動化したり、洗濯乾燥機を使って洗濯物を干す時間をカットするなどが考えられます。お金はかかりますが、かなりの時間を捻出できます。

▼テクニック6：未完了を完了させる

海外のビジネスでよく出てくるマインドセット（考え方）に「**Clean up your incompletes!**」というものがあります。

これは「未完了のものを完了させる」という意味です。

「未完了のもの（＝中途半端になっているもの）にケリをつけたら気持ちに余裕ができる」という点で効果的な考え方ですが、実はこれ、時間を捻出する上でも役に立ちます。

仕事でトラブルを抱えているとか、パートナーに別れ話を切り出されそうになっていたり、歯が痛かったり、そうした「気になること（＝未完了のもの）」が頭の中に残っていたら、それを何度も考えることで時間が奪われていきます。

気になることは思い切って片づけてしまってください。そうすれば、今よりも時間が手に入ります。

▼テクニック7：予定を入れない

「予定が何もない日」ってうれしくないですか？僕だけでしょうか。

そのうれしさはどこから来るのか考えてみると「自由」からだと僕は思うのです。

「自分の時間を好きなことに使える」という自由です。

もちろん家族がいたり、パートナーがいたりしたら100％は難しいと思いますが、少しでも自分の自由な時間を確保して、**「将来なりたい姿を考える時間」**や**「必要なスキルや知識を身につけるための時間」**に充てることができたら最高ではないでしょうか。そのような時間を意図的に作っていきましょう。

そのための方法としておすすめなのが「**予定を入れない**」ということです。

これは、気持ちがのらない誘いを「断ること」によって可能になります。

断わるときは勇気が必要です。僕も断ることにかなり苦手意識を感じるタイプですが、後悔するよりはマシなので積極的に断っています。

予定を入れないことで、時間は生まれます。

▼テクニック8：整理整頓する

アメリカのコンサルタントであるリズ・ダベンポートによると、ビジネスパーソンは勤務中の探し物に「**年間150時間**」を費やしているそうです。1年間の労働日数を250日とすると、1日あたり36分もの時間になります。

この時間、完全に「ムダ」ですよね。逆に考えると、その時間をカットして仕事を早く終わらせることができれば、いつもより早く退社するなどして時間を捻出できます。

ぜひ「整理整頓」をしましょう。

デスクなら「コレはココ！」という定位置を決めて、何かを探す時間をなくしましょう。書類ならデータ化した後に索引をつけて、すぐに検索できるようにしましょう。

本なら後々引用できそうなところにマーカーを引いておいて、あとですぐに参照できるようにしましょう。

探す時間をゼロにして、時間を生み出してください。

▼テクニック9：10－3－2－1ルール

起業家であり作家でもあるCraig Ballantyne氏が生み出した「**10－3－2－1ルール**」というアイデアがあります。

これは「就寝時間」を基準にして、

- **10時間前にはカフェインを控える**
- **3時間前には食事を控える**
- **2時間前には交感神経を活性化する作業を控える**
- **1時間前にはスマホなどのブルーライトを控える**

このように時間を過ごすことにより、睡眠の質が劇的に高まるというのがこのルールの効果です。

睡眠の質が高まると、睡眠時間が少なくて済むようになります。無理やり睡眠時間って体調を崩したら意味がありませんが、健康をキープできるなら、「7時間睡眠」を「6時間30分睡眠」にして「30分」を捻出することができます。

「10－3－2－1ルール」をぜひ試してみてください。

▼テクニック10：人間関係の最適化

あなたの人間関係は「最適」な状態でしょうか？ 自分の貴重な時間を捧げるにふさわしい人たちと繋がれているでしょうか？

イヤな人はできるだけカットしてください。職場でどうしてもイヤな人と接しないといけないときは、工夫してその時間を減らしてください。

ハーバード大学の75年に渡る大規模な研究により「**人の幸せを決めるのは人間関係だ**」という結論が出ています。

人間関係をできる限り最適化してください。

これが究極の時間捻出方法だと僕は考えています。

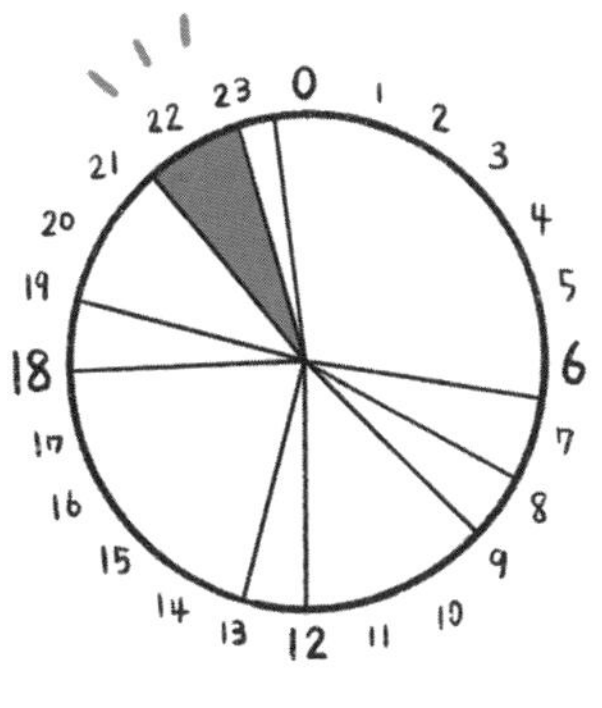

まとめ

この章では「目標の立て方」と「学習時間の捻出の仕方」を解説しました。自分のやる気を引き出してくれる目標が設定できて、それを実行に移すための時間が確保できたら準備は完了です。

次の章からは実際の学習に入っていきます。

まずはスコアアップの最大の要とも言える「単語学習」から始めましょう。

第2章

▼

単語力を徹底的に強化する（2～6週目）

みんなが誤解している単語力の重要性

TOEICの問題が解けるとはどういう状態なのか考えてみましょう。

まず、リスニングについてです。リスニングは、聞こえてきた英文が聞き取れて意味が理解できたら問題が解けます。

英文の最小単位は単語です。リスニングは、最小単位である単語をどれだけ正確に聞き取れるかが勝負です。前置詞などの細かい単語が聞き取れなくても、文の中のメインとなる単語、つまり名詞や動詞が聞き取れたら、英語は理解できます。

そのときに大事になるのが、「自分が認識している音と実際の音のギャップを埋める」ということです。

例えば「repertoire（レパートリー）」という単語があります。この単語の正しい発音は「レパトワ」に近い音です。「レパートリー」ではありません。ですが、もし「レパートリー」という音で覚えていたとしたら、「レパトワ」と聞こえてきたときに理解できません。何の単語だろうと考えて止まってしまい、聞き取れないのです。聞き取るためには、流れてくる英語に遅れずついていき、理解する必要があります。

続いて、リーディングはどうでしょうか。リーディングは書かれている英文の意味が理解できたら問題が解けます。この状態になるためには、実はリスニングと同じで、英文の最小単位である単語を1つでも多く覚えていくことが求められます。

もちろんリーディングスコアを上げていくためには文法知識も必要ですが、そもそも単語を知らなければ英文の意味がつかめず、文法知識の使いようがなくなるので、やはり最初は単語です。単語力を上げつつ、文法の知識を蓄えていけばスコアは上がります。

まとめると、リスニングもリーディングもまずは単語が重要だということです。

発音記号が単語力強化を円滑にする

単語の覚え方は後述しますが、ひとまずここでお伝えしたいのは、「単語を覚えるときは、声に出しながら音で単語を覚えてください」ということです。単語を目で見て覚えるだけでなく、実際に発音して、耳も使いながら覚えていくほうが定着率が上がります。

もちろん、周囲に人がいるときは声が出しづらいと思いますので、そのときはつぶやく程度でOKです。

先ほどお伝えした通り、実際の発音とズレた発音で覚えてしまったらリスニングのときに困るため、「できる限り正しい音」で発音していくようにしましょう。

そのために求められるものが発音記号です。

単語を覚えるときに、テキスト付属の音声を聞きながら、真似して発音するのもいいですが、何度も音声を確認するのは思った以上に手間がかかります。そうではなく、発音記号を自分で読めて、おおよそ正しい発音ができるようになればお手本の音声を確認する手間が省けます。それが積み重なると、トータルでは大きな時間が節約できます。

したがって、まずは発音記号を読めるようになってしまいましょう。

僕もTOEICの学習を始めた頃は、最初に発音記号を覚えました。発音記号は難しいという認識がある方も多いと思いますが、まったくそんなことはありません。1日あたり30分~1時間程度取り組んだら、3日で終わります。

発音といえば「フォニックス」という学習法もありますが、それはあくまでも「発音記号が読めない

小さなお子さん向け」の方法だと僕は考えています。大人は発音記号をそのまま学習したほうが効率的です。

発音記号の具体的な勉強法&おすすめテキスト

発音記号を覚えていくときは、『英語の正しい発音の仕方（基礎編）』と『英語の正しい発音の仕方（基礎編）CD』の2つを使うのがオススメです。

『英語の正しい発音の仕方（基礎編）』のページを開き、該当部分の音声を『英語の正しい発音の仕方（基礎編）CD』で聞きながら、「この発音記号はこういう音」というように、ひとつひとつ覚えていきます。100%正しい音が発音できることをゴールにすると一向に進まないので、イメージとしては80%くらい正しい音が出せるようになったらクリアとしましょう。

『英語の正しい発音の仕方（基礎編）』は、全体で25ページあります。それぞれの発音記号に対して「3つの単語」と「1つの英文」が例として読み上げられます。

例えば、テキストの1つ目に書かれている発音記号は【iː】です。これに対して【sea】

【clean】【keep】という単語と、「I didn't mean to hurt Peter's feelings」という英文が例として挙げられています。

CDの音声の後に続いて、それらを真似して発音してみましょう。単語はそれぞれ3回、例文は5回程度真似して発音したらOKです。

そうしたら、「【iː】は『イー』と読む」ということがわかります。これでクリアです。このようにして一つ一つの発音記号を読めるようにしていきましょう。

▲CD【改訂版】英語の正しい発音の仕方（基礎編）／岩村 圭南／研究社／2019年

【改訂版】英語の正しい発音の仕方（基礎編）▶／岩村 圭南／研究社／2019年

単語を覚えるだけでスコアは伸びる

発音記号がひと通り読めるようになったら、次は単語の意味を覚えていきます。

単語学習のテキストは、アルク社の『【音声DL】キクタンTOEIC(R) L&Rテスト SCORE 600』と『【音声DL】キクタンTOEIC(R) L&Rテスト SCORE 800』の2冊がおすすめです。具体的な学習法をお伝えしていく前に、実際にあったエピソードを紹介させてください。

過去に、ある男性から受けたTOEIC学習の悩み相談の話です。その方はこのように言われました。

「リーディングでは単語は特に苦になっていませんが、Part7で文章が理解できていないので、どうしたらいいか悩んでいます」

本人は気づいていませんでしたが、色々と聞いていくうちに明らかに単語力が課題になっていることがわかりました。

試しに「単語テスト」をやっていただきました。すると、案の定単語がまったく定着していなかったのです。Part7ができない原因を本人は思い違いしてしまっていたということです。

実はこういったケースはよくあります。「自分は単語は大丈夫だ」といったん思い込んでしまうと、本当の原因が見えなくなり、どう学習を進めていったらいいのかわからなくなってしまいます。

「単語はだいたいOK」と思っている人でも、実は単語力不足で英文が読めていないケースがほとんどなので注意してください。

もう1つ、別の男性の例を紹介します。その男性は680点だったスコアを3ヶ月で一気に875点までアップさせました。この方からいただいたメッセージが今でも印象に残っています。

リーディングがずっと300点くらいでしたが、400点近くまでアップしたのは確実にキクタン600と800のおかげです。それ以外はほぼ何もしていませんので。リスニングの先読み（※音声が始まる前に、設問と選択肢にあらかじめ目を通しておき、どんなことが問われるのかを予想するリスニングのテクニック）にも単語力が重要でしょうし、Part7は間違いなく単語力です。結局単語力がつけば、かなりの点数が底上げされるのではと思います。

この方のように、単語力が上がれば上がるほどTOEICのスコアは伸びていきます。

95％の単語を知っていてもスムーズに読めない

単語の重要性を別の角度から説明するために、ある研究を紹介させてください。

ニュージーランドの応用言語学者であるPaul Nation教授が書いた『How Large a Vocabulary Is Needed For Reading and Listening?』という論文があります。この論文の中に、ノンネイティブの英語学習者における「単語を知っている量」と「テキスト全体の理解度」を調べた実験が紹介されています。

日本語訳は意訳ですが、簡単にまとめると、「与えられた英文を正確に理解するためには、少なくとも全体の95％の単語を知っている必要がある。ただ、それでも理解できる人は少数で、さらに正確に理解したいのなら100％に近い単語を知っている必要がある」ということです。

つまり、英文全体のほぼすべての単語を知っていなければ、正確に理解しながら読むことはできないのです。

With a text coverage of 80% (that is, 20 out of every 100 words [1 in 5] were nonsense words), no one gained adequate comprehension. With a text coverage of 90%, a small minority gained adequate comprehension. With a text coverage of 95% (1 unknown word in 20), a few more gained adequate comprehension, but they were still a small minority. At 100% coverage, most gained adequate comprehension.
全体の80%の語彙を知っている状態（100ワードにつき20ワード知らない単語がある）では誰も適切な理解を得ることができない。90%だと少数の人たちが適切な理解を得られる。95%（20ワードにつき1ワード知らない単語がある）だとさらに理解できる人は増えるが、まだまだ少数である。100%だと大部分の人が適切な理解を得られる。

70〜80%くらいの単語を知っていたら、なんとなくはパッセージの意味が取れると思います。しかし、現在のTOEICは、どれだけ細かいところまで読めているかが問われ、なんとなく意味がつかめているだけでは解けない問題が多く出てきます。

また、正確に理解しながら読めるからこそ、読むスピードが上がります。知らない単語がいくつもある英文の意味を推測しながら読んでいては、どんなに頑張ってもスピードは上がりません。

「英文をスムーズに読む」ということは、TOEICを攻略するために必要不可欠です。「TOEICに出てくる単語は、ほぼ知っている」という状態に少しでも近づいていきましょう。そうしたらスムーズに読めるようになり、それに伴ってスコアも上がります。

TOEIC学習が楽しくなるのは「あっ聞ける」とか「あっ読める」と感じられるようになったときです。楽しくなってきたら、自然とモチベーションもキープされ、結果が出るまで継続できるようになります。

そうなるための最大の鍵が「単語」なのです。単語を覚えることから逃げてしまったら、TOEICのスコアはどこかで頭打ちしてしまいます。

ここは腹を決めて単語力を強化していきましょう。

単語カードの具体的な作り方

それでは、単語を覚えるための具体的な方法をお伝えしていきます。

単語は「単語カード」を使って覚えていきます。僕自身これまで色々な方法で単語暗記にチャレンジしてきましたが、「短期間で」「大量に」単語を覚えていくという前提で考えると「単語カード」が最も効果的だという結論に至っています。最近はスマホのアプリを使って単語を覚える人も多いですが、スマホに入っている他のSNSやゲームなどのアプリに気を散らされたり、アプリの起動に意外と時間がかかったりするため、僕は単語カードをおすすめしています。

単語カードを作るときは、「覚える情報は極力少なくする」ということを意識しましょう。例えば、1つの単語に3つの意味があるとします。この3つをすべて覚えようとしたら、覚えなければならない量が単純に3倍になるということなので、時間がかかりますし、モチベーションも低下しやすくなります。だからこそ、まずは「1単語1訳」で覚えていきましょう。

そのうえで、のちに英文を聞いたり読んだりするときに「自分の覚えている意味では通用しない」という状況に出会った場合のみ、追加で別の意味を覚えていくというスタンスで進めてください。

具体的な作り方は、以下の4ステップです。

▼ステップ1：必要なテキスト、道具を用意する

作業を開始する前に、必要なテキストや道具を用意してください。ここでは『【音

声DL】キクタンTOEIC(R) L&Rテスト SCORE 600』と『【音声DL】キクタンTOEIC(R) L&Rテスト SCORE 800』の2冊を使用します。

単語カードは、一般的なものであればどんなものでもOKです。僕は無印良品の単語カードがシンプルなデザインで好きなので、いつも使っています。

さらに、滑らかに書けて、長時間使い続けても腕が疲れにくいボールペンも必須です。オススメは、三菱鉛筆から出ているジェットストリームシリーズです。

▲【音声DL】キクタンTOEIC(R) L&Rテスト SCORE 600／一杉 武史／アルク／2020年

▲【音声DL】キクタンTOEIC(R) L&Rテスト SCORE 800／一杉 武史／アルク／2020年

▼ステップ2：付属の赤シートを使いながらキクタン600の英単語を「一瞬で日本語の意味が出てくるもの」と「出てこないもの」に分ける

ひとまず現時点では、見開きになっている左側のページのみを使って進めていきます。赤シートで意味を隠しながら英単語を見て、一瞬で意味が言えるかどうかで振り分けていきます。

なぜ一瞬で意味が出てくる必要があるかというと、それくらいの基準で覚えておかないと、実際に問題を解くときに使い物にならないからです。特にリスニングでは一瞬でも「あれ、この単語の意味は何だっけ？」と考えてしまったらアウトです。音声は容赦なく先に進んでいってしまいます。

同様にリーディングでも、大量の英文を読まなければならないTOEICでは、時間をかけて単語の意味を思い出している余裕はありません。「一瞬で出てくるかどうか」という基準で単語を覚えるからこそ、実際に英語を聞いたり読んだりするときに使える知識となります。

振り分ける際に「意味は一瞬で出てきたけれど、正しい発音で言えるかどうか不安な単語」があれば、発音記号をチェックし、3回程度正しく発音して記憶に刷り込んでから次の単語に進みましょう。

また、振り分けをしているときに、赤文字になっているメインの意味ではなく、2番目や3番目の意味が出てきてしまうケースも起こるはずです。そうした単語は「すでに意味を知っているもの」として捉えていただいてOKです（ただし、一瞬でその意味が出てくることが条件です）。

のちに英文を聞いたり読んだりするときに「自分の覚えている意味では通用しない」という状況に出会ったときのみ、追加で別の意味を覚えていきましょう。

振り分け作業に取り組むと「意味を覚えていると思っていたけれど、実はそうではなかった」という単語が予想以上に見つかるはずです。まさにそれが自分では気づいていなかった弱点です。

単語の振り分け作業は、自分の弱点を客観的に認識するという意味でも、とても効果的です。ここまでがステップ2です。

▼ステップ3：一瞬で意味が「出てこなかった」単語を単語カードに書き写す

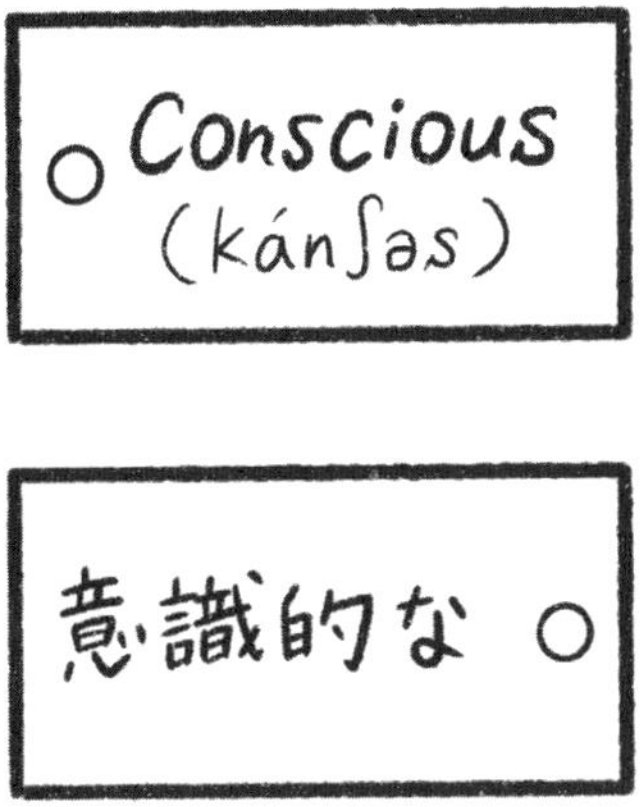

図のようにシンプルに表に単語、裏に赤文字になっている意味だけを書き込んで作っていきま

す。そして、発音に自信がないものだけ発音記号を書き込みます。「この単語の発音は間違えないだろう」とか「ほぼ正しい音を知っているな」などと思った単語については、発音記号を書き込む必要はありません。

このような流れで、機械的にどんどん単語カードを作っていきましょう。

▼ステップ4：キクタン600が終了したらキクタン800でも同じことをする

キクタン600を使ってステップ3まで完了したら、次はキクタン800を使って同じことをおこないます。同じことのくりかえしなので退屈かもしれませんが、しんどいのは今だけなので、気持ちで乗り切っていきましょう。

このステップ4に関して、「すでに作り終えたキクタン600の単語カードを覚えてしまってから、その後にキクタン800の単語カードを作り始めたらいいのでは？」と思われるかもしれませんが、それだと効率が悪くなります。というのも、「**同じ作業はまとめて一気に終わらせた方が速い**」からです。

僕が学生時代に経験したアルバイトのひとつにイベント会場の撤去の仕事がありました。そのときに木材から釘を抜くという作業をしたのですが、僕は「木材を1本運んできて、釘を抜いて、それが終わったらまた次の木材を取りに行って」という順番で作業をしていました。すると現場の先輩から「まず木材を全部運んできて、それから一気に釘を抜け。同じ作業はまとめてやったほうが速い。」と言われました。その通りにやってみたら、明らかに作業のスピードが上がりました。

単語を覚えるときも同じです。「単語カードを作ること」と「単語カードを覚えること」を明確に分けて、それぞれを一気にこなしていきましょう。

以上の4ステップが単語カードの作り方です。

実際に取り組んでいただくとわかりますが、単語カードが10束以上になることはザラにあります。単語カードは1束100枚なので、1000個以上の単語が実は覚えられていなかったということになりますが、それに気づくこと自体に大きな意味があります。単語力が高まれば高まるほどスコアが上がります。

僕が「単語カード」をオススメするのは、これからお伝えする5つのメリットが得られるからです。

単語カードの5つのメリット

▼メリット①：知らない単語だけに完全に集中できる

単語カードを作るときの最初のステップは、単語帳を見ながら「知っている単語」と「知らない単語」を分けて、知らない単語のみを単語カードに転記することです。この当たり前のことに大きな意味があります。

もし単語カードを使わずに、単語のテキストを常に携帯して覚えていこうとすると、知らず知らずのうちに、知っている単語まで視界の中に入ってきてしまいます。

短期間の集中学習において「すでに知っている単語」に時間を使っている余裕はありません。すでに知っている単語は、視界から除外していきましょう。単語カードを作れば、知らない単語だけに完全に集中できるようになります。これがメリットの1つめです。

▼メリット②：順番を入れ替えられる

単語のテキストを使って覚えようとすると、単語はすでにページに印刷されているため、単語の並び順を変えることができません。一方、単語カードは自由に順番を入れ替えることができます。同じような意味の単語を連続させたり、同じようなスペルの単語を連続させたり、自分と相性が悪く、なかなか覚えられない単語を束の上のほうに移動させたりなど、自由にアレンジすることが可能です。

また、単語の暗記がある程度進んだ後に、単語カードの順番を入れ替えてみることで、自分が本当に意味を覚えられたのか、もしくは単に「カードの並び順（この単語の次は、たしかあの単語だなという記憶）」をヒントにして覚えた気になっていただけなのかを判断できます。定期的に順番をシャッフルしてテストしてみてください。

このように、自由自在にカードの順番を動かせるのがメリットの2つめです。

▼メリット③：覚えたカードを取り外せるから進捗が見える化される

覚えたカードをどんどん取り外し、「覚えた単語コーナー」のような場所に移しておけば「覚えた量」が見える化され、達成感からモチベーションが続きやすくなります。

さらに、「覚えた単語コーナー」に移す単語が増えるにつれて、覚えるべき残りの単語カードの束が減っていくのも見える化されます。つまり、ゴールが見えてくるということです。

ゴールが見えたら人間は頑張れます。自分の進歩を見える化できるのが単語カードの3つめのメリットです。

▼メリット④：持ち運びが便利でスキマ時間の学習に最適

単語カードは小さいので手軽に持ち運べます。

単語カードを持ち運べば、スキマ時間を使って効率的に学習することができます。

僕自身、会社員時代は残業が100時間を超える月もありましたが、通勤時間、食事中、仕事の合間のちょっとした休憩時間、エスカレーターやエレベーターに乗っている時間など、とにかくスキマ時間をフル活用して単語を覚えていました。

本気になれば1分で2～3個の単語を覚えられます。持ち運びが便利でスキマ時間を有効活用できるのが単語カードのメリットの4つめです。

▼メリット⑤：「思い出す」というプロセスがうまくデザインされている

記憶は思い出した瞬間に定着します。ただ単語を「見て」いるだけでは覚えることはできません。例えば、TOEICによく出てくる「submit」という単語の意味は「提出する」ですが、「submit 提出する」というように、単語と意味を同じ視界の中に入れて、どれだけ「見て」いても覚えられないのです。記憶するためには、あくまでも「思い出す」というプロセスが必要です。したがって、単語を覚えるときは常に「テスト形式」で取り組むべきなのです。それにうってつけなのが単語カードです。

カードの表に単語が書いてあり、裏に意味が書いてあるので、単語を見て、自分の手でカードをめくるまではその意味を確認することはできません。

単語を見て、意味がすぐに出てこないものは「うーん」と唸りながら記憶から引っ張り出してなんとか思い出す。それを何度もくり返すことで、あるとき完全に記憶に定着し、一瞬で意味が出てくる単語になるのです。そのために重要な「思い出す」というプロセスがうまくデザインされているのが、単語カードのメリットの5つめです。

「読みながら覚える」は非効率的

「単語カードを使うよりも、英文を読みながらのほうが効率良く単語を覚えられるのではないか」と思われている方もいると思います。

確かにそうなのかもしれません。しかし、短期間で大量の単語を覚え、一気にスコアを上げていくためには、「英文を読みながら」だと単語を覚えるスピード感が足りなくなります。

実際に僕も英文を読みながら単語を覚える方法に取り組んだことがありますが、思ったように自分の中の単語量が増えず、もどかしい思いをしました。

英文を読みながらだと、自分が覚えるべき単語に都合良く出会えません。その意味で、単語カードに比べて非効率的だと言えます。

先ほどお伝えしたように、英文をスムーズに読んでスコアをアップさせるためには、少なくとも95％以上の単語を覚えている必要があります。そのためには、一気に単語をインプットしていかなければなりません。

ただ、どうしても納得できない場合は、試しにTOEICの公式問題集や市販の模試を使っ

読者特典

本書を手に取っていただきありがとうございます。

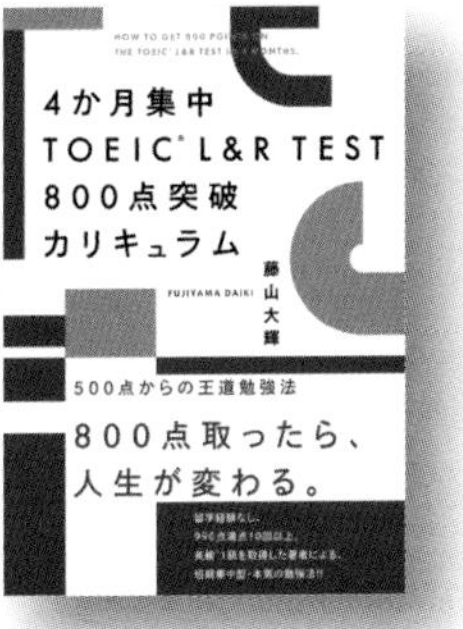

▼パスワード：800

購入者特典サイトにて、本書の第 2 章で解説した「単語カードをスライドさせて復習する方法」や第 4 章で解説した「音トレ」における「音の変化の書き入れ方」、「リピーティングやオーバーラッピングのやり方」などのデモンストレーション動画をご覧いただけるほか、最新版のおすすめ参考書もご紹介しております。

上記 QR コード URL▶ https://english-for-attraction.com/special-page/

料金受取人払郵便

牛込局承認

7375

差出有効期間
2022年11月25日
まで

(切手不要)

郵便はがき

162-8790

東京都新宿区
岩戸町12レベッカビル
ベレ出版

読者カード係　行

お名前	年齢

ご住所　〒

電話番号	性別	ご職業

メールアドレス

個人情報は小社の読者サービス向上のために活用させていただきます。

ご購読ありがとうございました。ご意見、ご感想をお聞かせください。

● ご購入された書籍

● ご意見、ご感想

● 図書目録の送付を　□ 希望する　□ 希望しない

ご協力ありがとうございました。
小社の新刊などの情報が届くメールマガジンをご希望される方は、
小社ホームページ（https://www.beret.co.jp/）からご登録くださいませ。

て「英文を読みながら単語を覚える」という方法をやってみてください。きっと「このページで大丈夫なのかな……」と感じるはずです。

単語カードを正しく使って単語を覚える方法

単語カードが完成したら、実際に単語を覚えていきましょう。

まずは、単語を覚えていくうえでのルールを3つお伝えします。

▼1：「覚えた」の基準を厳しめに

単語を見て意味が一瞬で出てこなければ、それは使える知識とは言えません。

リスニングでは音声が流れていってしまうため「あれ、さっきの単語の意味って何だっけ？」と考える余裕はないのです。リーディングでも、大量の英文を読まなければならないTOEICでは、ゆっくりと単語の意味を思い出している時間はありません。やはり一瞬で意味が出てこないとだめなのです。

「一瞬で意味が出てくるかどうか」という厳しめの基準で単語を覚えていきましょう。

▼2：「英語」→「日本語」を徹底する

「ネイティブのように英語を英語のままで理解しましょう」というフレーズを聞いたことがあると思います。「英語を英語のままで」とは、英語を読んだり聞いたりしたときに、頭の中には一切日本語が出てこずに映像や感情だけが浮かんでくるという状態です。たしかにその状態になれたら高いスコアが取れるでしょう。しかし、これは非常にレベルの高い話なのです。

「英語を英語のままで理解すること」は、コツコツと英語のレベルを上げていく中で、自然とできるようになるものだと僕は考えています。

TOEICは「英語を日本語で理解する」というレベルで800点以上を取ることができます。まずは「英語→日本語」を徹底して単語を覚えていきましょう。

▼3：「単語」→「熟語」の順番で覚える

「キクタン600」や「キクタン800」の中には「動詞句」や「形容詞句」などの熟語も掲載されています。

「動詞」や「形容詞」などの単語に比べて、熟語は、覚えにくく感じるのが普通です。単語はなんとか覚えられたけど、熟語に入った途端に急に覚えられなくなり、挫折してしまうというケースをこれまで何度も見てきました。そうなるのを防ぐために、ここは少し工夫をしましょう。

具体的には「単語」→「熟語」の順番で覚えていきます。つまり、まずキクタン600とキクタン800の単語だけを覚えてしまってから、熟語に入っていくということです。

キクタン600の単語を覚える
➡
キクタン800の単語を覚える
➡
キクタン600の熟語を覚える
➡
キクタン800の熟語を覚える

この順番で取り組んでください。挫折する確率が下がります。

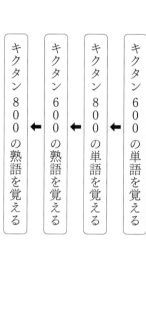

以上の3つのルール

1：「覚えた」の基準を厳し目に
2：「英語」→「日本語」を徹底
3：「単語」→「熟語」の順番で覚える

これらを守りつつ、単語や熟語を覚えていきましょう。覚えるときは以下のステップを参考にしてください。

▼ステップ1：朝、家を出るときに単語カードを1束持って出る

「1日1束覚える」と決めて、常に持ち歩いてください。単語カード一束は基本的に100枚（100単語）です。「1日100単語なんて難しいです……」と思われるかもしれませんが、目標はTOEIC800点です。達成するためには、基準を上げていく必要があります。「やる！」と決めて、チャレンジしていきましょう。「今日1日でこの1束を何としても覚える！」と心に決めてください。

たとえ100個を完璧に覚えられなくても、基準を高く持つことで、いつもよりも10個多く覚えられるかもしれません。テストと同じです。100点を狙って勉強するから

こそ、結果として80点が取れるのです。

▼ステップ2：その日1日の中のスキマ時間をフル活用して覚えていく

ある高校生が大学受験のときに次のように言っていました。

「1秒あれば1単語覚えられます。」

実際は1秒で覚えることは難しいかもしれませんが、それくらいの意識でスキマ時間を活用していけば、1日の中で何度も単語カードをめくって覚えることができます。

まずは手始めに、普段の自分がスマホを取り出しているタイミングで、代わりに単語カードを取り出すように意識づけしてみてください。

SNSやメールのチェックよりも単語カードをめくることを優先できたら、単語はどんどん覚えられます。

また、単語カードをめくるときは、小さな声でも大丈夫なので、単語を発音しながら覚えていきましょう。視覚だけでなく聴覚も使って覚えることで効果が上がります。

▼ステップ3：その日の夜と翌日の朝に復習する

復習の効果的なタイミングは「その日・次の日・1週間後」と言われています。人間は忘れる生き物です。頭に入れた情報を放っておいたら、あっという間に忘れてしまいます。

それを防ぐのが復習です。

具体的には以下のようにおこなってください。

まず、**その日の夜**です。お休みになる前に、まず、その日のノルマとして1日持ち歩いた単語カード1束を取り出し、それを1枚目から順番にめくりながら意味を言っていきます。意味が出てこないものがあれば、なんとか思い出そうと頑張ってください。10秒くらい頑張ってもどうしても思い出せなかったら、裏を見て答えを確認してください。その意味を頭に刻み込んでください。最後のカードまでいったらその日の復習は終わりです。1日おつかれさまでした！

続いて、**翌朝**です。朝起きて、家を出るまでの間に5～10分程度を確保して「前日の1束」の復習をおこないます。つまり、昨夜寝る前に復習したものと同じ束を再度復習するということです。

1枚目からめくっていって意味を言っていきます。昨夜は意味が出てこなかったけれど、寝ている間に記憶が整理されて言えるようになったものもあるはずです。**一枚ずつめくっていって、やっぱり意味が出てこなかったものは、束の中から取り外して、いったん別のところに置いておいてください。**

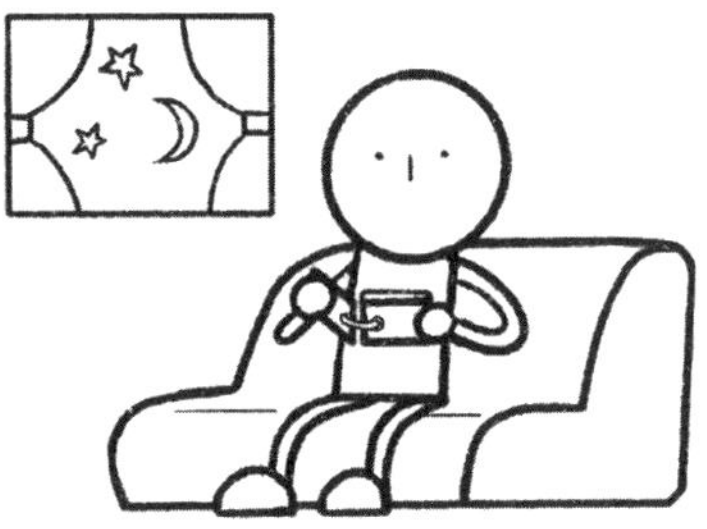

そのまま最後までチェックしていきます。これで朝の復習は終わりです。

▼ステップ4：覚えられなかった単語を次の束の中にスライドさせる

朝の復習が終わったときに、束の中に残っているカードは「意味が一瞬で言えた単語」です。取り外されたカードは「覚えられなかった単語」です。

「覚えられなかった単語」を覚えるためには、普通の単語よりも数多く触れていく必要があります。そこで、取り外したカードを、その日のノルマとなる1束の中に追加します。

例えば、取り外したカードが20枚になったとしましょう。次の束に追加するので、その束は「120枚」になります。ですが、束の中のカードが多くなりすぎてもモチベーションが下がるので、1日1束（100単語）」は常にキープするようにします。そこで、追加した分と同じ枚数だけ、取り外してしまってください。

そうしたら100枚になります。ここで取り外したカードは、さらにまた翌日の束の中に入れておいてください。つまり、どんどんスライドさせていくのです。こうすると、なかなか覚えられない単語は、常に持ち運んでいる束の中に入っている状態になり、その単語に触れる回数が自然と多くなります。

覚えやすい単語は2～3回で覚えられますが、覚えにくい単語は10回以上くりかえさないと覚えられないのが普通です。なかなか覚えられないときでも、それは「自分の記憶力が悪いからだ」とは思わずに、「単にくりかえす回数が足りていないだけなのだ」と考えるようにしてください。そうしたほうが、ストレスなく単語学習と向き合えます。

▼ステップ5：1週間後に、その週に覚えたすべての単語を総復習する

これは休日にやってみるのがおすすめです。例えば土日が休みなら、日曜日を総復習の日と決めて、「それまでの月〜土に取り組んだ単語カードすべて」を一気にめくって復習していきます。

覚えたと思った単語でも、時間が経つと忘れてしまっているものです。意味を忘れた単語は、そのカードだけをまとめて新たに束を１つ作るか、もしくは数が少ないようであれば、翌日に取り組む予定の束の中に入れてしまってください。

そして、再度覚え直していきます。忘れてしまっていても、その単語は一度は覚えた単語なのでスムーズに覚え直すことができます。何度か「覚える→忘れる→覚え直す」をくりかえしていたら、あるとき完全に記憶に定着する瞬間がやってきます。そうなるまで続けていきましょう。

▼ステップ6：ひたすらくりかえす

ステップ1〜5までのプロセスを、作った単語カードをすべて覚えきるまでくりかえしていきます。大変そうに感じるかもしれませんが、単語暗記はコツがつかめたら楽になります。毎日単語カードと向き合っていると、「自分はこういうやり方をしたら覚えやすいな」「この時間帯に単語をやると捗るな」といった感覚がつかめてきます。

単語が定着し始めたら、リスニングで今までよりも聞き取れたり、リーディングで今までよりも読めたりすることを実感します。すると、単語を覚えるのが楽しくなります。そうなれたら、もう単語は恐れるに足りません。その状態を目指して、取りかかっていきましょう。

なかなか覚えられない単語への3つの工夫

なかなか覚えられない単語でも、くりかえせばどこかのタイミングで必ず覚えることができます。ただ、その労力を減らす工夫もするに越したことはありません。なかなか覚えられない単語に対する対処法を3つ紹介します。

1. google画像検索を使う
2. そのときだけフレーズを単語カードに書き込む
3. 同じ意味の単語をセットで覚える

それぞれ解説します。

▼1. Google画像検索を使う

Google画像検索でなかなか覚えられない単語を打ち込んでみてください。すると、その単語のイメージが出てきます。イメージと関連づけることで、覚えやすくなります。もし余裕があれば、google画像検索で出てきたイメージを小さく単語カードに描いてみてもいいかもしれません。「どうしても覚えられない単語」に対してやってみてください。

▼2. フレーズを単語カードに書き込む

先ほど、単語学習を効率化するために、単語カードには「単語と意味（＋発音に自信がないものは発音記号）」だけを書き入れてくださいとお伝えしました。

ただ、やはり「フレーズ」で覚えたほうが記憶に定着しやすい場合はあります。どうしても覚えられない単語については、キクタンに掲載されている「フレーズ」の部分（見開きの右ページ）を単語カードに書き入れてしまい、それをヒントにして覚えていきましょう。自分と相性が良く、すんなり覚えられる単語は「単語と意味」だけで覚える。覚えにくいものは「フレーズ」も加えて覚える。そのようにして苦手な単語を潰していきましょう。

▼3．同じ意味の単語をセットで覚える

単語の順番を入れ替えることできるのが単語カードの大きなメリットの1つです。覚えにくい単語については、そのカードを一旦、束から外して、似たような意味の単語の前か後ろに入れて固めてしまうのがおすすめです。

例えば、「deny」「refuse」「reject」などは「断る・否定する」という似た意味ですが、それらを単語カード中の一箇所にまとめてしまって、関連させ合うことによって覚えやすくなります。

まとめ

単語力は、この先のすべてのTOEIC学習の土台となります。単語を覚えるのは簡単なことではありません。むしろ大変ですが、その大変さを乗り越えることができれば、間違いなくスコアアップにつながります。

自分の単語力が高まるにつれて、英語が聞ける量、読める量が確実に増え、理解度が上がります。

理解度が上がると楽しくなり、モチベーションがキープされやすくなります。そしてさらに単語力を高めて……という好循環に入ることができたら、もうブレることなく、結果が出るまでTOEIC学習を続けられるようになります。

単語は忘れるのが当たり前です。覚えたと思ったのに、復習してみたらキレイさっぱり忘れていた……なんてことは日常茶飯事ですので、その前提で取り組んでいきましょう。「覚える→忘れる→覚え直す→忘れる→覚え直す……」というプロセスを根気強くくりかえしたら、どんな単語でも覚えられます。

単語学習は毎日のスキマ時間で続けて、作成した単語カードがすべて終わるまで継続していきます。スケジュールでは【2～6週目】となっていますが、あくまでも目安です。覚えられていないものが残っている限りは、後述する「文法学習」や「音のトレーニング」と並行しながら継続してください。

単語学習は常に優先順位のいちばん上に置いて、毎日続けていきましょう。

単語学習に関するよくある質問

Q1 『キクタン600』と『キクタン800』が終わったら、その続編である『キクタン990』にもチャレンジしたほうが良いのでしょうか？

A1 単語帳を使っての学習は『キクタン600』と『キクタン800』の2冊で終了としてください。その後は模試などで問題を解く中で出会った「知らない単語」を単語カードに抽出して、1つずつ潰していく方法がおすすめです。

Q2 「1単語1訳」で本当に良いのでしょうか？

A2 大丈夫です。いきなり複数の意味を覚えようとすると挫折しやすいので、まずは確実に1つの意味を覚えてしまいましょう。そのうえで、後々問題を解いているときに、覚えた意味では対応できない状況に出会ったら、その際に追加で覚えていきましょう。

Q3 『キクタン』の付属音声はどのように活用したらいいでしょうか？

A3 音声は必ずしも使う必要はありません。ただ、発音記号がうまく読めず、正しい発音がわからないときに確認のために聞いたり、家事をしているときや車を運転しているときなど、手が離せないときにBGMとして聞いたりするのは有効です。

Q4 単語は、英語を見て1秒以内に日本語が言えるだけで充分でしょうか。日本語を見て、英語に直すトレーニングはやらなくていいのでしょうか？

A4 TOEIC® L&Rで求められるのは「英語から日本語」だけです。「日本語から英語」で覚えようとすると難易度が上がりますので、ひとまず目標スコアを達成するまでは「英語から日本語」の順番で学習するようにしてください。「日本語から英語」はTOEICをクリアしてからでも遅くありません。

第3章

▼

文法を総ざらいする

（7～9週目）

英文法を理解するとスコアが上がる

英文法とは「ネイティブスピーカーの知識や言語運用の方法をわかりやすく規則的に配列したもの」です。もし英文法というものがなかったら「マシンガンのようにしゃべっているネイティブスピーカーを必死に観察し、その中から自分でルールを見つけ、少しずつ英語の使い方を理解していく」という作業が必要になるので大変です。

英文法を理解すれば、英文を見たときに「どれが主語で、どれが動詞で、文の意味は何なのか」というように英文の構造を瞬時に見抜けるようになり、英文読解力が上がります。

英文読解力に比例してリーディングのスコアもアップします。

さらに、TOEICからは少し外れますが、英文法への理解が深まると、英会話も効率良く上達します。なぜなら、英会話は「単語や熟語の組み合わせ」によって成立するものだからです。その組み合わせのルールこそが英文法であり、英文法を身につければ、「英会話は実はそんなに難しくない」ことがわかるようになります。

文法学習におけるあるあるパターン

文法をまったく勉強していない人はいないと思います。程度の差はあれ「文法は必要」と考えて、自分なりに勉強している人がほとんどではないでしょうか。

しかし、「勉強していること」と「身についていること」は別の問題です。ここでひとつ、文法についての「あるあるパターン」を紹介させていただきます。

TOEICのPart5（文法問題）を勉強しているシーンを思い浮かべてください。

> 文法の問題を解く↓間違える↓間違えた問題の解説を読んで理解する↓時間を空けて、また文法問題を解く↓同じような問題で間違えて、解説を読む↓「あぁ、そうだった！」と思う。

これが「あるあるパターン」です。

問題を解いて、間違えるのは悪いことではありません。むしろ大歓迎です。解けなかった問題を解けるようにしていくことこそ、スコアアップのプロセスそのものだからです。

しかし、「同じような問題で間違えて、解説を読んで『あぁ、そうだった！』と思う」という間違いをくり返すのはNGです。

同じような問題で間違えてしまうのは、過去に間違えた問題を潰し切れていないからです。「間違えた問題を理解して覚える」という作業を怠ってしまったら、どれだけ文法学習に時間をかけていても、スコアは伸びません。スコアを上げていくためには、TOEICで問われる文法のルールを「覚えて」「瞬時に」「引き出せるようになること」が求められます。

例えば、「We will give a discount to (　　) completing our questionnaire.（アンケートへの記入が完了された方には割引を提供します。）」という英文があったとして、空欄に「Anyone」か「Whoever」かのどちらかが入るかで迷ったとします。

ここで、何の迷いもなく、根拠をもって「Anyone」を選べるかどうか。それを決めるのが文法のルールを「覚えて」「瞬時に」「引き出せるようになっているか」どうかなのです。ちなみに、なぜ「Anyone」が正解になるのかはのちほど解説します。

文法の具体的な勉強法

文法を勉強する順番は次の通りです。

中学～高校レベルの文法項目が網羅されている文法書を通読する

⬅

実際に問題を解きながら間違えたところを潰していく

この2ステップでおこなっていきます。

「実際に問題を解きながら間違えたところを潰していく」については、第5章の「多解き」がその役割を果たしますので、ここでは主に「中学～高校レベルの文法項目が網羅されている文法書を通読する」について解説します。

▼中学～高校の文法項目が網羅されているわかりやすい文法書を通読する

文法を勉強するときに、いきなり問題を解き始めるのはおすすめできません。そうしてしまうと、TOEICに出題される文法項目の「全体像」が頭の中に描けていない状態で取り組むことになり、「終わりが見えなくなる」「今どの部分を勉強しているのかわからず迷子になる」などの状態に陥ってしまう危険があるからです。

したがって、まずは文法書を使って基礎を総ざらいしていきましょう。「文法書」と聞くと、分厚い専門書をイメージして、モチベーションが下がってしまう人も少なくないと思いますがご安心ください。使用する『TOEIC(R)テスト英文法 プラチナ講義』はとてもわかりやすく、かつ必要な情報が十分に盛り込まれています。文法をはじめて勉強する人にも、やり直す人にもおすすめの1冊です。このテキストを使って、中学~高校で習う文法の基礎を総ざらいしていきましょう。

ここでの目的はあくまでも「文法を理解すること」ですので「付属の音声を聞く」「Chapter7の単語を覚える」という2点は、余裕がある人だけ取り組んでください。

テキストを読んでいくときは「2周読み」がオススメです。これはテキストを

▲ TOEIC(R)テスト英文法プラチナ講義／ジャパンタイムズ 編　濱崎潤之輔監修／ジャパンタイムズ出版／2014年

2回通して読んでいく方法なのですが、1周めと2周めそれぞれに目的があります。

▼1周めの目的は「全体像の把握」と「テキストに馴染むこと」の2つ

【全体像の把握】：「全体で10個の項目があります。今取り組んでいるのは3つめの項目です」と説明されるのと、「最初から順番に取り組んでいってください。そのうち終わります」と説明されるのでは、取り組みやすさが大きく変わります。

前者の説明は、全体像を見せると同時に現在地も教えてくれています。後者の説明は、それらの説明が一切なく投げやりです。効果的な学習をおこなうためには「全体像と現在地がわかっていること」が必要です。テキストの1周目は、それらを手に入れることが大きな目的です。

【テキストに馴染むこと】：テキスト全体を完璧に理解できていなくても、最後まで読み切ることができれば、そのテキストに馴染みが生まれます。いわば愛着といった感じでしょうか。文法学習で挫折してしまうときは、「1ページめからじっくり読み始め、いきなりわからないところが出てきて、格闘しているうちに時間だけが過ぎ、残りのページ数を見て『まだこんなにあるのか…』と嫌になって挫折する」というケースが多いです。それを防ぐためにも、まずはザッと1周読み切ってしまい、テキストに馴染んでしまいましょう。これが2つめの目的です。

まとめると「全体像の把握」と「テキストに馴染むこと」の2つが、1周めを読む目的です。

1周めは、細かいところまできっちり理解する必要はありませんので、わからないところは思い切って飛ばしてどんどん読んでいきましょう。

▼2周めの目的は「わからないところを抽出して覚えること」

1周めで最後まで読んでいるので、初めてテキストを手に取ったときに比べると、だいぶ取り組みやすくなっているはずです。2周めを読む目的は「わからないところを抽出して覚えること」です。具体的には、『TOEIC® テスト英文法プラチナ講座』の各 chapter を読み込んだ後、最後に掲載されている「章末チェック」の問題を解き、間違えた問題を抽出していきます。

抽出のやり方

「わからないところをノート書き出す」という方法も悪くはありませんが、僕がオススメするのは「情報カード」に抽出するという方法です。

大きすぎず、小さすぎない絶妙なサイズで、文法を覚えていくときに必要な情報を漏れなく書き込むことができます。

『TOEIC® テスト英文法 プラチナ講義』の2周めをじっくり読んでいきながら、以下のように抽出していきましょう。

▼情報カードへの抽出の仕方例

プラチナ P.98
Laztech's big-budget marketing approach is a business practice (　　) to large companies.
(A) will limit　(B) limiting
(C) to limit　(D) limited

カッコの前までで文章が成立しているからカッコ以降で形容詞的にpracticeを説明すればいい。practiceはlimitedされるものだから(D)が正解。

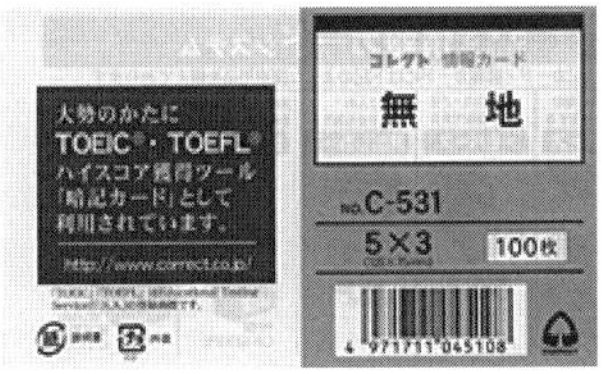

情報カード5×3無地（コレクト株式会社）

抽出するときのポイント

わからないところは、「テスト形式」で抽出するのがポイントです。

なぜなら、記憶は「思い出したとき」に強化されるからです。学生時代のテスト勉強を思い出してみてください。教科書をただ読んでいるだけでは、思ったように内容を覚えられなかったはずです。あくまでもページを折ったり赤シートなどで答えを隠しながらテスト形式で取り組むからこそ覚えられます。

テスト形式にして、自分に問いを投げかけ、その答えを瞬間的に思い出す作業を通して記憶を強化していきましょう。

「記憶は思い出したときに強化される」

これは非常に重要ですので、心に留めておいてください。

人によっては抽出したカードが50〜１００枚以上になることもありますが、そういうものなのだと考え、数に圧倒されないように気をつけてください。

抽出されたカードはまさに自分の「弱点」であり「伸びしろ」です。抽出したものを覚えたらスコアは確実に上がります。

抽出したカードの覚え方

情報カードへの抽出が終わったらそれを覚えていきます。

毎日のスキマ時間は単語を覚えることに使っていただきたいので、情報カードに抽出した文法を覚える作業は、机に向かって学習を始める最初の15分がおすすめです。

例えば、仕事が終わって帰宅した後、21時から23時までの2時間をTOEIC学習にあてているとします。その場合は、21時から21時15分までの15分間を使って、抽出した文法を覚えていくイメージです。

やり方はシンプルです。単語カードと同じで、カードの表を見て、頭の中で答えを出してからカードの裏を見て答えを確認する、という流れで進めてください。

リングと穴開けパンチで単語カード化

リングと穴あけパンチを使って「単語カード化」してしまい、持ち運びしやすくするのもおすすめです。

くりかえしになりますが、わからないところをどれだけ抽出しても、それを覚えないことには力はつきません。毎日最低15分間を確保して、覚えていきましょう。

文法学習の最強のお供「検索力」

文法を勉強していると、「解説を読んでもなかなか意味が理解できない」というケースに出会うことがあります。

そんなときは、「ネット検索」がおすすめです。一昔前に比べて、インターネット上の情報の濃さが格段に上がりました。

というのも、Google の方針により、今は読者にとって有益な情報を提供しているサイトが検索結果の上位の表示されるようになったからです（ちなみに、Yahoo も Google の検索エンジンを使っているので、同じメカニズムです）。

わからないことが出てきたら、ネット検索を使っていきましょう。

例えば「We will give a discount to（　　　）completing our questionnaire.（アンケートへの記入が完了された方には割引を提供します。）」という英文について、「Anyone」が入るか「Whoever」が入るか自信をもって答えられなかったとします。答えは「Anyone」ですが、その理由がよくわからないとき、ネット検索の出番です。

Googleを開いて、「anyone whoever 違い」と検索してみてください。その答えを詳しく解説してくれているサイトがいくつも見つかります。ちなみに、この場合は空欄の後ろに動詞が来ているので「whoever」です。「whoever=anyone who」と覚えておいてください。

ネット検索を駆使して自分の問題を解決できる力を僕は「検索力」と呼んでいます。「検索力」は文法学習の最強のお供です。

何度もやっているうちにコツがつかめてきますので、どんどん検索していきましょう。

文法学習のマインドセット

この章の最後に、文法を学習するときに意識していただきたいマインドセット（=考え方）をお話しします。文法学習を進めていくと、頭の中がごちゃごちゃしてきて、嫌になる瞬間が出てくるはずです。

ただ、それを乗り越えるからこそ文法が身につき、TOEIC のスコアを上げることができます。以下の3つを意識しながら文法学習を進めてください。

①：「なんとなく選ばない」を徹底する
②：わからないときは戻る
③：それでもわからないときは時間を置く

▼①：「なんとなく選ばない」を徹底する

文法問題を解くときに「なんとなくこれっぽいから」という感覚で答えを選んでしまっていないでしょうか。もしそれが正解だったとしても、「なぜそれが正解になるのか」という根拠が説明できなければ不十分です。

最終的に800点を超えるスコアを狙っていく場合は、「感覚で選んでいる」という状態を放置していてはいけません。その感覚が通用しなかったときに確実に足元をすくわれます。

常に「なぜそれが正解になるのか」を意識しながら文法学習に取り組んでください。

「空欄に入る単語がなくても文は成立しているから答えは副詞のこれだ！」、「空欄には、その横の名詞を修飾する形容詞が入るから答えはこれだ！」というように、**論理的に考えて正解を選べるようになっていきましょう。**

最初は時間がかかりますが、慣れてくるとコツがつかめます。正解であることの根拠をスラスラと答えられるレベルを目指してください。

▼②：わからないときは戻る

文法を勉強して「わからない！」と感じたときは、いったん立ち止まって、理解できているところまで戻るようにしてください。

文法は、「品詞が理解できているから文型が理解できる」というように、「あることが理解できていて、それが土台になって次の項目が理解できる」という構造になっています。わからない問題にぶつかっても、１００パーセントすべてが理解できないわけではないはずです。

きっと、わからない中にもわかる部分があるはずです。そこまで戻りつつ、もう一度知識を整理してみましょう。

その際に、先ほど説明した「ネット検索」をうまく活用するのがおすすめです。

③：それでもわからないときは時間を置く

ここまでお話ししてきたマインドセットを意識して文法学習に取り組んでも、やっぱりどうしてもわからない…ということが起こるかもしれません。そのときは、いったん学習をストップして、半日～1日の時間を置いてみましょう。

頭の中でごちゃごちゃになっていた知識が、時間を置くことで整理され、突然理解できるということはよく起こります。この感覚がつかめたら、次にわからないことに出会ったときも、焦らず対応できるようになります。どうしてもわからないときは時間を置いてみてください。

まとめ

この章では、文法学習について解説させていただきました。TOEICで出題される文法項目は決して広くありません。中学～高校レベルの文法が理解できていたら十分なレベルです。以前、コーチングの生徒さんから次のようなメッセージをいただきました。

わかったと思ったら、やっぱりわかっていなくて、頭の中が混乱してきて、本当にイライラしてきます。文法の勉強が嫌になります。

この気持ち、共感できる人は多いのではないでしょうか。

もちろん僕もこのような気持ちを何度も経験して、その度にこの章で解説してきたことを実践して乗り越えてきました。

この方も、イライラに何度も襲われながらも乗り越え、800点をはるかに超えるスコアを取得されました。

800点以上のハイスコアを取る人たちは、文法学習でネガティブな感情を必ず経験し、乗り越えています。毎日コツコツ続けていきましょう。

文法学習に関するよくある質問

Q1 『TOEIC® テスト英文法 プラチナ講義』を最後までやれば文法の知識は完璧になるのでしょうか？

A1 完璧とまでは言えませんが、基礎を固めることはできます。『TOEIC® テスト英文法 プラチナ講義』が終わった後は、模試などで問題を解きながら文法知識をさらに強化していくのが理想です。この後の『多解き』の章で紹介している『TOEIC® テスト 新形式精選模試 リーディング』や公式問題集を使って文法問題に取り組んでいくのがオススメですが、もし文法に特化したいということであれば、『TOEIC® L & R テスト 文法問題でる1000問』に取り組んでみてください。とても質の高い問題集です。

Q2 『TOEIC(R) テスト英文法 プラチナ講義』を終わらせたら、文法問題は何%くらい解けるようになるのでしょうか？

A2 80%は解けるようになるでしょう。ここではPart5に絞ってお話ししますが、Part5は全30問のうちの約60%（18問）が文法知識を問う問題で、残りの約40%（12問）が語彙力を問う問題です。文法問題の約60%（18問）のうちの80%は、『TOEIC® テスト英文法 プラチナ講義』を理解できていたら解けるはずです。

Q3 文法でわからないところをネットで調べるときの検索のコツはありますか？

A3 基本的には、先ほど解説したように「whoever anyone 違い」などと具体的に検索したら求める答えが見つかるはずですが、うまくいかないときは、意識的に「抽象的に」検索するのがコツです。例えば、『TOEIC® テスト英文法 プラチナ講義』の中に「There are a lot of car makers, but few make as high a profit as Horowitz.（自動車メーカーはたくさんあるが、Horowitzほど高い利益を出しているところはほとんどない。）」という例文があります。ここで、「『as high a profit as』

TOEIC(R) L&Rテスト 文法問題でる1000問／TEX加藤／アスク／2017年

という語順が見慣れない。どんな文法なんだろう?」と疑問を持ち、検索するとします。このときに具体的に「as high a profit as とは?」と検索してしまうと、まったく同じ例文を使って解説をしているサイトが存在しない限りは、おそらく答えは見つかりません。そこで、抽象的に「as 形容詞 a 名詞 as」と調べてみてください。すると、答えを解説してくれているサイトが複数見つかります。検索をくり返すうちにコツがつかめてきます。

第4章

▼

「音トレ」でリピーティングとオーバーラッピングを身につける

（10 ～ 12 週目）

ここまでの章で「目標設定の方法」「学習時間を捻出する方法」「単語学習の方法」「文法学習の方法」を解説してきました。次はいよいよ英語を声に出しながら練習していきます。

800点の理想のスコアバランス

ご存知の方もいらっしゃるかもしれませんが、TOEICはリーディングよりもリスニングのほうがスコアが取りやすくなっています。リスニングは3~4問ミスをしても「満点」が出るときがあります。しかし、リーディング1問でもミスをしてしまうと「満点」が出ない場合が多いです。

この点を踏まえると、リスニングでスコアを稼ぎつつ、できる限りリーディングのスコアも上げていくという戦略が有効です。

理想的なスコアバランスとしては、「リスニング：375点、リーディング325点」で合計800点を狙うのがおすすめです。

その意味で、800点達成のための最大のポイントは「リスニングでスコアを稼ぐこと」だと言って間違いありません。リスニングでスコアを稼ぐための学習には、2つの方法があります。

①：聞き取れないところをひとつひとつ潰していく
②：リーディング力を鍛える

この2つです。

リスニングのスコア上げるための2つの方法

▼①：聞き取れないところをひとつひとつ潰していく

聞き取れないところを潰していくことでリスニングのスコアを上げていくのが1つめの方法です。

過去の僕は「英語をずっと聞き流していたら、いつの間にか聞き取れるようになる」と素直に信じて、公式問題集の音声を耳と頭が痛くなるほど聞き流していた経験があります。しかし、スコアはまったくアップしませんでした。

リスニングのスコアを上げるためには、やはり「聞き取れないところを潰す」という愚直な作業が求められることがよくわかりました。リスニングは「瞬発力」が勝負です。流れてくる音声を自分でコントロールすることはできません。音声のペースに自分の理解スピードを合わせていく必要があります。

音声を聞いている途中に「あれっ、今何て言ったんだろう」、「今の単語はどんな意味だっけ」と考えてしまったらアウトです。聞き取れないところをなくしていけばいくほど、スコアが上がります。(具体的な学習法は後ほど解説します)

▼②：リーディング力を鍛える

リーディング力を鍛えるのが、リスニングのスコアを上げるための2つめの方法です。実は、リーディング力を鍛えれば鍛えるほど、リスニングのスコアは上がるのです。これは2つの観点から説明できます。

1．読めないものは聞けない：リスニングの音声のスクリプトを見たときに、「知らない単語が多く、文法的にもわからない部分もあって、そもそも全体の意味が理解できない」となってしまったら聞けるはずがありません。読めないものは聞けないのです。

逆に、リーディング力を鍛えれば読めるものが増え、リスニングでも聞き取れる可能性が上がります。

2. リスニングセクションでの「先読み」の精度が上がる：

TOEICは試験ですので「解き方（＝テクニック）」も最低限は身につける必要があります。そうしたテクニックの中で最も重要なのが、Part3とPart4における「先読み」です。

「先読み」とは、Part3とPart4において、本文の英語音声が流れてくる前に、「設問文」と「選択肢」を可能な限り読んでおき、「何が問われているのか？」を頭に入れたうえで音声を聞くというテクニックです。

「先読み」がうまくできるようになれば、スコアが底上げされます。この「先読み」の精度を上げるために求められるのがリーディング力なのです。

以上の、「①：聞き取れないところを1つ1つ潰していく」「②：リーディング力を鍛える」という2つの方法によってリスニングスコアをアップさせていきます。

「②：リーディング力を鍛える」については、ここまで解説してきた「単語」や「文法」の学習を進めたり、この後の章で解説していく「多解き」に取り組んでいく中で自然とで

【例】

33. Who most likely is the speaker talking to?（設問文）

(A) An audience at a convention
(B) The managers of a company
(C) All company employees
(D) The attendees of a planning meeting
（選択肢）

きていきますので、ここでは「①：聞き取れないところをひとつひとつ潰していく」という方法について詳しく解説します。

聞き取れないところを潰すトレーニング法

先ほど「読めないものは聞けない」という話をしましたが、それと同じで「発音できないものは聞けない」という原則があります。つまり、自分でその音を発音できない限りは、満足に聞き取れるようにはならないということです。

厳密に言えば例外もあります。数ヶ月という短期間ではなく、数年という長いスパンでリスニングを鍛えたら、自分で発音できなくても聞けるようにはなります。ただ、そんな大変な道を選ぶ必要はありません。

「発音できないものは聞けない」ということは、逆に言えば「発音できるものは聞ける」ということです。

したがって、リスニングのスコアを上げるためには、聞き取れなかったところを自分で発音できるようになってしまえばいいのです。

そのときに使うトレーニング法が「リピーティング」と「オーバーラッピング」の2つです。

「リピーティング」とは、「お手本の音声を聞き、いったんその音声を止めて、自分で声に出しながらマネしてみる」という方法です。学校の先生が「リピートアフターミー」と言って、読み上げた英文を生徒にリピートさせる、まさにあの方法です。

「オーバーラッピング」は、「お手本の音声と同時にぴったり合わせて読んでいく」という方法です。これは、ある曲を、歌詞カードを見ながら歌手の声にぴったり合わせて歌うのと同じ感覚です。

この2つのトレーニング法を使って、聞き取れないところを潰していきます。

トレーニングは正確にやらないと意味がない

ここまでの内容を読んで、「早速やってみよう！」と思ってくださっているかもしれませんが、もう少し待ってください。

聞き取れないところは、「**問題を解く↓聞き取れなくて間違える↓その部分をリピーティングとオーバーラッピングで練習する**」という流れで潰していきます。

ただ、これらにやみくもに取り組んでも効果は期待できません。

リピーティングとオーバーラッピングが正確にできるようになって初めて、「聞き取れないところを潰す」という作業を正しく実行できるようになるのです。

したがって、まずはリピーティングとオーバーラッピングを自分の力で「正確」にできるようになってしまいましょう。そのために取り組んでいただきたいのが「音のトレーニング（以下「音トレ」）」です。

「音トレ」とは？

「音トレ」は、リピーティングとオーバーラッピングの正確なやり方を身につけるためのトレーニングです。

リピーティングとオーバーラッピングができるようになれば、リスニングの音声を聞いて、聞き取れなかった部分を潰していく作業が自力で進められるようになります。

リスニングのスコアをアップさせるための武器を手に入れるという意識で、「音トレ」に取り組んでいきましょう。

「音トレ」の具体的5ステップ

「音トレ」は以下の5ステップで進めていきます。

ステップ1：音声とスクリプトを準備する
ステップ2：スクリプトを読んで意味を理解する
ステップ3：音声を聞きながら音の変化をスクリプトへ書き込む
ステップ4：スクリプトを見ながら1文ずつリピーティングする
ステップ5：スクリプトを見ながら全文をオーバーラッピングする

この5ステップです。それぞれ詳しく解説していきます。

▼ステップ1：音声とスクリプトを準備する

「音トレ」は、音声とスクリプトさえあれば、英語のニュースや英語のプレゼンテーションを素材にしても取り組めるのですが、「短期間でTOEICのスコアを上げる」ということを考えると、やはり公式問題集を使って取り組むことをおすすめします（ここから先は公式問題集を使って「音トレ」をすると仮定して説明していきます）。

現時点（2021年1月）では、公式問題集7まで発売されていますので、その中から1冊を選び、それを使って「音トレ」に取り組んでいきましょう。公式問題集の質はどれも高いので任意の1冊でOKです。

「音トレ」をするときは、お手本の真似をすることに集中するために、会話形式のPart3ではなく、1人で話している形式のPart4を使って取り組んでください。

音声とスクリプト（公式問題集の中に入っている解答解説編）の準備ができたら、次のステップに進みましょう。

▼ステップ2：スクリプトを読んで意味を理解する

先ほどもお伝えしましたが、読めないものは聞けません。意味がわかっていない英文をやみくもに声に出しても効果がないので、まずはスクリプトを読んで内容を理解しましょう。

公式TOEIC(R)Listening & Reading問題集 7
／Educational Testing Service
／国際ビジネスコミュニケーション協会
／2020年

「連結」：となり合う音同士がつながる

例）：group ⁀ of：「（p と o がつながって）グループポブ」
：your ⁀ own：「（r と o がつながって）ユアロウン」

「脱落」：音が抜け落ちて発音されなくなる

例）：le(t) me see：「（t が抜け落ちて）レッミースィー」
：cookin(g) show：「（g が抜け落ちて）クッキンショー」

意味がわからない単語はその場で意味を調べてください。Part4は100語程度ですし、リーディングに比べると使われている単語もやさしめですので、1つのスクリプトあたり10分あれば、書いてある内容が理解できるようになるはずです。この作業が終わったら、次のステップに進んでください。

▼ステップ3：音声を聞きながら音の変化をスクリプトへ書き込む

続いて、実際の音声を聞きながら、音の変化をスクリプトに書き込んでいきます。英語は、音が大きく変化します。リピーティングやオーバーラッピングを正確におこなうためには、音の変化に対応していく必要があります。

音の変化には、「連結」・「脱落」・「同化」・「弱形」・「短縮」・「Tのラ音化」という6種類がありますが、僕のこれまでの経験上、「連結」・「脱落」を特に意

【記入例】

I wanted to bring you all together to announce a significan(t) change in company policy regardin(g) the work day. We want to try this, and see how i(t) goes. It has various names, but we are goin(g) with flex time. If successful, the details will be included in the new company manual, comin(g) in late March. For now, I'd like to discuss its rationale. We hope flex time will improve your relationshi(p) with your employer by treating you as responsible adults. For generations, companies have used various deterrents for wha(t) they saw as undesirable behavior, even against good employees: termination, demotion, transfer – for things as minor as tardiness an(d) nappin(g). We all ge(t) sleepy, right? So instead of a pink slip, perhaps we should have a quie(t) place for a quic(k) nap. You're not a morning person? Maybe you don'(t) nee(d) to come in early.

識しておけば、残りの変化は感覚で身についてくると考えています。

「連結」・「脱落」それぞれの具体例は、先述の通りです。【記入例】を参考にしつつ、音声を聞きながら「連結」と「脱落」のどちらかの変化を見つけたら、音声を止めてスクリプトに書き込むというやり方で進めていきましょう。「〜」が連結で、「()」が脱落です。

音声のスピードについていけず、音の変化がうまくキャッチできないときは音声を0・7倍速くらいに落としてチャレンジしてみてください。ここでも「検索力」を活かして「スマホアプリ 倍速」などと調べてみると、音声の速度を自由に変えられるアプリが複数見つかるはずです。音の変化をスクリプトに書き込めたら次のステップに進みます。

▼ステップ4：スクリプトを見ながら1文ずつリピーティングする

ここからはいよいよ声に出して練習していきます。まずはリピーティングにチャレンジです。

前述の通り「お手本の音声を聞いて、いったんその音声を止めて、自分で声に出しながらマネしてみる」という方法がリピーティングです。スクリプトを見ずにおこなうリピーティングもありますが少々レベルが高いので、ここではスクリプトを見ながらでOKです。

まずは、スクリプトを見ながら音声を1文聞きます。そこで音声を止めて、真似をして言ってみます。うまく言えたら次の1文に進みますが、うまく言えなかったらもう一度同じ1

文を聞き直して、再度リピーティングします。1文を丸々頭に入れるのが難しければ、意味の切れ目で文を区切りながらリピーティングしてください。

例えば、Because you were out of the office, I left a message.（あなたがオフィスから外出していたので、私はメッセージを残しました。）という文を聞いて、全体を一度にリピーティングするのが難しければ、「Because you were out of the office,」「I left a message.」という2つのパーツに分けて練習するということです。分けて練習した後、最後にくっつけて「Because you were out of the office, I left a message」と丸々1文をリピーディングしていきましょう。

この流れをくりかえしながら、スクリプトの最後の文まで行けたらクリアです。30分程度で1つのスクリプトが終えるのが理想です。誰でも始めたばかりの頃は、お手本の音声を真似するだけで精一杯だと思いますが、慣れてきたら頭の中で意味も理解しながら言えるように意識してください。次はいよいよ最後のステップです。

▼ステップ5：スクリプトを見ながら全文をオーバーラッピングする

リピーティングが終わった後は、オーバーラッピングに取り組んでいきます。「スクリプトを見ながらお手本の音声と同時にぴったり合わせて読んでいく」というのがオーバーラッピングです。

ステップ4で1文1文のリピーティングができていますので、それを今度は最初から最後まで通して読んでいきます。

ただ、音声を止めてからマネをするリピーティングとは違い、オーバーラッピングは音声に合わせて同時に読んでいきます。スクリプトを見ながら、お手本の音声になりきって読んでいきましょう。

最初はうまくできないと思いますが、それが普通ですので、あきらめずに何回もチャレンジしてください。

何度やってもお手本の音声と「ピタッ」と合わない場合は、おそらく「音の変化」にうまく対応できていない可能性が考えられます。

例えば、「is an electronic car」というフレーズがあったとします。

まず、isの「s」とanの「a」が連結します。さらにanの「n」とelectronicの最初の「e」が連結します。そして、electronicの最後の「c」は脱落します。「イザネレクトゥロニッカー」というような発音になります。

そうした音の変化を見逃してしまい「イズ アン エレクトロニック カー」とベタ読みしてしまっていたらお手本の音声においていかれてしまいます。

音の変化を意識しながらお手本の音声に合わせていくことで、次第に上手に読めるようになっていきます。

以上の5ステップ、

ステップ1：音声とスクリプトを準備する
ステップ2：スクリプトを読んで意味を理解する
ステップ3：音声を聞きながら音の変化をスクリプトへ書き込む
ステップ4：スクリプトを見ながら1文ずつリピーティングする
ステップ5：スクリプトを見ながら全文をオーバーラッピングする

これが「音トレ」の実践方法です。公式問題集のPart4の任意のスクリプトを5つほど仕上げれば、リピーティングとオーバーラッピングが上手にできるようになるでしょう。3週間程度の時間を設けて、できる限り毎日取り組んでみてください。

初日と3週間後では、自分が口から出す英語に劇的な変化を感じられるはずです。

「音トレ」によって身につけたリピーティングとオーバーラッピングを駆使することで、この後の章で解説する「多解き」における「復習」の効果を最大限に高めていくことができます。

「音トレ」の副産物

「音トレ」を実践すると複数の副産物が手に入ります。具体的には、

①：TOEICのリスニングは実は速くないことがわかる
②：英文がテンポよく読めるようになる
③：上達が実感しやすくモチベーションがキープしやすくなる

これら3つです。

▼①：TOEICのリスニングは実は速くないことがわかる

TOEICのリスニングの音声を聞いて「速くて聞き取れない」と思ったことはないでしょうか？

実はTOEICのリスニングはそれほど速くありません。ネイティブスピーカー同士が会話しているときのスピードに比べたら、むしろTOEICは遅いと言ってもいいくらいです。

では、なぜ速く聞こえてしまうのでしょうか。その理由は先ほど触れた「英語の音の変化」が原因です。

そのせいで、「速くなったように」錯覚してしまうのです。

「音トレ」に取り組めば、英語の音の変化の感覚が身についていきます。それにより、TOEICのリスニングは、実は速くないことがわかり、実際に聞き取れる量も増えます。

▼②：英文がテンポよく読めるようになる

「音トレ」に取り組むと、「強弱のリズム感」が自然に身につきます。英語は基本的に、名詞や動詞などの「内容語」と呼ばれる単語は強く読み、接続詞や前置詞などの「機能語」と呼ばれる単語は弱く読みます。

この強弱の感覚がつかめたら、ネイティブスピーカーが話すような波打つようなリズムで英語を発音できるようになります。

すると、リーディングにおいても、大事なところ（＝内容語）はじっくり読んで、そうでないところ（＝機能語）はサラッと読むというメリハリのついた読み方ができるようになり、英文がテンポよく読めるようになります。

実際に、「音トレ」に取り組まれた生徒さんから以下の感想をいただきました。

音トレは、リスニングだけではなくリーディングにも効果が出てきている感覚があります。英文を読むスピードが上がり、スムーズに意味を捉えられるようになってきています。

このように、「音トレ」をすることで英文がテンポ良く読めるようになり、リーディング力が上がります。

▼③：上達が実感しやすくモチベーションがキープされる

単語や文法は、「覚える」という作業が必要不可欠なので、上達を感じるまでにはどうしても時間がかかります。

しかし、「音トレ」はコツさえつかんでしまえば一気に上達しますので、モチベーションが下がりにくいというメリットがあります。

もちろん最初から上手にできる人はまれですが、練習を重ねたら誰でも上達します。

モチベーションキープの方法において、「上達を感じること」に勝るものはありません。

コーチングの生徒さんからは、「最初に比べて口がスムーズまわるようになりました！」「なかなか上手く言えるようにならず少し苦しかったのですが、それでもあきらめずにやり続けたら、突然コツがつかめて上手に言えるようになりました！」などの感想をいただいています。

シャドーイングはしなくていいの？

もしかするとあなたは今、「シャドーイングはやらなくていいの？」と思われているかもしれません。

シャドーイングとは、「お手本の音声に少し遅れた状態をキープして発音していく」というトレーニングです。

シャドーイングはとても効果的なトレーニングです。ただ、「音トレ」のなかには組み込んでいません。なぜなら、シャドーイングは「音トレ」を仕上げた結果として、自然とできるようになるものだと僕は考えているからです。

「音トレ」のステップ5はオーバーラッピングですが、これが正確にできるようになるということは、すなわち「お手本の音声とほぼ同じように読める」というレベルに達するということです。

この状態でシャドーイングにチャレンジしてみてください。慣れるまでに何度かくりかえす必要はありますが、すぐにできるようになるはずです。

「音トレ」に取り組むことなく、いきなりシャドーイングにチャレンジするのは難易度が高すぎます。どうしてもシャドーイングがやりたい人は、「音トレ」を仕上げた後に、取り組むのがおすすめです。

日本人発音から脱却するための3つのヒント

「音トレ」では、いかにお手本の音声を真似できるかが重要です。そのためのヒントを3つ紹介します。

①：常に口角を上げて声を出す
②：息を大きく吸い込んでお腹から声を出す
④：恥ずかしがらない

▼①：常に口角を上げて発音する

英語の音をスムーズに出すために求められるのが「口の周りの筋肉」です。日本語を話すときは、英語ほどは口の筋肉を使わないため、日本人の口の周りの筋肉は鍛えられていません。それがうまく英語を発音できない原因のひとつになっています。

そこで、意識的に口の周りの筋肉を鍛えていきましょう。

具体的には「常に口角を上げて発音すること」を意識してください。それだけで口の周りの筋肉が鍛えられますし、そもそも口角を上げるだけでも、英語の音が出しやすくなるのを実感できるはずです。

▼②：息を大きく吸い込んでお腹から声を出す

「音トレ」でリピーティングやオーバーラッピングをしたときに、自分の声をスマホのアプリやICレコーダーで録音して聞いてみてください。声のボリュームが相当小さいことに気づくはずです。

ネイティブスピーカーが会話しているところを見ると、思いっきり息を吸い込んでハキハキと話しているのがわかります。

「うるさすぎるかな」と自分では感じてしまうくらいのボリュームが、英語を話すときにはちょうど良いのです。息を大きく吸い込んで、しっかりお腹から声を出していきましょう。

▼③：恥ずかしがらない

これは「②：息を大きく吸い込んでお腹から声を出す」にも関係することですが、恥ずかしがってボソボソと発音していたら、なかなかうまく発音できるようになりません。

「発音がうまくできないから周りの人に聞かれたくない」という気持ちもわかりますが、その場合は誰もいない場所でおこなうなどの工夫をしつつ、お手本の音声になりきって、堂々と大きな声で練習していきましょう。

まとめ

この章では、「音トレ」の具体的な方法を解説させていただきました。

「音トレ」を始めて間もない頃は「なんでこんなにできないのだ」と、ショックを受けることになるかもしれませんが、それが普通ですので大丈夫です。逆に言えば、それは大きな伸びしろです。

最初はできなくても継続したら必ず上達します。粘り強く取り組んでください。

「音トレ」によって、リピーティングとオーバーラッピングが正確にできるようになったら、この2つの武器を次の章で解説する「多解き」でフル活用していきます。

「音トレ」に関するよくある質問

Q1 TOEICには、アメリカ英語の他にイギリス英語やオーストラリア英語などの発音も出てきます。これらの発音はそれぞれに違った対策が必要でしょうか?

A1 国別の対策は必要ないと僕は考えています。確かに、各国の発音に違いは確かにありますが、まったく異なるというほどではありません。「音トレ」や、この後の章で紹介する「多解き」を実践することで対応できるようになります。

Q2 「音トレ」でなかなか上達を実感できないときはどうしたらいいでしょうか?

A2 「スマホのアプリ」や「ICレコーダー」で自分の声を録音して聞いてみるのがおすすめです。声に出して読んでいるときはうまくできているように感じても、いざ録音して聞いてみると全然できていなかったということはよく起こります。自分の声を客観的に聞くことによって、課題が見えやすすくなります。課題がはっきりしたら、それを重点的に練習して改善することで上達を実感できるようになります。

Q3 「音トレ」は、何回くらい練習したらいいのでしょうか？

A3 リピーティングは1文あたり10回を目安に、オーバーラッピングは20～30回を目安にしてください。ただ、それくらいの回数をこなしたとしても、音の変化を意識せずに何となく読んでいたり、ただ惰性で取り組んでいたりしたら効果はありません。回数はあくまでも目安と考えて、「できるようになるまで」という基準で取り組むのが理想です。

Q4 「音トレ」は英会話にも効果があるのでしょうか？

A4 もちろん効果があります。「音トレ」に取り組むことで、英会話のために必要な要素がすべて鍛えられると言っても過言ではありません。「音トレ」で挫折しそうになったときは「ここを乗り切れば、英会話力も上がるんだ」と自分に言い聞かせて、モチベーションを保っていきましょう。

第5章

目標スコアに達するまで「多解き」する（13～16週目）

いったん、ここまでの内容を復習しておきましょう。第1章では、目標設定法と学習時間の捻出法を学びました。第2章では単語の学習法について学びました。第3章では文法の学習法を学びました。そして、第4章では「音トレ」の実践法について学び、リピーティングとオーバーラッピングのやり方を理解しました。ここまででようやく土台が固まりました。

この先は、いよいよ実際に問題を解いていきます。土台が固まっている状態であれば、問題を解けば解くほどスコアが上がっていきます。この学習法を「多解き」と呼びます。

ただ、やみくもに問題を解いたらいいわけではありません。問題を解くことにもコツがあります。この章では、**スコアを大きく上げるための「問題の解き方」のコツ**について解説していきます。

スコアが上がるにつれて共通してくる思考

今の時点ではピンとこないかもしれませんが、僕のこれまでの経験上、スコアが上がるにつれて以下のような思考になってくるはずです。

「たくさん単語を覚えて、たくさん問題を解けばスコアは上がる」

当たり前のことのようですが、実践できている人は多くありません。スコアが頭打ちになってしまっている人は、ぜひ自分に問いかけてみてください。

「ここ数ヶ月間、自分の単語力はアップしているだろうか？」

「ここ数ヶ月間、自分は十分な量の問題を解けているだろうか？」

この2つの質問に自信をもってYESと答えられるなら、遅かれ早かれスコアは上がります。

しかし、もしNOなら、ここでギアを入れ直しましょう。「単語」と「問題を解く量」、これら2つを同時に満たせるのが「多解き」という学習法です。

「多解き」とは？

「多解き」とは、文字通り「多くの問題を解く」というシンプルな学習法ですが、効果は絶大です。

もちろん、「問題を解いて解説を読んで終わり」というだけでは不十分で、そこに「**正**

しい復習」という要素が加わってこそ、本当に効果的になります。

TOEICは2時間で200問の問題を解かなければなりません。特にリーディングセクションの英文量は非常に多いです。大量の英文を高速で処理していくためには、結局のところ「慣れ」が必要です。「慣れ」を養うためには、問題をたくさん解いていくしかありません。

目安としては、リーディングセクションの大量の英文を目にしたときに「ウッ」という抵抗感がなくなってきたら、TOEICに慣れてきたと考えてください。

「多解き」のメリット

「多解き」によって得られるメリットは「TOEICへの慣れ」だけではありません。以下の8個のメリットがすべて手に入ります。

① 正解パターンのデータベースが増える

② 固有名詞に惑わされなくなる
③ 背景知識のストックが増える
④ 自分なりの解き方が確立する
⑤ タイムマネジメントがうまくなる
⑥ 前から順番に読めるようになる
⑦ 自分の弱点を浮き彫りにできる
⑧ 体力や集中力が鍛えられる

▼①正解パターンのデータベースが増える

TOEICはパターンの試験です。例えば、「トラブルが起こる→解決する→お詫びとしてクーポン券を渡す」というような話の流れは頻出です。「多解き」によって、こうしたパターンが頭の中に定着していきます。つまり、正解パターンのデータベースがどんどん増えていくのです。

頭の中のパターンが増えるとどんな問題を解くときでも「こういう流れの話だろう」と予想を立てながら取り組めるようになります。そうなったら、楽に問題が解けるようになります。

▼②固有名詞に惑わされなくなる

TOEICの問題には人物名や会社名などの固有名詞が登場します。それも長く読みにくい固有名詞です。それらに惑わされてスムーズに問題が解けないという悩みをこれまで何度も聞いてきました。

この悩みを解決するためには発想の転換が必要です。固有名詞に惑わされなくなるためには、「固有名詞以外のところで惑わされなくなること」が一番の近道なのです。要は、自分の集中力をどこに使うかがポイントです。

固有名詞にもそれ以外の単語や文法にも自分の集中力を消費していたら、どんな人でも混乱します。しかし、固有名詞だけに自分の集中力を使えたら対応可能なのです。

言い換えると、固有名詞以外の部分をスムーズに処理できたら、固有名詞に惑わされなくなるということです。その状態は「多解き」によって実現します。

▼③背景知識のストックが増える

自分が得意なテーマの問題なら解きやすく感じるはずです。例えばビジネスに興味がある人なら、TOEICによく出てくる「企業合併」の話などは馴染みがあって解きやすいと思います。また、アート関係に興味がある人なら、「美術館」の話などは解きやすいはずです。このように「背景知識」のあるなしは重要なポイントとなります。

背景知識は、「新しい問題と出会う→間違える→解説を読んで「こんな話だったんだ！」と納得する」というサイクルによって強化されます。「多解き」に取り組めば、このサイクルを何度も経験することができます。

▼④自分なりの解き方が確立する

自分なりのベストな解き方が確立したら、それだけでスコアが上がると僕は考えています。

TOEICには「リスニングセクションのときにリーディングセクションを解いてはいけない」「問題用紙への書き込みはいけない」などのルールはありますが、それらを守っている限りは、自分なりの自由な解き方で解くことができます。

特にリーディングセクションにおいては、Part5→Part6→Part7と順番通りに解かずに、Part5→Part7→Part6という変則的な流れで解いても問題ありません。

「多解き」ではたくさんの問題を解いていくため、その中で色々と解き方を変えてみながら、試行錯誤することができます。すると、そのうち「自分にはこれが合う」という解き方が見つかります。これも「多解き」のメリットです。

▼⑤タイムマネジメントがうまくなる

これは「④自分なりの解き方が確立する」と関連しますが、「多解き」を続けていくうちに、試験中の時間の使い方のコツがつかめてきます。

リスニングセクションは流れてくる音声に対応していくしかないので、自分で時間をコントロールすることはできませんが、リーディングセクションはすべて自分で時間をコントロールできます。

リーディングセクションは、Part5を10分、Part6も10分で解いて、Part7に最低でも55分を残すという時間の使い方がセオリーです。ただ、頭ではわかっていても、実際にはわからない問題で時間を使いすぎてしまい、時間が足りなくなることがよく起こります。

それを防ぎ、タイムマネジメントを成功させるためには、やはり「多解き」による慣れが求められます。試験中の時間の使い方がうまくなれば、解ける問題が増えるためスコアが底上げされます。

▼⑥前から順番に読めるようになる

英語の語順で前から順番に読めるようになったら、リスニングもリーディングも理解できるスピードが上がります。

英語の語順と日本語の語順は真逆です。例えば、「I had lunch with my friend yesterday.」という英文があるとします。日本語訳は「私は昨日友達とランチをしました」です。以下のように主語のI（私）の位置だけは同じですが、それ以外は語順が真逆であることがわかります。

「I had lunch with my friend yesterday.」という英文を見たときに、頭の中で日本語の語順に入れ替えて、「私は昨日友達とランチをしました」と理解していてはスピーディーに英文を処理していくことができません。

英文を処理するときは、英語の語順のまま意味を理解することが求められます。

つまり、「私はしました、ランチを、友達と、昨日」という順番のまま意味を理解するのです。最初は違和感があると思いますが、慣れたらできるようになります。その慣れを養うのが

【英語と日本語の語順の違い】

英語：I had lunch with my friend yesterday.

日本語：**私は**（＝I）**昨日**（＝yesterday）**友達と**（＝with my friend）**ランチを**（＝lunch）**しました**（had）。

「多解き」です。たくさん問題を解きながら、意識して英語の語順で意味を取るようにしていきましょう。

▼⑦自分の弱点を浮き彫りにできる

自分の弱点を知り、それを潰すことができればスコアは上がっていきます。ただ、自分の弱点を正確に把握するのは意外と難しいのです。特に、問題を解き、間違えたところの解説を読むだけに終始していると、「たまたま正解できただけで、実は理解できていない」という隠れた弱点を見逃すことになります。

しかし、後ほど解説する「リトライ法」という方法を使って「多解き」に取り組むことで、自分の弱点を容易に浮き彫りにすることができます。

▼⑧体力や集中力を鍛えられる

体力や集中力を鍛えられるのも「多解き」のメリットです。TOEICは2時間ぶっ続けで問題を解き続けなければなりません。英語力うんぬんの前に、体力や集中力が尽きてしまうことが原因でスコアを伸ばせていない人は少なくありません。

「前日はしっかり睡眠を取る」「試験前にカフェインを摂取する」などの工夫によって多少は改善されるかもしれませんが、根本的な解決策にはなりません。

体力や集中力は、日頃から鍛えておく必要があります。そのためには、普段からできる限り長時間、英語に触れておかなければなりません。極端なことを言えば、〝毎日〟2時間ぶっ続けで問題を解き続けていたら、本番もその延長で受験できるので苦しくなくなります。そのために有効なのが「多解き」なのです。

「多解き」の具体的な実践法

それでは、ここから「多解き」の具体的な実践法について解説していきます。「多解き」は以下の2ステップで構成されています。

ステップ1：解き方の「型」を身につける
ステップ2：模試を使ってどんどん問題を解く

▼ステップ1：解き方の「型」を身につける

最終的には、あなたに合った解き方を確立していただくのがゴールですが、まずは基本の型となる解き方を身につけましょう。基本の型を軸にすることで自分なりの解き方を確立しやすくなります。

おすすめのテキストは『新TOEIC® TEST 全力特急 絶対ハイスコア』です。

このテキストは、各パートごとの解き方の解説が最初にあり、その後に実際の問題で試していくという流れで構成されています。

1週間程度でこのテキストを終えられたら理想です。

仕上げに、巻末に掲載してある「クオーター模試」にも取り組んでみてください。

ちなみに、『新TOEIC® TEST 全力特急 絶対ハイスコア』は、TOEICの形式が変更になった2016年5月よりも前に発売された本です。そのため、新形式の問題には対応していませんが、基本的な解き方は変わっていませんので、今でも十分活用できます。

▼ステップ2：模試を使ってどんどん問題を解く

解き方の型が身についたら、実際に問題を解いていきます。理想は本番に最も近いクオリティである公式問題集

新TOEIC(R)TEST 全力特急 絶対ハイスコア／濱崎潤之輔　キム・デギュン／朝日新聞出版／2013年

を解いていくことですが、「多解き」は数をこなすことが重要なので、模試が2セットしか入っていない公式問題集は、コストパフォーマンスが良くありません。したがって、公式問題集の代わりに、『TOEIC® テスト 新形式精選模試 リスニング』と『TOEIC® テスト 新形式精選模試 リーディング』を使って「多解き」に取り組んでいくことをオススメします。

リスニングとリーディングで別々の本になっていますが、問題の量や質を考えると理想的な模試です。

精選模試は本番よりもやや難しめの問題が収録されているため、普段よりも正解数が少なくても心配せずに「負荷をかけてトレーニングしている」と考えて取

TOEIC(R)テスト 新形式精選模試 リーディング／中村紳一郎 Susan Anderson監修　加藤優 野村知也 Paul McConnel著／ジャパンタイムズ出版／ 2017年

TOEIC(R)テスト 新形式精選模試 リスニング／中村紳一郎 Susan Anderson監修　加藤優 野村知也 Paul McConnel著／ジャパンタイムズ出版／ 2017年

り組んでください。

※この精選模試シリーズは、現時点（2021年1月）でバージョン3まで出版されていますが、問題の難易度的に、最も取り組みやすいのはバージョン1だと僕は考えています。したがって、まずはこちらから始めることをおすすめします。バージョン1が仕上がったら、バージョン2、バージョン3と進んでください。

解き方は「リトライ法」で

「多解き」では、「リトライ法」を使って模試を解いていきます。「リトライ法」とは「retry（＝もう一度試みること）」、つまり「同じ模試を2回解く」という意味です。

なぜ同じ模試を2回解く必要があるのかというと、それによって「**自分の弱点が明確になり、復習すべきポイントが定まるから**」です。1回目と2回目は、それぞれ異なったアプローチで問題を解いていきます。具体的には以下の通りです。

・1回目は「時間を測って」解く
・2回目は「時間無制限で」解く

▼1回目は「時間を測って」解く

1回目を解くときは、普通通り時間を測って解いてください。時間が来たら最後まで終わっていなくても終了とします。そして、ここがポイントになるのですが、**終了後に答え合わせはしないでください。**答え合わせをしてしまうとリトライ法が機能しなくなってしまいます。

▼2回目は「時間無制限で」解く

1回目を解いた後、できるだけ時間をあけずに2回目を解きます。2回目は時間無制限で解いていきます。リスニングセクションは、わからなければ何回聞いてもOKです。リーディングセクションは、何分かかってもOKですので、じっくり読み込んで問題を解いてください。

ただ、わからない単語の意味を調べるのはNGです。また、勘でマークした問題は、それがわかるようにチェックをつけておいてください。

2回目が終わったら「答え合わせ」に取り掛かります。

「リトライ法」で何がわかるのか？

「1回目は時間を測って解く」「2回目は時間無制限で解く」というリトライ法で模試を解くと何がわかるのでしょうか？ 次のページの表をご覧ください。

表からもわかるように、「リトライ法」によって、自分の弱点（＝復習すべきところ）がピンポイントでわかります。どういうことかを詳しく説明します。

▼①1回目も正解、2回目も正解

ここに当てはまった問題は、時間制限があっても解けていて、さらに時間制限なしでじっくり考えても解けているため「正解の根拠が明確に理解できており、スピーディーに解くことができる問題」だと判断できます。いわば自分の得意とする問題ですので、復習の必要はありません。

▼② 1回目は不正解、2回目は正解

ここに当てはまった問題は、時間制限があると解けなかったが、時間制限なしでじっくり考えたら解けた問題です。

つまり、「正解の根拠は理解できているものの、それをスピーディーに頭の中から引き出せなかった問題」だと判断できます。要は、スピードの問題です。

スピードは慣れによって自然と上がっていきますので深刻に捉える必要はありません。「多解き」を続けていけば解決されますので、復習の必要はありません。

▼③ 1回目は正解、2回目は不正解

ここに当てはまった問題は、時間制限があると解けたが、時間制限なしでじっくり考えたら解けなかった問題です。つまり、感覚もしくは勘でマークしたらた

	1回目	2回目	わかること
①	正　解	正　解	問題なし
②	不正解	正　解	多解きを継続すれば自然と解決
③	正　解	不正解	まぐれ当たりなので要復習
④	不正解	不正解	知識不足なので要復習

またま正解だったが、よく考えるとなぜ正解になるのかわかっていない問題です。

「正解しているのだから良いじゃないか」と思われるかもしれませんが、感覚で何となく解けている状態を放置していると、いつかどこかで足元をすくわれてしまいます。根拠をもって正解を選べるようになりましょう。ここに当てはまった問題は復習が必要です。

▼④ 1回目も不正解、2回目も不正解

ここに当てはまった問題は、まったく理解できていない問題です。つまり、単純な知識不足ですので、復習が必要です。

このように1回目と2回目の結果を比較することによって、自分の弱点（＝復習すべきポイント）が明確になります。①と②に気を取られることなく、③と④に当てはまった問題だけを復習することで効率的な復習が可能となります。

※注意：①と②に当てはまっていたとしても、2回目に正解した問題が「勘でマークしてたまたま正解した」ということであれば、復習の必要がありますので注意してください。

「リトライ法」を実践すると自分と深く向き合える

「リトライ法」を実践すると、おそらく次のように感じるはずです。コーチングの生徒さんからの実際のコメントです。

時間無制限で解いてみて、すごくもどかしかったです。Part5は選択肢の中で4つとも全然わからない単語が出てきたらお手上げですし、Part6やPart7でも、この単語さえわかれば解けるのに……という問題にいくつも出くわして、単語を知らないとこれだけ困るということが、本当に痛いほどわかりました。

最終的にTOEICのスコアを決めるのは「単語を覚えた量」と「問題を解いた量」です。このコメントは、まさにそのことを表していると言えます。「リトライ法」に取り組むと、「自分はこんなに単語を知らないのか」そして「時間無制限なのに、こんなに間違えてしまうのか」とショックを受けるはずです。ただ、最初はそれが普通ですので落ち込む必要はありません。

知らない単語は覚えていけば良いですし、間違えた問題は、次に同じような問題で間違えないように、きっちり復習をしたらいいだけです。あきらめなければ必ず力がつきます。

「復習」のやり方

それでは続いて「リトライ法」が終わった後におこなう「復習」のやり方について解説していきます。「リトライ法」によって、自分の弱点（＝復習すべきポイント）が明確になったとしても、それを放置していたらスコアは上がりません。復習によって弱点を潰していくことが必要です。リスニングとリーディングそれぞれの復習法は以下の通りです。

リスニングの復習法

「音トレ」のときに身につけたリピーティングとオーバーラッピングの2つをここで活用していきます。ただ、リスニングにおいて細かな部分まで完璧に聞き取れるようになるまで復習しようとすると、どれだけ時間があっても足りませんので、ある程度の割り切りが必要になります。

具体的には以下のように復習をおこなってください。

【Part1・Part2】：聞き取れなかった文を、スクリプトを見ながら5回リピーティングし、その後スクリプトを見ずに再度聞いて聞き取れたら0Kとする。

【Part3・Part4】：まったく意味がわからなかったPart3/Part4の問題を、スクリプトを見ながら5回オーバーラッピングして、その後スクリプトを見ずに再度聞いて聞き取れたら0Kとする。

【Part1・Part2】の復習についてはわかりやすいと思います。聞き取れなかった文を1つずつリピーティングしていきます。

【Part3・Part4】は少し工夫が必要です。【Part3・Part4】の間違えた問題をすべてオーバーラッピングしていたら、恐ろしいほどに時間がかかってしまいます。

ここは割り切って「何の話をしているのかまったく理解できなかった問題」だけをオーバーラッピングで復習をしていきます。

つまり、「どんな話なのかある程度は理解できて、1セット3問のうちの2問は正解できた」くらいの理解度の問題は復習しないという判断です。

時間が無限にあったら、1問でも間違えた問題はすべてオーバーラッピングで復習したいところですが、さすがにそれは現実的ではありません。また、復習に時間をかけ過ぎると、「新しい問題を解くこと」に充てる時間が少なくなり、「多解き」の効果が薄れてしまいます。リスニングについては割り切って復習をしていきましょう。

以上がリスニングの復習法です。

リーディングの復習法

続いて、リーディングの復習法について解説します。TOEIC学習者の多くはリーディングのスコアが伸びないことに悩んでいます。その原因は「リーディングの問題を解いた後の復習が不十分だから」だと僕は考えています。以下のように復習をおこなうことで、その悩みは解決するはずです。

抽出し、覚える

これだけです。これがすべてです。

リーディングの問題は、解説を読めばそのときは理解できると思います。しかし、それが落とし穴なのです。

「人間は忘れる生き物」と言われる通り、大事なことは何度も反復して頭に叩き込んでおかないと、あっという間に忘れてしまいます。「解説を読んで終わり」という程度で学習を終えていたら、いつまでも経っても知識が定着せず、スコアも上が

りません。

だからこそ、抽出し覚える作業が必要不可欠です。

何をどう抽出し、覚えたら良いのか？

これもあまり難しく考える必要はありません。わからない単語があったらそれを抽出し、覚える。わからない文法があったらそれを抽出し、覚える。背景知識が原因で意味が取れない文があったら、それを抽出し、覚える。このようなイメージです。

「わからなかったこと」を抽出して覚えたらスコアは上がっていきます。僕自身も、この「抽出し覚える」という作業をくりかえし続けた結果、満点まで到達することができました。

以下、具体的なやり方を「抽出すること」と「覚えること」に分けて説明します。

抽出の仕方

抽出するときは、おなじみの「単語カード」と「情報カード」を使います。記憶の大原則である「記憶は＝思い出したときに定着する」ということを意識して、「テスト形式」で抽出していきましょう。上の画像は問題をそのまま抽出したもの。下の画像は「文全体の意味や構造」をテスト形式にして抽出したものです。

All employees of Falcon Auto Company wishing to participate in the volunteer program (　) to submit the application from by next Friday.

(A) needs (B) needed
(C) to need (D) will need

表

正解は (D) will need
意味的には現在形でも入りそうだが、(A) needs は三単現の s がついているから、複数の主語である「All employees」とは合わない。

裏

The World kitchen Café conveniently located near the convention center can accommodate three hundred people.

・この文の意味は？
・この文のメインの動詞は？

表

意味は「会議場の近くにある The World Kitchen Café は 300人を収容できる。」
メインの動詞は「accommodate」。
「located」は過去分詞の形の形容詞なので、メインの動詞ではない。

裏

覚えること

こちらもやり方はシンプルです。時間を見つけて、単語カードや情報カードを取り出し、ひたすらめくって覚えていくだけです。

ただし、この段階でまだ『キクタン TOEIC® L&R テスト SCORE 600』『キクタン TOEIC® L&R テスト SCORE 800』の2冊から抽出した単語カードを覚え切れていない場合は、まずはそちらが優先です。終わった後に、「多解き」で新しく作成したカードを覚えていきましょう。抽出し覚えるという作業は、スコアアップそのものです。

「多解き」は1週間で1模試を目標にする

「多解き」は、1週間で1模試を仕上げることを目標にしてください。イメージは次の表の通りです。

このスケジュールは、あくまでも理想ですのでアレンジしていただいてかまいません。なかなか時間が取れず、1日目の「時間を測って1回目を解く」ときに、リスニングとリーディングの両方をこなすのが難しければ、2日間に分けても問題ありません。そのために予備日を設けています。

また、5日目のリーディングの復習においては、単語カードや情報カードへの抽出ができたら完了としてください。抽出したものをその日のうちにすべて覚えきることは不可能だと思いますので、毎日少しでも時間をとって、地道に覚えていきましょう。

「多解き」に取り組み始めたばかりの頃は、「復習しなければならない量の膨大さ」に圧倒されるかもしれません。しかし、やればやるほど間違えるところが減っていくため、復習に必要な時間も少なくなっていきます。

一番大変なのは最初です。最初の大変な時期を乗り越えたら、学習が加速し、当たり前のように「多解き」を

1日目	時間を測って1回目を解く
2日目	時間無制限で2回目を解く（リスニングセクション）
3日目	時間無制限で2回目を解く（リーディングセクション）
4日目	復習（リスニングセクション）
5日目	復習（リーディングセクション）　※抽出できたらOK
6日目	予備日
7日目	予備日

こなせるようになります。その瞬間を楽しみに待ちつつ、早速「多解き」にチャレンジしていきましょう。

まとめ

この章では「多解き」の方法について解説しました。

ところで、あなたは「量質転化の法則」をご存知でしょうか？これは「ある一定の量をこなすと、急に質が上がる」という意味の法則です。「量質転化の法則」はTOEICによく当てはまります。

「どれだけ問題を解いても一向に正解数が増えず、あきらめそうになったまさにそのタイミングで、正解数がグッと上がる。そして、不思議とそれ以降は正解がそのレベルで維持され下がらなくなる。」

まさにこれが量が質に転化したサインです。ただ、量質転化を起こすためには、自分の想像以上に量をこなすことが求められるということだけは念頭に置いてください。

「〝こんなに〟問題を解いているのに、なぜスコアが上がらないのだ！」と感じても、実はその〝こんなに〟は必要な量には届いていないケースが多いのです。

必要な量は人によって異なるため、「何問解いたら何点上がる」という具体的な数字は提示できませんが、質の向上を感じられないときは、「量」が足りていないだけだと捉えてもらって間違いありません。（もちろん単語や文法を抽出し、覚え続けていることが条件です。）

最後は「量」がものを言います。自分の目標スコアに達するまで、問題を解き続けていきましょう。

多解きに関するよくある質問

Q1 **模試を解くときは、200問をぶっ続けで解いたほうがいいですか？**

A1 本番の感覚をつかむという意味ではそのように解くのが理想です。しかし、そこまでまとまった時間を取れる人は少ないと思います。したがって、「朝出社前にリスニングセクション、夜仕事が終わった後にリーディングセクション」という具合に、分割して取り組んでもOKとしてください。

Q2 **多解きは、どれくらい解いたら良いでしょうか？**

A2 自分の目標スコアに到達するまでと考えてください。「単語」「文法」「音トレ」が終わった後は、「多解き」によってひたすら問題を解いていくだけになります。ただ、「予想以上にたくさんの量を解く必要がある」ということだけは頭に入れておいてください。模試を2つや3つ解いた時点で「なかなかスコアが上がらない」と悩むのは早すぎます。毎回の模試の正

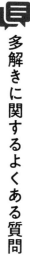

解数に一喜一憂することなく、目標スコアに達するまで淡々と解き続けてください。

Q3 **いつもPart5とPart6に時間を使ってしまって、Part7でまったく時間が足りなくなります。どうしたら良いでしょうか？**

A3 Part7に時間を残すために最も大事なのはPart5に時間を使いすぎないことです。Part5は「知っていれば解けるけれど、知らないと解けない」という問題で構成されているため、解けない問題に時間を使っても意味がありません。解けない問題は勇気をもって飛ばして時間を節約すれば、Part7に時間が残るようになります。

Q4 **リーディングは、何点くらいから塗り絵が無くなるのでしょうか？**

※「塗り絵」：リーディングセクションで時間が足りなくなり、残りの問題を適当にマークすること

A4 900点を取る人でも塗り絵をすることがあるので気にしないでください。「塗り絵をしたらいけない」という気持ちが焦りとなって、1問1問を雑に解いてしまっては本末転倒です。それよりも、解ける問題はきっち

り正解して、時間が足りなくなったら塗り絵をするというスタンスで問題を解いたほうが、結果として高いスコアが出ます。塗り絵を恐れず丁寧に解いていきましょう。

Q5 「多解き」をするときに何か意識すべきことはありますか？

A5 大事なところはすでにお伝えできたと思いますが、強いて言うなら模試を解くときは、マークシートを使うようにしてください。せっかく模試を解くのですから、最大限本番を想定して取り組むようにしましょう。それが本番での緊張を緩和することになります。問題集にはマークシートが付属していますので、それを切り取って使ってください。

Q6 リーディングで、解く順番を変えるのは効果的ですか？

A6 効果的かどうかは人によるので、「多解き」をする過程で試行錯誤をしてみてください。ちなみに、僕はリーディングセクションを「Part5→Part7のトリプルパッセージ→Part7のダブルパッセージ→Part7のシングルパッセージ→Part6」という順番で解いています。この順番で解くと、最後にPart6に到達したときは、文章量が非常に少なく感じて楽に解けます

（最初に文章量が多いPart7を解いているため）。個人的にはこの順番をオススメしますが、やはり大切なのは自分に合った順番で解くことです。試行錯誤しながら、あなたにとってのベストな順番を見つけてください。

Q7 リスニングに出てきた知らない単語も復習のときに単語カードに抽出し、覚えたほうがいいでしょうか？

A7 リピーティングやオーバーラッピングによる復習が終わった後に、ザッとリスニングセッション全体を見直して、知らない単語があれば抽出して覚えていきましょう。

とはいえ、『キクタン600』と『キクタン800』の2冊をきっちり覚えていたらリスニングセッションにおける「知らない単語」はほとんどなくなっているはずです。

第6章

▼

最後に残る壁をクリアする
（番外編）

ここまで来たら、最後の壁となるのは「モチベーション」です。「あとはやるだけだとわかっているのにモチベーションが続かない」、こういう悩みを抱えている人は少なくないと思います。

この章では、モチベーションをキープするための方法を7つ紹介していきます。すべて効果実証済の方法です。自分に合いそうなものから実践してみてください。

モチベーションをキープするための7つの方法

モチベーションは感情ですので、常に一定のレベルで留まっているということはありません。どんな人でも上下するのが普通です。

問題は、それを自分でコントロールできるかどうかです。

以下、僕自身が今も使い続けている方法であり、同時にコーチングの生徒さんにも実践していただいて効果的だったものを7つ紹介させていただきます。

①ブレインダンプ
②ラダリング
③「真の理由」を手書きする
④ウィルパワーのコントロール
⑤How 思考
⑥うまくいったことエクササイズ
⑦本気環境

それぞれ解説していきます。

▼①ブレインダンプ

モチベーションが上がらないときは「理由」が定まっていないケースが多いです。「なぜ自分はTOEICの勉強をしているのか?」という質問への答えが「理由」となります。「理由」が明確になるだけでも、モチベーションは維持されやすくなります。

そこで、「ブレインダンプ」をやってみましょう。英語では「brain-dump」と書きます。brain（脳）をdump（放り投げる）という意味ですが、「脳を放り投げる」ということではなく、「考えていることを、頭が空っぽになるまで紙に書き出す」ということを意味する方法です。

紙とペンさえあればできます。ブレインダンプで、「なぜ自分はTOEICの勉強しているのか?」という質問への答えを可能な限り書き出していきましょう。人によっては「TOEICで800点を取って転職するため」「TOEICで800点を取って自分の中にある英語コンプレックスを克服するため」などの答えが出てくると思います。他にも思いつくものがあったらどんどん書き出してください。

例えば僕が「なぜ自分はTOEICを勉強しているのか?」という質問に対してブレインダンプをしたときは、「自信をつけたいから」「専門性を手に入れたいから」「英語が当たり前になる時代に乗り遅れたくないから」「給料を上げたいから」「周りの人にすごいと言われたいから」など、主に自己中心的なことばかりでしたが、様々な「理由」が出てきました。

頭の中の考えを書き出すことで、「TOEICを勉強している「理由」が明確になり、モチベーションが維持されやすくなったのを覚えています。人によっては「会社にやれと言われたから」という答えしか出てこない人もいるかもしれませんが、それはそれでOKです(それを深掘りしてモチベーションにつなげる方法をこの後解説します)。

ブレインダンプのやり方は、以下の通りです。

ステップ1：紙（ノートでもOK）とペンを用意する

↓

ステップ2：質問を1つ決める（今回は「なぜ自分はTOEICを勉強しているのか？」）

↓

ステップ3：書き出せなくなるまで、とにかく書き出しまくる

TOEIC学習に対する自分なりの「理由」を明確にして、モチベーションをキープしていきましょう。

▼② ラダリング

ブレインダンプをもう一歩進めて、さらに自分を深掘りし、TOEICを勉強する「真の理由」を見つけていきます。「真の理由」が見つかれば、モチベーションが切れることがなくなります。

「真の理由」はラダリングという方法で見つけていきます。ラダリングは英語で「laddering」と書きます。つまり「はしご」です。はしごを上がったり下がったりするように、自分の思考のレベルを上下させながら深掘りしていく方法です。

やり方はシンプルで、『「なぜ？」』をくりかえす」だけです。試しに、先ほどのブレインダンプで書き出した答えを1つ思い浮かべてください。その答えに「なぜ？」と問いかけてください。

例えば、僕は「なぜ自分はTOEICを勉強しているのか？」という質問に対して「自信をつけたいから」という答えを書きました。これに対して「なぜ？」をくりかえし問いかけていきます。すると次のような流れになります。

「自信をつけたいから」

←Q：なぜ（自信をつけたい）？

「自信がついたら何にでもチャレンジできるようになれそうだから」

←Q：なぜ（何にでもチャレンジできるようになりたい）？

「チャレンジすることによって自分が成長できるから」

←Q：なぜ（自分の成長させたい）？

「自分が成長する過程で学んだことを人に伝えたいから」

←Q：なぜ（学んだことを人に伝えたい）？

「きっとその人によろこんでもらえると思うから」

思考の浅いところでは「自信をつけたいから」という理由で僕はTOEIC学習に取り組んでいたのですが、ラダリングで掘り下げてみると、「人に喜んでもらいたいから」という理由でTOEIC学習をおこなっていたことがわかったのです。初めてこれに気づいたときは、自分でもびっくりしました。

このように、自分でも気づけていない「真の理由」を探り出すのがラダリングです。

先ほど解説したブレインダンプで「会社にやれと言われたから」という答えしか出てこなかった人は、それに対してラダリングをしてみてください。

もしかすると、

「会社にやれと言われたから」

Q：なぜ（会社にやれと言われてやっているのか）？

「会社内でのポジションや給与を維持したいから」

Q：なぜ（会社内でのポジションや給与を維持したいのか）？

「家族を養い守りたいから……」。というように、深いところから答えが出てくるかもしれません。「家族を守るため」という理由があれば頑張れるのではないでしょうか。もちろん人によって出てくる答えは違いますので、ぜひ深掘りしてみてください。自分でも気づいていなかった自分の「真の理由」、言い換えると「価値観」に出会えるはずです。

ラダリングをおこなうときのポイントは「前向きに考える」ということです。「なぜ自信をつけたいのか？」という質問に対して「自分は自信がないから」と答えてしまうと、その先は「なぜ自分は自信がないのか？」と続くことになるので、どんどんネガティブな方向へと進んでいってしまいます。問いかけ方を工夫して前向きに考えてみてください。

例えば、先ほどの僕の例のように「なぜ自信を付けたいのか？」に対して「自信がついたら何にでもチャレンジできるようになれそうだから」と前向きに答えるのがコツです。思考を掘り下げていく過程で、うまく答えられなくなったら、1つ前の質問に戻って、違う角度から答えを考えてみてください。

頭の中のはしごを上がったり下がったりしながら、自分の「真の理由」を見つけていきましょう。それが見つかったら、モチベーションがどんどん湧き出てくるはずです。

▼③「真の理由」を手書きする

ここまで解説してきた「ブレインダンプ」や「ラダリング」を通して、自分なりの「真の理由」が見つかったとしても、人は忘れる生き物ですので、時間が経ったらそれを忘れていってしまいます。

「真の理由」を忘れてしまうと、モチベーションが低下します。それを防ぐためには、定期的に「真の理由」を手書きするのがオススメです。世界的な作家・講演家であるアラン・ピーズ&バーバラ・ピーズは、著書「ブレイン・プログラミング」の中で「手書きの効果」について次のように語っています。

ドミニカン大学カリフォルニア校で心理学を教えているゲイル・マシューズ教授が、二六七人の参加者を集めて、目標の達成率に関する実験を行った。目標を手書きしたときの達成率と、キーボードでタイプしたときの達成率を比べたのである。すると、手書きするだけで、達成率は 42 パーセントも上がることがわかったという。

文字をキーボードでタイプするときに必要な指の動作は、八種類しかない。だから脳でも、その八種類の動作に対応する神経しか働かない。しかし、手書きするときに必要な指の動作は一万種類もある。そのため、脳で働く神経もずっと多くなる。手書きが目標の達成率に大きく影響するのは、このためだ。

手書きすると、目標を達成したいという思いが強くなり、一生懸命に取り組むようになる。コンピューターのキーボードで目標をタイプしても、たしかに、効果はあるのだが、それはスポーツカーを持つという体験が、いかに刺激的かについて書かれた本を読むようなものだ。

目標を手書きするのは、アルプスでスポーツカーを試乗し、その体験を脳に刻みこむのに似ている。目標に対する思い入れがぐっと強くなり、達成意欲が飛躍的に高まる。

自分なりの「真の理由」を定期的に手書きすることによって、忘れないようにしましょう。忘れなければ、モチベーションは続きます。

▼④「ウィルパワー」のコントロール

あなたは「ウィルパワー」という言葉を聞いたことがありますか？これは社会心理学者のロイ・バウマイスター教授が提唱した、「自分をコントロールして、すべきことをする力」というものです。

今の自分にとってのすべきことが「TOEIC学習」なら、様々な誘惑に負けることなくTOEICと向き合える力が「ウィルパワー」です。この「ウィルパワー」をうまくマネジメントすることが、モチベーションのキープに大きく貢献します。

「ウィルパワー」は、1日に使える量が決まっていると言われています。イメージとしては、ペットボトルの中に入っているドリンクが「ウィルパワー」だと考えてください。朝起きたときは、満タン入っている状態ですが、何かをおこなう度にジワジワと減っていきます。例えば、会社に出社した直後に、いきなりトラブル対応を任され精神をすり減らしたとします。おそらくその日は、普段に比べて「やる気」が起こらないと思います。

その理由はトラブル対応によって「ウィルパワー」が減ったからです。さらに、同じ日

の午後にハードな仕事があったとして、それを何とかやり切った後は、おそらく「ウィルパワー」はカラになります。するともはや微塵もTOEIC学習をやろうという気にはならないはずです。

仕事の繁忙期などは、このような日が続くのが普通だと思いますので、うまく「ウィルパワー」をコントロールしなければ、TOEIC学習に満足に取り組めなくなってしまうのです。

そこでオススメしたいのが、**1日の「ウィルパワー」が消費される「前」にTOEICの勉強を終わらせてしまう**ということです。つまり、「ウィルパワー」が満タン近く残っている朝の時間帯にTOEIC学習をこなしてしまうのです。

基本的に仕事はコントロールできません。しかし、朝の時間は頑張ればコントロールできます。

僕も月の残業が100時間を超えていたときは、仕事が終わった後にTOEIC学習をする気力は残っていませんでした。そこで、朝に勉強することに決め、「出社前に会社の近くのカフェで90分間(7時~8時30分)勉強をする」というルーティーンを作りました。すると、毎日安定して勉強できるようになり、朝のうちに勉強を終わらせている

ので仕事も気分良く取り組めるようになりました。

あなたも「ウィルパワー」のコントロールを意識してみてください。

▼⑤ How思考

TOEICを勉強していたら「わからないこと」に出会うことが何度もあります。「わからないこと」は自分の中にイライラを引き起こし、モチベーションが削がれていきます。そのときに重要になるのが、「自分への質問」です。僕たちの脳はGoogle検索と同じようなもので、「投げかけた質問にふさわしい答え」をアウトプットしてくれます。

例えば、文法を勉強していて、理解できない項目にぶつかったとしましょう。そのときに「なぜわからないのだろう?」と自分に質問したら「わからない理由」が勝手に頭の中に浮かんできます。「自分は理解力がないから」とか「文法は感覚で解いていて、細かいのは苦手だから」などの答えが出てくるでしょう。しかし、これでは言い訳が出てくるだけで、前に進むことができません。つまりこの質問の仕方はNGなのです。

ここで使うべきなのが「How思考」です。つまり、**How（どうやって）で自分に質問する**のです。先ほどの例を使いましょう。文法でわからない項目に出会ったときに、次のように自分

に質問してみてください。「どうやったら(=How)、この項目を正確に理解できるだろう?」

「ネットで調べてみる」「誰かに聞いてみる」など、さきほどとはまったく違う答えが、しかも生産的な答えが出てきそうな気がしないでしょうか。「How 思考」を駆使してモチベーションをキープしていきましょう。

▼⑥ うまくいったことエクササイズ

自分の「気分」と「モチベーション」はお互いに関係し合います。気分が良ければTOEIC 学習へのモチベーションは高くなりますし、逆に気分が悪ければ TOEIC 学習をする気にさえなりません。

したがって、「気分が良い状態をキープすること」が「モチベーションをキープすること」そのものだと考えられます。

「ポジティブ心理学」の権威であるマーティン・セリグマン博士が、著書『ポジティブ心理学の挑戦』の中で「うまくいったことエクササイズ」という方法を紹介しています。これは「寝る前に、その日にうまくいったことを3つ書き出す」というシンプルな方法なのですが、研究の結果、このエクササイズが幸福度を増大させるということがわかっています。

幸福度という言葉は人によって解釈が分かれますが、僕は「幸せに過ごせる=良い気分で過ごせる＝モチベーションが維持されやすくなる」と捉えています。５分あればできるエクササイズです。やり方は以下の３ステップです。

ステップ１：寝る前にその日の「良いこと」を３つ書く
ステップ２：それらを思い浮かべながら寝る
ステップ３：毎日くりかえす

とても簡単ですので、寝る前に時間を取って実践してみてください。

▼⑦ 本気環境

ここまで解説してきた方法を試してみてもモチベーションがキープできないということであれば、「本気環境」の力を借りて、「TOEIC学習に取り組んでしまうのも１つの方法です。お住まいの地域にあるスクール、もしくは個人が開催しているTOEIC勉強会など、探せば色々見つかるはずです。そういう場に所属しているのは本気の人たちばかりだと思うので、そこに飛び込んでしまいましょう。

ハイレベルな環境に自分を置けば、周りに影響されて自然と高いところまで登れる。逆に、生ぬるい環境に自分を置いてしまうと、同じように周りに影響されて、どこまでも生ぬるくなってしまう。それが私たちの性質です。

自分1人ではなかなか勉強できないけれど、誰かと一緒なら頑張れるという人も少なくないと思います。モチベーションキープの手段として、本気の環境に飛び込むことも考えてみてください。

おわりに

本を読んだり、セミナーを受けたりした後に、実際に行動に移すのはたったの3%の人だけと言われます。あなたがその3%に入っていただけたら大変うれしく思います。

それでは、本書の締めくくりとして、TOEICを卒業したあとについてお話ししておきたいと思います。

TOEICで基礎を固めて英会話に進むのが王道

「TOEICは資格試験だから英会話には役に立たない」と言われることがありますが、決してそんなことはありません。むしろ、TOEICを踏まえずにいきなり英会話のトレーニングを始めると、基礎がガタガタで満足に英会話力を伸ばせないとさえ思います。

その意味で、「TOEICで基礎を固めた後に英会話に進むのが王道」だと僕は考えています。今取り組んでいるTOEIC学習は、英会話にも十分に役立つのだと理解してください。

実際に、コーチングの生徒さんから以下のような感想をいただいています。

> 先日、各国の販売会社のメンバーを日本に招いて新製品の説明会をおこなったのですが、プレゼンテーションやデモンストレーションの場で自分から積極的に外国人に話しかけられるようになりました。これができるようになると非常に楽しいですね。充実した時間でした。聞く能力/話す能力は確実にTOEICのおかげです。

TOEICで基礎を固めてから始めたおかげで、英会話がとても楽です。音のトレーニングの効果的な方法教えていただいて、単語を覚えて、リスニング力を上げた結果です。

ネイティブとのフリーディスカッションは、最初の頃はうまくできませんでしたが、最近は様々な言い方を駆使して会話が続くようになりました。その中でTOEICでマスターした基本的な言い回しを活用しています。TOEICで基礎力を強化できたことの良さを感じているところです。

目標スコアを達成してTOEICを卒業した後は、ぜひ英会話にチャレンジしてみてください。英語が話せたら、仕事でもプライベートでも大きなアドバンテージになります。

TOEICを極める方向に進むのも1つの道

英会話に進む前に、TOEICを極めるのも1つの道です。例えば、最初は800点を目標にしていたけれど、いざその点数をクリアしてみると、次は９００点を目指したくなったとします。そう思ったなら、ぜひチャレンジしてください。８００点が取れている人であれば、そのまま適切に学習を続けたら、９００点を超えるまで半年もかからないはずです。

９００点を取るためには「この本で解説してきた学習法に加えて、さらに『多解き』の量を増やす」という進め方で問題ありません。問題を解く中で弱点を抽出して潰す作業ができていることが条件ですが、基礎を固めたうえで、ひたすら問題を解いていけばスコアは上がっていきます。

僕自身はその方法でこれまで11回満点を取得することができましたし、コーチングの生徒さんからも９００点突破者が続出しています。TOEICを極めたいと思った方は、その気持ちを大切にしてください。

いつ始めても遅くない

先日、ある風景に心を動かされました。カフェで勉強していたときのことです。勉強がひと段落し、テキストから目を上げたとき、斜め前に座っていた老紳士の姿が目に入りました。

おそらく年齢は70歳を超えていたでしょう。その老紳士は、目を細めながら、ドイツ語の辞書を何度も何度も引き、文献を読み込んでいました。なんだかその姿がすごくかっこよかったです。

「僕もこんなふうに歳をとっていきたいなぁ」と思わずにはいられませんでした。何を始めるにしても、遅すぎることなんてありません。古代ローマに生きたカトーという人は、80歳になってから新しくギリシア語を学び始めたといいます。

死ぬ直前に後悔するのは、「やって失敗したこと」よりも「やらなかったこと」だと言われます。後悔のない人生を生きるために、今この瞬間から始めませんか？あなたが目標スコアを達成する瞬間を、心より楽しみにしております。

本書で紹介した

4ヶ月間
学習スケジュール

6 目標設定 学習時間の捻出	7 目標設定 学習時間の捻出
13 単語カード 作成	14 単語カード 作成
20 単語暗記	21 単語暗記
27 単語暗記	28 単語暗記

1ヶ月めのポイントは「TOEIC 学習を習慣化すること」です。

毎日同じことを3週間〜1ヶ月ほど続けたらそれが習慣になると言われています。

そのためにも「やらない日を作らない」ということが大切です。

TOEIC 学習が習慣化するまでは、気持ちを強く持って毎日続けていきましょう。

まずは単語と文法に取り組んで基礎をしっかり固めることからスタートです。

【1ヶ月目】

1 目標設定 学習時間の捻出	2 目標設定 学習時間の捻出	3 目標設定 学習時間の捻出	4 目標設定 学習時間の捻出	5 目標設定 学習時間の捻出
8 発音記号 学習	9 発音記号 学習	10 発音記号 学習	11 発音記号 学習	12 単語カード 作成
15 単語カード 作成	16 単語カード 作成	17 単語カード 作成	18 単語カード 作成	19 単語暗記
22 単語暗記	23 単語暗記	24 単語暗記	25 単語暗記	26 単語暗記
29 単語暗記	30 単語暗記	31 単語暗記		

6 単語暗記	7 単語暗記
13 単語暗記 文法学習	14 単語暗記 文法学習
20 単語暗記 文法学習	21 単語暗記 文法学習
27 単語暗記 文法学習	28 単語暗記 文法学習

2ヶ月めのポイントは「前倒し」です。

スケジュールはあくまでも目安にすぎません。

できる人はどんどんペースアップして前倒しで進めていきましょう。

逆に、思ったようにTOEIC学習が進んでいない場合は、スケジュールに遅れを取らないことを意識して食らいついていきましょう。

「音トレ」や「多解き」は慣れるまでは大変に感じると思いますが、根気強く続けたら必ずできるようになります。

【2ヶ月目】

1 単語暗記	2 単語暗記	3 単語暗記	4 単語暗記	5 単語暗記
8 単語暗記 文法学習	9 単語暗記 文法学習	10 単語暗記 文法学習	11 単語暗記 文法学習	12 単語暗記 文法学習
15 単語暗記 文法学習	16 単語暗記 文法学習	17 単語暗記 文法学習	18 単語暗記 文法学習	19 単語暗記 文法学習
22 単語暗記 文法学習	23 単語暗記 文法学習	24 単語暗記 文法学習	25 単語暗記 文法学習	26 単語暗記 文法学習
29 単語暗記 音トレ	30 単語暗記 音トレ			

6 単語暗記 音トレ	7 単語暗記 音トレ
13 単語暗記 音トレ	14 単語暗記 音トレ
20 単語暗記 音トレ	21 単語暗記 音トレ
27 単語暗記 多解き	28 単語暗記 多解き

3ヶ月めのポイントは「モチベーションのキープ」です。

ここまで順調に進んできた人でも「覚えなければならないことの多さ」に圧倒され、モチベーションが下がってしまうかもしれません。

ただ、目標スコアを達成した人は、もれなくそうした時期を乗り越えていることを忘れないでください。

モチベーションが下がったら、それまでやってきたことを振り返ってみましょう。作成した単語カードや読み終えたテキストがそこにはあるはずです。それをやってきた自分を認めてあげてください。

そして、再度モチベーションを上げていきましょう。覚えるべきものを覚えつつ、「多解き」を続けたらスコアはアップしていきます。

「多解き」で模試に取り組んでいくうちに、自分が苦手なパートが浮き彫りになってくる可能性があります。その際は各パートに特化した問題集に取り組んでいくのもおすすめです。

得意なパートはほどほどに、苦手なパートは徹底的にというメリハリをつけられたら理想的です。

【3ヶ月目】

1 単語暗記 音トレ	2 単語暗記 音トレ	3 単語暗記 音トレ	4 単語暗記 音トレ	5 単語暗記 音トレ
8 単語暗記 音トレ	9 単語暗記 音トレ	10 単語暗記 音トレ	11 単語暗記 音トレ	12 単語暗記 音トレ
15 単語暗記 音トレ	16 単語暗記 音トレ	17 単語暗記 音トレ	18 単語暗記 音トレ	19 単語暗記 音トレ
22 単語暗記 多解き	23 単語暗記 多解き	24 単語暗記 多解き	25 単語暗記 多解き	26 単語暗記 多解き
29 単語暗記 多解き	30 単語暗記 多解き	31 単語暗記 多解き		

6 単語暗記 多解き	7 単語暗記 多解き
13 単語暗記 多解き	14 単語暗記 多解き
20 単語暗記 多解き	21 単語暗記 多解き
27 単語暗記 多解き	28 単語暗記 多解き

4ヶ月めのポイントは「自分を信じること」です。

僕のこれまでの経験上、いちばん苦しいのは目標達成の直前です。「やっぱり自分には無理なのではないか」という自己不信が襲ってくるのが普通です。

そこであきらめずに続けられるかどうかが最終的な結果を決めます。これまで努力を重ねてきた自分を信じてあげてください。

そして、結果が出るまで粘り強く進み続けてください。

目標スコアに到達したときに味わえる達成感は格別です。

【4ヶ月目】

1 単語暗記 多解き	2 単語暗記 多解き	3 単語暗記 多解き	4 単語暗記 多解き	5 単語暗記 多解き
8 単語暗記 多解き	9 単語暗記 多解き	10 単語暗記 多解き	11 単語暗記 多解き	12 単語暗記 多解き
15 単語暗記 多解き	16 単語暗記 多解き	17 単語暗記 多解き	18 単語暗記 多解き	19 単語暗記 多解き
22 単語暗記 多解き	23 単語暗記 多解き	24 単語暗記 多解き	25 単語暗記 多解き	26 単語暗記 多解き
29 単語暗記 多解き	30 単語暗記 多解き			

参考文献

【第 1 章】

メル・ロビンズ，5 秒ルール―直感的に行動するためのシンプルな法則，東洋館出版社，2019/7

リズ・ダベンポート，気がつくと机がぐちゃぐちゃになっているあなたへ，草思社，2002/9

堀 正岳，ライフハック大全―人生と仕事を変える小さな習慣 250，KADOKAWA，2017/11

Robert Waldinger,(2015/11), TEDxBeaconStreet, Robert Waldinger: What makes a good life? Lessons from the longest study on happiness, Retrieved from

https://www.ted.com/talks/robert_waldinger_what_makes_a_good_life_lessons_from_the_longest_study_on_happiness

【第 2 章】

池谷 裕二，記憶力を強くする―最新脳科学が語る記憶のしくみと鍛え方（ブルーバックス），講談社，2001/1

I.S.P. Nation, How Large a Vocabulary Is Needed For Reading and Listening?, The Canadian Modern Language Review, 63, 1, 2006/10

【第 6 章】

アラン・ピーズ，自動的に夢がかなっていくブレイン・プログラミング，サンマーク出版，2017/8

ロイ・バウマイスター，WILLPOWER 意志力の科学，インターシフト，2013/4

マーティン･セリグマン，ポジティブ心理学の挑戦 “ 幸福 ” から “ 持続的幸福 ” へ，ディスカヴァー・トゥエンティワン，2014/10

著者紹介

藤山 大輝（ふじやま・だいき）

▶TOEIC 満点 11 回 (留学なし)、英検 1 級。
これまでのべ 3,000 名以上の TOEIC 学習者をサポート。
大学での就職活動で TOEIC に出会い、志望企業が求める
TOEIC スコア 800 点をクリアするために学習をスタート。
独自の学習法により、スコアを 3 ヶ月で 300 点以上アップさせ
880 点を取得。その後もスコアを上げ満点に到達する。
学習法を他者にも適用できるよう改良し、TOEIC 満点コーチとして独立。
サポートした生徒からは 800 点～900 点突破者が続出し、
「勉強法を変えたら飛躍的に点数が上がった」という声が多数届いている。

◉── カバーデザイン　松本 聖典
◉── DTP・本文図版　WAVE 清水 康広
◉── 本文イラスト　いげた めぐみ

4か月集中《げつしゅうちゅう》TOEIC® L & R TEST800点突破《てんとっぱ》カリキュラム

2021 年 1月 25 日　初版発行

著者	藤山 大輝《ふじやま だいき》
発行者	内田 真介
発行・発売	ベレ出版 〒162-0832　東京都新宿区岩戸町12 レベッカビル TEL.03-5225-4790 FAX.03-5225-4795 ホームページ　https://www.beret.co.jp/
印刷	モリモト印刷株式会社
製本	根本製本株式会社

ISBN 978-4-86064-644-8 C2082　　編集担当　大石裕子

拾った奴隷たちが旅立って早十年、なぜか俺が伝説になっていた

HIROTTA DOREITACHI GA TABIDATTE HAYAJUNEN,
NAZEKA ORE GA DENSETSU NI NATTEITA

AteRa　イラスト toi8

TOブックス

第四章　鏡華大心国編

第五章　カリファ魔導国家編

HIROTTA DOREITACHI GA TABIDATTE HAYAJUNEN,
NAZEKA ORE GA DENSETSU NI NATTEITA

イラスト　toi8　　デザイン　AFTERGLOW

CONTENTS

プロローグ

十年も昔の話だ。俺は奴隷を拾った。いきなり五人もだ。

旅の途中で潰した悪徳奴隷商が抱えていた奴隷たちだった。その奴隷商は幼い少女たちを攫って無理やり奴隷にしていた。


『その剣は誰が為に』


俺の育て親からよく言われていた言葉だ。俺はその言葉を心から信じていた。

だから悪徳奴隷商を潰し、奴隷たちを拾ったのだ。

店の奥で抱き合い震えている少女五人を見て、思わず俺は深いため息が出る。

「はあ……やっぱり俺が引き取るしかないよな」

俺は戦うことしか能がない。子育ての経験なんて全くない。

しかし……はい解散、おうちに帰っていいよ、なんて言っても、彼女たちはどうせ遠くから連れてこられているのだろうし、家に帰るまでにまた攫われるのがオチだ。

とても顔立ちが整っているし、そもそも少女というだけで奴隷商からの需要は高い。

また攫われる可能性のほうが高かった。

というか、両親だって殺されている可能性もある。

仕方がない。助けてしまった以上、俺には彼女たちを引き取る責任が生じる。

俺は死んだ目を向けてくる少女たちに近づき、こう言うのだった。

「やあやあ、俺は悪い大人じゃないよ」

◇

「――リゼさん、アリゼさん！　起きてください！」

そんな声とともに俺は体を揺さぶられ意識が覚醒していく。

どうやらルインとの特訓の後、疲れて木陰で眠ってしまったらしい。草原の風が心地よく肌を撫でていて、豊かな緑の香りで肺が満たされる。

「……ああ、すまん。寝ちまってたか」

「もう！　少し休憩したらまた特訓してくれるって言ってたのに！」

よく見ると日が傾き始めていて、空が薄い赤色に染まっている。

茶髪を風になびかせながら、ルインは呆れたように腕を組むと、はあっとため息をついた。

「で、アリゼさんは何の夢を見てたの？」

「夢？　どうしてそう思ったんだ？」

「いや、だって、なんか凄い寝言を言ってたんだけど」

どうやら俺は寝言を言っていたらしい。なんだか恥ずかしくて、それを誤魔化すように立ち上がる。

「昔の夢だよ。十年以上も昔の夢だな」

「十年以上？　じゃあ、この村に来る前の夢？」

「そうそう。俺の家族のような人たちとの夢だ」

俺は立ち上がった後、落ちていた木剣を拾い、村の方に歩き始める。ルインも後ろから追い抜くように付いてくる。

「もしかして前言ってた奴隷だった女の子たち？」

「ああ、そうだよ。よく覚えてたな、その話」

「だってアリゼさんの話は全部面白いんだもん。そりゃ覚えているよ」

そう豪語するルインに、俺はふっと悪戯っぽい笑みを浮かべて訊く。

「じゃあ俺の育て親の名前は？」

「それもちゃんと覚えているよ。ベアトリクス・アウシュタッドさんでしょ？　《黄金の水平線》ってパーティーのリーダーなんだっけ？」

「良く覚えてるじゃないか。凄いな、ルインは」

そう言って頭を撫でてあげると嬉しそうにへへっと笑った。しかしすぐに寂しそうな表情になって俯いてしまった。

「……アリゼさんはもう少しでいなくなっちゃうんでしょ？」

「まあそうだな。後一週間でこの村を発《た》とうと思ってる」

ルインは悲しそうに笑うと、木剣の柄を持って構える。

「結局、アリゼさんには一度も本気を出してもらえなかったね」

「それはルインがもっと強くなって、俺がこのままじゃ負けるって思った時だな。それまでは本気で戦わないよ」

「じゃあじゃあ、私がもっともっと強くなって、アリゼさんに勝てそうってなったら、本気で戦ってくれるってことと？」

俺の前にタッと出てくると、瞳を覗き込んでくる。

「そういうことだ。だからもっと強くなれよ」

「うん、もちろん！　この村の人たちも守らないといけないしね！」

「いい返事だ。これならこの村も当分は平穏だな」

俺の言葉に彼女はふふっと笑った。それにつられて俺も思わず笑う。

旅人にとって、出会いと別れはよくあることだ。

でも――やっぱりその別れは泣きながらよりも、笑いながらのほうがいいよなと俺はいつも思うのだった。

◇

「じゃあ、行ってきます」

一週間後、村人総勢二十三人に囲まれて、俺はそう言った。

泣きそうになっている者ばかりの中、ルインが一歩出てくる。その表情は晴れやかだった。

「いい笑顔じゃないか、ルイン」

「アリゼさんの方こそ、泣いちゃダメだよ。やっぱり別れる時は笑顔じゃないと」

「分かってるっての。ほら、俺だっていい笑顔だろ？」

そう言って思いきりの笑顔を見せる。すると堪え切れないようにクスクスとルインは笑い出した。

そのことに俺は思わずムスッとする。

「……なんだよ、なんか変か？」

「変だよ、その笑顔！　凄く変！」

そう言いながらずっと笑っているルインだったが、ふっと真面目な顔になった。

「今までありがとね、アリゼさん。アリゼさんのおかげで、この村は森の魔物とも戦えるようになった」

この村は《魔の森》と呼ばれる巨大な森の中心部の草原にポツンとあった。

その《魔の森》は強力な魔物が多数生息していて、普通は人が寄り付かない。だからこの村は実質陸の孤島とも言えた。

「それじゃあ、さようなら、アリゼさん」

「ああ、またな」

クルリと振り返り歩き出す。

背中から啜り泣くような声が聞こえてきたが、振り返らなかった。振り返ったら間違いなく戻りたくなる。

俺はこの村に十年も居座った。そろそろ久しぶりに彼女たちに会いたいよなぁ。

『十年……十年経ったらまた会いに来てよ。その頃には、私たちはちゃんと自立して、立派な女性になってるからさ。そしたら一からやり直そう』

あの子たちと別れる時、そう言ったっけ？

昔を思い出しながら、俺はそのまま振り返らずに歩いて、もう村が見えなくなっただろうというところまで来ると、思わず涙が零れてくるのだった。

第一章

要塞都市アルカナ編

HIROTTA DOREITACHI GA
TABIDATTE HAYAJUNEN,
NAZEKA ORE GA
DENSETSU NI NATTEITA

宿屋の娘

要塞都市アルカナの目の前まで来た。

ここは大陸アガトスの最北端にあるアルカイア帝国の一都市だった。それぞれの国家は《魔の森》と接しているところに要塞都市を設置し、魔物たちから国を守っていた。

だから巨大な城壁や様々な対魔物戦力が揃えられ、冒険者と呼ばれる人たちもたくさん住み着いている。

「久々だなぁ、こんなに人がいるところに来るの」

俺は門の前で、衛兵に冒険者カードを見せる。冒険者カードは身分証明になるので、村にいた間も大切に保管していたのだ。

「はい、これで入れるでしょ？」

「失礼、拝見させていただきます。名前はアリゼ様、……って、アリゼ様⁉」

何故かその衛兵は目を見開いた。

しかし俺の方を見ると、一瞬にして興味をなくした。

「……こんなおっさんなわけないか」

「おいこら、誰がおっさんやねん」

思わずそう突っ込むと、衛兵は思いきり頭を下げて謝った。

「あ、し、失礼いたしました！　英雄様の探し人であるアリゼ様と同名でしたので……」

「英雄？　英雄ってなんだ？」

俺が不思議そうに首を傾げて言ったら、その衛兵に酷く驚かれた。

「知らないのですかっ⁉　あの魔王を打ち倒した英雄様たちですよ！」

「あ、あーあれね。うん、もちろん知ってるよ、もちろん」

何だか知らないほうがおかしいみたいだったので、とっさに話を合わせる。

しかしこれ以上その話をしたらボロが出そうだったので、俺は急かすように言った。

「で、入っていいか？」

どこか訝《いぶか》しげにしている衛兵だったが、まあいいかと思ったらしく、さっそく中に入れてもらえることになった。

「まずは宿探しかな。久しく人の多いところに来てないとはいえ、村に引きこもっていただけだからお金は昔のやつが多少は残っているな。だけどやっぱり心許ないから安宿がいいよな」

そんなことを呟きつつ、大通りを歩く。人がたくさんいて、活気に溢れていた。

お上りさんみたいにキョロキョロと辺りを見渡してしまうが、仕方がないだろう。

「でも英雄様か……。やっぱり凄い人はいるもんだなぁ。俺には関係のない話だが」

宿を探していると、ふと壁に貼られている一つの張り紙が目に入った。

「……ん？　これがアリゼ様か。ふーん、イケメンすぎるな、間違いなく俺ではない」

滅茶苦茶イケメンな男のイラスト。流石に俺はここまで格好良くない。

……って、自分で言うのも悲しくなってくる。やめよう、この話は。

「はあ……。早く宿探そ」

呟き、俺は道すがらにあった屋台で串焼きを買い食いしながら、宿探しを再開する。しばらく歩いていたが、大通りの宿屋はやっぱりどれも高そうだ。

もう少し安そうな宿を探さないとな。そう思って裏路地に入ろうとすると――。

「きゃぁあああああああああああああああ！」

少女の叫び声が聞こえてきた。

うん、俺って結構女の子のトラブルに巻き込まれるよな……。

そう思いながら俺は声のした方に駆け出す。

「おい、嬢ちゃん。服を脱ぎな」

男三人が一人の少女を囲んで脅かしていた。赤茶色の髪をポニーテールに結び、顔にはそばかすのついた少女だった。

なるほど、とりあえずこいつらを蹴散《けち》らせばいいわけか。

「まあ待ちなって、兄さん方」

そう言って俺は男のうちの一人の肩に手をかけた。

「だ、誰だお前はッ!?」

慌てて振り返ってきた男たちだが、俺の方を見ると途端に舐めたような表情になった。

「……って、なぁんだ。ただのおっさんじゃねぇか」

「ホントだ。こいつは殺して金を取ればいいだろ」

「少女を救ってヒーローごっこかよ、おっさんのくせに」

好き勝手言ってくれる。だが俺はお前たちなんかに負けるつもりは毛頭ないからな。

男の一人が腰にぶら下がったやたらと高そうな剣を引き抜き、構える。

あれじゃあ逆に使い辛いだろうに……。ゴテゴテと過剰な装飾がされているし、その割には手入れされていないのか、刃こぼれしている。てか、それどうやって手に入れた。

「この嬢ちゃんは俺たちでマワして奴隷落ちしてもらうからな。お前はここで殺す」

なるほど。こいつらは少女を攫《さら》い、悪徳奴隷商に売って金儲けしているらしい。

十五年前に出会った少女たちの有様を思い出し、腸《はらわた》が煮《に》えくり返ってくる。

「……すまんな。ちょっと容赦できないかも」

「はんッ！　おっさんに何が出来る……ッ!?」

俺は地面を強く蹴って一瞬にして男の一人と距離を詰めると、奴を思いきり殴って吹き飛ばした。

それから続け様に回し蹴りでもう一人も吹き飛ばす。

「ひっ、ひぇえええええ！」

残った男はそれを見てちびってしまったらしい。ばっちいな、おい。

「ほら、お前もこうなりたくなければこいつらを連れて消えろ」

「は、はぃいいいいいいいいい！」

残った男は二人の伸びた男を担いで、慌てたように逃げていった。それから少女の方に目を向けると、思いきり彼女に頭を下げられた。

「あ、あの！　ありがとうございます、助けてくれて！」

「いや、いいってことよ。それよりも大丈夫だった？　何かされてないか？」

「はい、大丈夫です！　おじさんのおかげで何の問題もありませんでした！」

お、おじさん……。

少女の言葉に思わずショックを受ける。……やっぱり俺はおじさんなのか？

「ええと、あの！　お礼をしたいので家まで来てくれませんか⁉」

「いいの？　俺、おっさんだよ」

「もちろん問題ありません！　ほら、早くついてきてください！」

その少女は俺の手を握ると、引きずるように家まで案内するのだった。

「私はアンナって言います！　よろしくね、おじさん！」

「……俺には立派なアリゼって名前があるんだ。おじさんって呼ぶんじゃない、悲しくなる」

俺がそう言うと、アンナちゃんはコテンと首を傾げた。

「アリゼさん？　それってあの英雄様たちが探しているっていう人と同じ名前？」

「ああ、そうみたいだな。まああの似顔絵ほど恰好良くないし、俺はただのおっさんだけど」

「やっぱりおじさんなんじゃん！　でもアリゼさんは私の英雄様だから自信持って！」

何の自信を持てばいいのだろう？　そもそも俺はただおじさんと呼ばれるのが嫌なだけで、自信がないわけじゃないんだがな。

しかし彼女なりに励《はげ》まそうとしてくれているのは嬉しいので、その言葉は有り難く受け取っておく。

「ありがとな、アンナちゃん」

「へへっ、どういたしまして！」

照れたように鼻をかくアンナ。

しかし……どうして俺は行く先々でこうも少女から懐かれるのだろうか？　前世は落ちていた財布を衛兵たちに渡すようなもの凄い善人だったに違いない。

「てか、アンナちゃんはいくつなんだ？」

「私？　私はね、十三歳だよ！」

おおうっと、俺の三分の一ほどしか生きていないのか。確かにそんな子からしたらおじさんである。

見た目が凄く大人びて見えたから、もう少し上かと思っていた。

「着いたよ！　ここが私の家なんだ！」

案内された先は、立派な店構えの宿だった。この街随一と言っても過言ではない。

「ここ？　凄い立派な宿じゃん」

「でしょ！　パパもママも凄く頑張ってるんだよ！」

俺の誉め言葉に純粋に嬉しそうにするアンナ。

そんな彼女の様子を見ていると、十五年前に拾った奴隷の少女たちや、村で一緒だったルインたちを思い出す。またみんなに会える機会があればいいなぁ……。

「ささ、入って！」

そう促されて、俺は恐る恐る扉を開け店の中に入った。入ったんだけど……。

ぬうっと強面のおっさんが目の前に現れた。そして脅すような低い声で、

「俺のアンナに何の用だ？　ああ？　手を出すつもりなら容赦はせんぞ？」

えーと、いきなり脅されたんだが？　そもそもこの人は誰？

そう内心でビビりながらも首を傾げていると、アンナが俺たちの間に割って入ってくる。

「パパ！　やめて！　このおじさんは私のことを颯爽と助けてくれたんだよ！」
パ、パパなのか……。よくこの強面おじさんからこんなに可憐な少女が育ったものだ。
しかしまたおじさんと言われてしまった。俺の心はそのことにチクリと刺される。

やっぱりまだおじさんと呼ばれるのに慣れないなぁ……ちくしょう。

目の前のパパと呼ばれたおっさんはそれを聞いて、訝しげに俺を睨みつける。

「本当にアンナを助けたのか？　何の下心もなく？　アンナが可愛いから狙ってるんじゃないだろうな？」

まだ俺を疑っている父に、アンナはぷくぅっと頬を膨らませた。

「パパっ！　それ以上言ったらパパのこと嫌いになるからね！」

おおっ、出た、必殺嫌いになるからね。その言葉はアンナの父の心にクリティカルヒットし、彼はいきなり涙目になると後退《あとずさ》った。

「うっ……す、すまん。分かった、とりあえずおっさんのことは信じるぞ」

おっさん……。あんたもおっさんじゃないか。

だが口にはせず、俺は余裕そうに片手をヒラヒラさせて返した。

「まあ、分かってもらえればそれでいいさ。おっさん」

俺のカウンター攻撃にアンナの父は額《ひたい》にピキピキと青筋を立てる。

「き、貴様……。おっさん、おっさんだとぉ……」

だがそんな風に怒っている父に対してアンナはよく分からないといった感じでコトンと首を傾げた。

「え？　パパはもうおじさんだよ？　てか喧嘩したらダメなんだからね！」

「お、おじさん……。そうか、俺はもうおじさんなのか……」

娘にそう言われ、ガチでへこみ始める父。そんな彼が何だか不憫《ふびん》に思えてきたので俺は軽くフォローしてあげることにした。

「でもこのくらいの年齢が一番脂《あぶら》が乗っていい時期なんだぞ、多分。一番男らしい時期だ」

「……ふ、ふんっ！　お前に褒められたところで嬉しくないわ！」

そう言いながらも、背《そむ》けた顔はにやけていて、どこか嬉しそうだ。

……もしかしてこのおっさん、ツンデレ系か？　おっさんのツンデレとかしっかりとキツいって。

「それで？　アンナちゃんはどうして俺をここまで連れてきたんだ？」

すると彼女はにっこりと笑ってこう返してきた。

「だってアリゼさんって今、住むところ無いでしょ？」

「まあ無いけども。何で分かったんだ？」

「そりゃあ見れば分かるよ！　ほら、お風呂に入ってないせいで臭いし！」

く、くさっ……。アンナに笑顔満点でそう言われ、俺の心はポッキリと折れる。

おじさんで臭いってマジでいいところゼロなんじゃないか……？

何故かアンナの父がドヤ顔でこちらを見てくるのが心底腹立つ。

「というわけで、パパ！　アリゼさんのことを泊めてあげて！」

「……本当にアンナのことを助けたというなら、まあ、泊めてやってもいいけどな」

何でそんなに上から目線なんだ……。確かにタダで泊めてもらう身だし、何も言えないけどさ。

……しょうがない、ここは下手に出てやるとするか。俺は大人だからな。

だが、俺はその考えを改めることになる。

「まあ――もちろん定価で、だがな！　がはははっ！」

「……すまん、アンナちゃん。俺はここには泊まれないようだ」

そう言うと、アンナは今度こそ本気で怒ったらしい。

「パパっ！　もう一週間、口きかないからね！」

その言葉に父は本気でショックを受けた表情になっていた。そしてガチで泣き出しそうな顔をする。

「す、すまん、アンナ。それだけは勘弁してくれ……」

更にそこに追い打ちをかけるように、店の奥から恰幅《かっぷく》の良い女性が出てきて言った。

「あんた！　これ以上騒がしくしたら夕飯を抜くからね！」

おそらくアンナの母なのだろう。……うん、父親って辛いよな。

俺は思わずおっさんの肩をポンポンっと叩いていた。

他人事に思えない光景に同情しつつも、俺はアンナによって部屋に案内されるのだった。


「しかし、こうして街に出てくると昔を思い出すなぁ……」

俺は宿の部屋に備え付けられているベッドに寝転びながらそう呟いた。

「そう言えばあの時は本当にお金が無くて、一緒にダンジョンに行ったりしたっけ？」

ダンジョン――そこは沢山の魔物たちが出現する場所で、素材集めにはもってこいだった。ダンジョンに潜り、そこで沢山の素材を集めて、それをお金にしていた。

俺は目を瞑りながら、十二年前、奴隷の少女たちが十五歳だった頃を思い出す。

その日は――初めてみんなでダンジョンに向かった記念すべき日だった。


「アリゼさん！　私が魔物を全部ぶっ倒すから見ておくだけでいいぞ！」

ダンジョンに向かう馬車の荷台の中。燃えるような赤い髪をポニーテールにしている男勝りの少女、アカネはサムズアップしてそう言ってきた。

「おいおい、まだまともに魔物と戦ったことがないのに、そんな豪語してもいいのか？」

「大丈夫だぞ！　私はアリゼさんにみっちり鍛えられたからな！」

胸を張って答えるアカネに、豊かな緑色の髪を持つ少女ルルネが呆れた表情をする。

「はあ……これだから脳筋はダメなのよ。ちゃんと気を引き締めなさい」

ルルネはここらでは珍しいエルフの少女だった。彼女とアカネは何故か反りが合わず、よく言い争いになっていた。

「何っ!? ルルネこそ臆病になりすぎてへっぴり腰になってるじゃないか！」

「そ、そんなことないわ！　決してビビったりしてないんだから！」

そう言う割にはルルネの足は細かく震えていた。それを見た金髪の少女ミアは、優しく微笑むと口を開いた。

「大丈夫ですよ、ルルネさん！　私たちにはアリゼさんがついているのですから！」

そう言ったミアの頭を思わずナデナデと撫でながら、俺は口を開く。

「ミアは優しいな。でも俺の力を過信しすぎちゃダメだぜ？　いつも見守ってやれるわけじゃないからな」

ミアの頭は何故か凄く撫でたくなる魅力があるんだよな。収まりがいいというか、なんというか。

俺が頭を撫でていると、ミアはだらしなく頬を緩めて嬉しそうにした。それを見ていたアカネとルルネも黙って頭を差し出してくる。

「はいはい。順番に撫でてやるから待ってろって。しかしなぁ……そんな俺に頭を撫でられるのが良いとは思えんがなぁ」

俺が首を傾げながら言うと、三人は一斉に口を揃えて否定してきた。

「そんなことありません！　凄く気持ちがいいんですよ、これ！」

「そうだぞ！　アリゼさんに頭を撫でられる以上に素晴らしいことはないからな！」

「まあ……今回ばかりはアカネに同意ね。とても素晴らしいことだから」

そんな三人の様子を見ていた黒髪の小柄な少女ニーナが黙って近づいてきて、俺の膝の上に座った。

「……なんだ、ニーナ」

「私も撫でて」

「お前もか……」

「うん、私も」

仕方なくニーナも撫でてやる。あまり表情は変わってないけど。彼女は感情表現があまり豊かなほうじゃないからな。

元奴隷少女の五人の中では一番のしっかり者であるアーシャは、銀髪を風に靡《なび》かせながら、撫でられている少女たちを見て、呆れたような表情をしていた。

「いつまで撫でてもらっているのですか。もう私たちは大人なんですよ、全く」

そう言うアーシャに、アカネが頬をツンツンしながら揶揄《からか》う。

「その割には凄く物欲しそうな顔をしてるけどなーっ！」

「……そんなことありません。私は別に、撫でてほしいとは思ってません」

だが物欲しそうにしてるのは誰が見ても明らかだった。俺はやれやれと自分の頭を掻《か》いてニーナを傍に避けると、アーシャに近づいた。

「ほら、お前もちゃんと撫でてやるから。そんな物欲しそうな顔をするな」

「も、物欲しそうな顔なんてしてません！」

「はいはい、アーシャはもう大人だもんな。分かってるって」

「絶対分かってないじゃないですか……！」

そんなことを言いつつ、撫でてやるとちゃんと嬉しそうな顔をする。

まあ年頃の女の子だもんな、素直になれない時のほうが多いよな、そりゃ。

そんなやり取りをしながら俺たちはダンジョンに向かった。今日行くのはEランクのダンジョンで、あまり難易度は高くない。でも相手は魔物なので、ちょっとでも気を抜くと大変なことになりかねない。

「そろそろダンジョンに着くから、頭を撫でるのはお終いな。気を引き締めろよー」

五人が緊張した表情になる。最初だしこのくらいがちょうどいいだろう。

そして馬車が止まり、ようやくダンジョンの前に辿り着いた。

その入り口はただの洞穴みたいな感じだが、横には兵士たちが立っていて、物々しい雰囲気になっている。Eランクと言えど、間違って一般人が入ったりしたらヤバいことになるからな。

だからこうして近くの街から派遣された兵士たちが、見張りをしているのだ。

「ご苦労様です。冒険者カードを見せてもらってもいいですか？」

「ああ、大丈夫だぞ」

これがないとダンジョンには入れてもらえない。そのカードを見た兵士は一瞬不思議そうに首を傾げるが、後ろに立つ少女たちの姿を見て納得したように頷いた。

「ああ、護衛の任務ですか。まあBランク冒険者が付き添いなら大丈夫でしょう」

護衛と言えば護衛だし、間違っていないので、俺は頷いて言った。

「まあそんな感じだな。——それで、入っていいか？」

「はい、問題ありません。お気を付けて」

脇に避けた兵士たちに見送られ、少女たちの初のダンジョン探索が始まった。

そんなことを思い出していたら、俺はいつの間にかベッドの上で眠りについてしまっていたのだった。


「ダンジョンに最初に潜った時は、本当に大変だったよなぁ……」

昼寝から覚め、俺は思い出に浸りながらそう呟いていた。

アカネは暴走して突っ走るし、ルルネはビビって腰が抜けるし——。

「みんな立派にしてるかな？」

まあそれを確かめに俺は村から出てきたというのもある。やっぱり久々に彼女たちに会いたかった。

今はどうなっているかは分からないけど、何かしら凄いことを成し遂げていたりしてな。

……なんて、そんなのは考え過ぎか。

そんなこんなしていると、部屋の扉が開いてアンナの父が入ってきた。

「おい、ニート。夕食の準備が出来たぞ」

「うっせ、ニート言うな。まあ間違いではないんだが」

「じゃあクソニートだな。早く食堂に下りてこい」

それだけ言うと、彼は部屋の戸を閉めドタドタと階段を下りていった。

俺もノスタルジーな気持ちを切り替えて、食堂へと向かうのだった。


それから更に四日が経過したある日のことだ。

俺はアンナの家族と夕食を囲んでいた。

今日のメニューはアンナの手作りハンバーグだった。

「うーん、やっぱり働かないとマズいよなぁ……」

俺は財布の中身を確認しつつ、ふとそう呟く。まだ多少は残っているが、少し心許《こころもと》なくなってきた。

部屋代は浮いているけど、流石に食事代とかは払っている。アンナや奥さんからは要らないと言われていたけど。それは申し訳なさすぎるし。

「おう、さっさと働けクソニート」

「こればっかりは言い返せないな」

アンナの父――ガイラムにそう言われるが、俺は言い返せない。働いてないのは事実だし、お世話になっているのも事実だからだ。

彼はなんだかんだ言って俺を泊めてくれているし。アンナを助けたことに感謝してくれているのだろう。

「――というわけで、俺は明日から《魔の森》に潜って魔物を狩ってこようと思う」

そう宣言すると、心配そうにアンナがこちらを見てくる。

「大丈夫なの？　《魔の森》の魔物たちは強いんだよ？」

「ああ、多分大丈夫だ。ほら、これを見てみろ」

俺はアンナに自分の冒険者カードを見せた。

「冒険者カード持ってたんだ……。って、Aランクじゃん！」

ガイラムも目を見開く。

「お前、Aランクだったのかよ！　じゃあ金持ってるだろ、宿代払え！」

「いやいや、田舎に引きこもってたから金はないぞ。本当に」

俺の言葉に訝しげな表情をするガイラム。しかしふと気が付いたのか、カクンと首を傾げてこう聞いてきた。

「てか、他のパーティーメンバーはどうしたんだ……？　って、すまん。これは聞かない方が良かったよな」

おそらく、メンバーがいないとか田舎に引きこもっていたとかで、俺のパーティーメンバーたちが死んでしまったと思って謝ったのだろうが、そうではないので俺は首を振る。

「いや俺はもともとソロだぞ。基本一人だったな。まあメンバーがいたこともあるが、みんな生きてるぞ、多分」

「……マジかよ。じゃあ一人でAランクまでいったってのかよ。やべぇな、そりゃ」

ガイラムの言葉にアンナが不思議そうに首を傾げた。

「一人でAランクにいくのって凄いの？」

「認めたくないが相当凄いな。普通は四、五人でパーティーを組んで、それでもCランクとかDランクとかで止まる奴は多い。一人だと連携も取れないし、全部の魔物を一人で相手しなきゃいけないから、その分不利だ。つまり囲まれたら終わりってわけだ」

「やっぱりアリゼさんは凄いんじゃん！」

「いやぁ、そうでもないよ～」

俺が照れて頭を掻きながら言うと、ガイラムは口元を引き攣《つ》らせながらポツリと零《こぼ》す。

「……きもっ。おっさんが照れるなよ」

「うっせぇ、いいだろ、照れたって。それにおっさんにおっさんと言われたくない」

そんな軽口を叩き合っていると、奥さんが聞いてくる。

「で、本当に《魔の森》に行くのかい？」

「ああ、明日にでも。――というわけで御馳走様。今日は明日に備えて少し早めに寝るわ」

そして俺は食器を片付けると、自室に戻って早めに眠るのだった。


—ｓｉｄｅ．ルルネ—


私はその時、《魔の森》で異変を感じ取っていた。魔物の様子がおかしいのだ。

エルフとして育ってきた勘が、魔物たちが何者かに対して怯えていると告げていた。

他の四人の仲間たちと別れ、アルカイア帝国に来てから半年。私たちが魔王を倒したおかげで平穏な日常が送られていた。

しかしこのままだと腕が鈍《なま》ってしまうと思って、ここ最近は《魔の森》に入り浸っていた。

いつこの平穏が崩され、再び人類に危機が訪れるかもしれないのだから、日々訓練するのは当然だと思っていた。

そんなある日のことだった。魔物が怯えていることに気づいたのは。

それに加え、魔物たちが《魔の森》の奥地へと集結していく流れも感じる。

「……どうなっているの、これは」

仮にも人類が足を踏み入れることすら躊躇《ちゅうちょ》する《魔の森》の魔物たちだ。豪傑《ごうけつ》の勇者アカネに負けずとも劣らない力が働いていることは確かだった。

森を練り歩くと、所々に真っ二つに斬り裂かれた魔物の死体が点々と転がっている。

魔物からは重要な部位が抜き取られていて、それが人の仕業だと分かる。

「こんな芸当ができる人なんてそうそういないはず……。もしかすると、あの人かもしれないけど、まだ確定したわけじゃない。ここは慎重に行かないとね」

私はあまり剣術には詳しくないが、パッと見アカネの斬撃よりも鋭い斬れ味のように思えた。

「これであの人じゃなかったら、私たち人類の危機は近いのかも……」

ポツリとそう呟く。しかし恐怖よりも期待の方が大きかった。

もしかしたら十年ぶりにあの人と再会出来るかもしれない。

「でもやっぱりもう少し様子見かな？　これで魔族とかだったらヤバいからね」

森の中を駆けながらそう呟くと、魔物たちの流れに沿って奥へと進むのだった。

魔の森にて

いやぁ、こんな魔物を狩るだけで大金が入ってくるとか、冒険者って良いよな。

俺はバッサバサと《魔の森》の魔物たちを蹴散らしていた。

ここはまだ浅瀬も浅瀬だから、魔物たちも強くない。これくらいなら田舎の村に置いてきたルインでも軽々と倒せてしまうだろう。

あの田舎村は《魔の森》の中心部にあったからな。流石に出てくる魔物たちはそれなりに強かった。そのせいであの村は陸の孤島になっていた訳だけど。

ふと十年間もお世話になった田舎村を思い出して、思わず郷愁《きょうしゅう》に浸る。

うん、あの長閑《のどか》な感じも凄く良かったよなぁ。

「とと、今は狩りに集中しないとな。と言ってもそこまで強い魔物がいる訳でもないから集中するほどでもないけどな」

それから二時間ほど狩りに勤しんだ俺だったが、ちょうど良さげな魔物の集団を見つけた。

「なんだろう？　魔物もお祭りをするのか？」

よく分からんがこれは絶好のチャンスだ。今のうちに沢山蹴散らせば、もうガッポガポよ。

「ようし、おじさんやる気出てきちゃったぞぉ」

……って、自分でおじさんって言っちゃった。

まあ？　別に自覚してなかった訳でもないし？　別にいいんだけど？

ただあの宿屋のおっさんにおっさんと言われたくないだけだもんね。

そう思いつつ、ちゃっかり鬱気分になる。やっぱり歳はとりたくないものだ。

「この鬱憤《うっぷん》は魔物たちにぶつけよう。そうしよう」

俺はアダマンタイト製の剣を引き抜き、魔物たちに向かっていった。ちなみにこの剣は俺の育て親、ベアトリクス・アウシュタッドから頂いた大切なものだ。

魔物の群れを蹂躙《じゅうりん》していたら、背後から悲痛な叫び声が聞こえてきた。

「ああっ!?　貴様、よくも俺の集めた魔物たちを蹴散らしてくれたな！　この野郎！」

……ん？　誰だ？

そう思い振り返ると、そこには紫色の肌を持つ、いわゆる魔族というやつがいた。

おお、初めてみるぞ、魔族。英雄譚の中でしか見たことがなかったから、感激する。

そういえば、俺が田舎村に引きこもる直前に魔王ってのが誕生していたような。奴を倒したのが前に聞いた英雄様たちとかいうやつなのだろうか。

「えーと、初めまして？　アリゼって言います」

とりあえずコミュニケーションの初歩である、挨拶をしてみる。魔族は悪い奴だとよく聞くが、もしかしたらこいつは優しい魔族かもしれないしな。挨拶は大事だ。

そう思ったが彼は額に青筋を立ててブチギレてきた。

「貴様ァ……俺を誰だと思っている？」

最近の若者コワイ。キレやすい若者特集というのを新聞で見た気がするが、それなのか？

それともこいつがただ悪い奴なだけか……？

「いや、誰かなんて知らんけど。まだ自己紹介とかしてもらってないし」

魔族は余計に青筋を浮かび上がらせる。このままだと血管が切れてしまいそうだ。

もしかして彼は凄く有名な魔族で、知らない人は殆《ほとん》どいないとかなの？　だとすれば申し訳ないことをした。でも知らないものは知らないしなぁ……。

思わずジェネレーションギャップを感じて落ち込みかける。やっぱり若者に人気な魔族なのだろう。

俺の言葉を聞いた彼は、腰にぶら下げていた直剣を引き抜くと低い声で言った。

「そうか……貴様はどうやら相当生き急いでいるらしいな」

「いや、もう四十年近くも生きてる訳だし、そんな歳じゃないんだよな」

俺が言うと何故か魔族は噴き出すように笑い、嘲笑《ちょうしょう》をこちらに向けてきた。

「ははは！　そうか、お前はもうジジイだもんな！　どうりで反応が鈍いと思ったぜ！」
ジ、ジジイだと……ッ！
おじさん、これにはプチリとキレてしまう。

「な、舐めやがってぇ……。俺はまだジジイじゃない！　ギリおっさんに届かないくらいだ！」

「ふんっ！　お前はもうジジイだよ！　この老いぼれ！」

かっちーん。

俺の堪忍袋の緒が切れに切れまくった音が聞こえてきた。

「テメェだけはぜってぇに許さねぇ……」

「そうこなくっちゃなァ！　よし、魔物ども！　こいつを食い散らかせ！」

魔族の合図とともに、大量の魔物たちが襲いかかってくるのだった。


それから数十分後、襲い掛かってきた魔物たちを一刀両断してボッコボコにしていたらまた魔族がキレてきた。

「貴様ァ……ジジイのくせにどんなズルをした？」

「まだジジイじゃないって言ってるでしょ。それにズルもしてないし」

やれやれと首を振りながら言うと、余計に魔族はキレる。

「嘘つけッ！　この強さ、絶対にズルをしているに違いないッ！」

出た出た。自分の知らない世界があることを否定しちゃう人。まあ若いんだし、仕方がないと思うけどね。

「そう決めつけるのは良くないと思うぜ。てかまずこの魔物たち、そんな強くないでしょ」

「つ、強くないだと……ッ!?　選《え》りすぐりを集めたはずだ！」

これで選りすぐり……？　村周辺の魔物と戦わせたら、間違いなく一匹で軽々殲滅《せんめつ》出来るくらいだぞ。感覚バグってないか？

不思議そうに首を傾げていると、魔族は握っていた剣を正中線に構える。

「クソが……。貴様は俺が直々に倒さなければならないらしい」

「いやいや、まだ若いんだし背伸びしなくてもいいんだぞ。もっと身の丈にあったな……」

説教を始めようとしたその時。横からバッとエルフの女性が飛び出てきた。

「ガガイタスッ！　そこまでよ！」

豊かな緑色の髪が特徴的なエルフだ。細身の彼女は俺たちの間に割って入ると二振りの短剣を構えた。

彼女のことを見たガガイタスと呼ばれた魔族は目を見開いて叫ぶ。

「ルルネ⁉　ルルネだとッ⁉」

ルルネ……？　昔助けた奴隷少女の一人と同じ名前だ。エルフではよくある名前なのだろうか？

ぱっと見、ルルネの面影があるようにも思える。しかしもしあのルルネだったら《魔の森》に入れるほど強くなかったはずだが……。

「アリゼさんのことは私が守るんだからっ！　成長した私を見てもらうんだからっ！」

うーん、俺の名前を知っているってことはやっぱりあのルルネなのだろうか。

立派に成長していておじさん少し感動しています。

「くっ……流石にこの二人を相手取るのは分が悪いか……。ここは退散ッ！」

「逃がさないっ！」

ルルネが叫ぶが、魔族は何やら魔法を使って姿を晦《くら》ました。

おーそんな魔法が使えるならやっぱり有名人なのだろうか。転移魔法はかなり上位の魔法だった気がするぞ。

感心していると、ルルネと呼ばれたエルフの少女は悔しそうに地団太を踏んだ。

「ああもう！　逃げられた！　最悪っ！」

——うん、確かに声や雰囲気はあの時のままだ。あぁ、感動です。

「ルルネ、でいいんだよな？　——久しぶりだな」

「あ、アリゼさんっ！　アリゼさんっ！　ほんっとうに久しぶりね！」

俺が声を掛けると先ほどの悔しそうな表情は霧散《むさん》して、ぱあっと笑顔になった。

「立派に育ったなぁ……。随分と美しくなったものだ」

前の癖で俺は彼女の頭を撫でてしまった。ああ、もうそんなことをされる歳じゃないよなと思ったが、彼女は満更じゃなさそうな表情をする。

「ふふっ……。こうしてアリゼさんに頭を撫でられるのは久しぶりね」

「ああ、そうだな。もう十年ぶりになるのか」

「そうね……もう十年かぁ。あの時からちゃんと私も成長したのよ？　心も——もちろん身体のほうも」

そう言ってルルネは腰に手を当てて仁王立ちした。

うん、胸は平べったく、身体に脂肪がついてないせいか出るところも出ていない。

「………身体？」

「くっ、確かに身体は嘘かもしれないわ……。でも——アリゼさん」

「どうした？」

ルルネが言いづらそうに口をもごもごさせているのを見て、俺は首を傾げる。

暫《しばら》くそうしていたが、ようやく意を決したように拳を握る。

「もう私を子供扱いさせたりしない。しっかりと大人になったことを、大人の女性として成長したことを思い知らせるわ。私は十年前と同じ過ちは犯さないの」

真剣な表情だった。

真面目にジッと俺の目を見てくる。

まさか本気じゃないよな……？　俺からすればまだルルネは子供だからなぁ。

ルルネはふっと表情を崩す。

「しかしアリゼさんは今まで何処にいたのよ？」

「俺はこの《魔の森》の中心部にある村に居ついてたんだ」

「この森の奥に村があるの……？」

「そうなんだよ。この森の中心地には草原が広がっていて、そこに小さな村があるんだよ」

「え……っ！　中心地まで行ったの!?」

「ああ、まあそうなるな」

何故驚いているのか不思議に思っていたが、彼女は一人頷くと勝手に納得した。

「まあアリゼさんならそれくらい可能なのかしらね……。まだこの森を踏破出来た人はいないはず

だったのだけど」

よくわからなかったので、俺はふと気になった話題を振る。

「そういえば他の子たちはどうしてるんだ？　彼女たちともまた会わなきゃな」

「ああ、他の子たちもアリゼさんを探すため、各地を旅してるわ。どこにいるかまでは……私には分からないけど」

なるほど。それは残念だ。しかしルルネに会えただけ今は良しとしておこう。

それに他の子たちともいつかは絶対に会える。そんな気がするし。

そんな話をしていると、ルルネはふと赤く染まりかかっている空を眺めて言った。

「とと、そろそろ暗くなってきたし、街に戻りましょ」

「そうだな。暗くなる前には戻りたいよな」

そして俺たちは連れ立って森を抜け、要塞都市アルカナに戻るのだった。

◇

「それで、さっきの魔族は何だったんだ？」

アルカナの大通りを歩きながら隣を歩くルルネに尋ねた。

俺たちは手に入れた魔石を売りに冒険者ギルドに向かっている最中だった。

「あの魔族は魔王軍円卓騎士第三位――ガガイタス。人類の敵よ」

「魔王軍円卓騎士？　なんじゃそりゃ」

彼女の言葉に俺は思わず首を傾げる。そんな俺を見たルルネは納得したように頷く。

「なるほど、十年も世俗から離れていたら知らないのも仕方がないわね。……ちょうど十年前に、この大陸アガトスに魔王と名乗る一人の魔族が現れた」

「ああ、そこまでは知ってるな。それで、その魔王がどうしたんだ？」

「魔王は人類に宣戦布告をしたの。この豊かな領地は全てオレたちが管理するのだと言って」

ふむ。どうやら魔王の目的はこの大陸だったらしい。ってことは魔王は他大陸に住み着いているとかかな。そしてその大陸はここほど資源が豊かではないということだろう。

「それで、その魔王の側近みたいなのが、その円卓騎士ってやつなのか？」

「流石はアリゼさん。そういうことよ。で、無事魔王は討伐されたはずだったのだけど……」

「なるほど。円卓騎士は生き残っていて、魔王を復活させようともくろんでいるのか」

「そういうことね。で、私は少し寄ろうと思っていた場所があるから、いったん失礼するわ」

「おっけー。そんじゃあね」

そう言って手を振り、分かれ道で別れようとするが、その背中からルルネが再び声を掛けてきた。

「暫くはギルドにいるわよね？」

「多分な」

「分かったわ。すぐに追いつくから、ちょっと待っててくれると助かるわ」

俺は頷くと、今度こそ別れて冒険者ギルドに向かうのだった。

狩ってきた魔物の魔石なんかを換金しに俺は冒険者ギルドに訪れた。

夕方ということもあり、ギルド内は酒を飲んだ冒険者たちの喧噪《けんそう》に包まれていた。

俺は受付の列に並び、順番を待つ。

ギルド内を見渡すと、英雄の探し人やら英雄の師匠やらと大々的に書かれた男のポスターがあちこちに貼られている。

彼の名前はアリゼ。奇しくも俺と同じ名前だった。

「しかし俺はこんなにイケメンじゃないしなぁ。そもそも田舎に引きこもっていただけだし」

ポスターを眺めていると、後ろに並んでいた冒険者の男が話しかけてきた。

「おっさん、もしかしてアリゼ様に興味があるのか？」

「あー、まあ少しは。てかおっさんじゃないぞ、俺は」

「そうかそうか。さては田舎者だな？　それじゃあ英雄様たちの大ファンであり、勝手に親衛隊隊長を名乗っているこの俺が教えて進ぜよう」

おっさんだと否定した部分を華麗にスルーして、男が話し始める。

てか、勝手に親衛隊隊長を名乗っても良いものなのか？　そもそも英雄様なのだから親衛隊とかいらんだろ、とか思ってしまう。

「これは十年前の話か……。大陸北部に唐突に魔王なる存在が現れた。そいつは無数の魔族を引き連れ、人類に宣戦布告をした」

なるほど。ここら辺はルルネが言っていた話と同じだな。

男は得々と人差し指を立ててさらに続ける。

「その時に立ち上がった英雄たちがいたのだ。彼女たち五人は勇敢にも魔王を討伐しに行くと言った」

五人……？　まさかそんなことは……ないよな？

五人と聞いて思わず奴隷だった少女たちのことを思い出すが、流石に気のせいだろう。

でもルルネとガガイタスは顔見知りというか、既に知っている関係性だったような……？

「って、彼女たち？」

思わず俺がそう首を傾げると、彼は目をかっぴらいて、血走りながら語り始める。

「そう！　その英雄たちはまだ年若い少女たちだったのだ！　しかもメチャクチャに可愛い！　チョー可愛いんだ！　うちの推したちはッ！　はあはあ、英雄様たちに踏まれねじ伏せられ、罵倒されることが俺の夢だ！　いつかおっさんにも分かるときがくるはずだ！」

……これがこいつの本性か。その叫び声を聞いた周囲の女性たちがドン引きしてるぞ。

鼻息荒く話を続ける男に、俺も若干引きながらも耳を傾ける。

「――失礼。少々取り乱した。それで、彼女たちは最初、理解されなかった。そんなこと本当に出来るのかと――。ああ、くそっ！　何でうちの推しをそんなに虐めるんだ！　健気で勇敢でサイキョーなんだぞ、うちの推したちは！」

……情緒不安定過ぎるだろ。まあ、感情移入しちゃうのは仕方ないけどさぁ。

おじさん、ちょっと困っちゃうぞ☆

「……ゴホン。しかしだな、彼女たちは本当にたったの五人で成し遂げたのだ。魔王討伐を。それがちょうど一年前だな。そこに至るまでの道のりはとても険しく厳しいものだったに違いない。いや……間違いないね！　彼女たちは過酷な試練を乗り越えて、その心身を痛めながらも魔王を打倒したのだ！　ああ、流石すぎるぜ、うちの推したちは！　最強！」

なんか余計な情報というか、余計な感情が多分に含まれていたから混乱したけど、何となくは分かった。

その英雄と呼ばれる少女たちが魔王を討伐したと。

最初はあまり信用されていなかったけどね。

――という話だろう。話の長さの割には情報量が少ないな、おい。

「あの……次の方、どうぞ……」

白熱した男に頬を引き攣らせながら、受付嬢がそう言った。お、ようやく俺の番か。

俺は背負っていたリュックからカウンターにたくさんの魔石を並べていく。

「ええと、ワイバーンでしょ、ブラッドベアーでしょ、後はジャイアントウルフでしょ――」

ドンドンと魔石を取り出していくと、慌てたように受付嬢が叫んだ。

「ちょちょちょ、ちょっと待ってください！　これ、どうやって討伐したんですか!?　全部Aランクを超える魔物の魔石じゃないですか！」

「え？　いや、普通に《魔の森》に行って狩ってきたんだけど」

「これらが出るのはかなり奥の方だったはずですよ！　他のパーティーメンバーはどうしたんですか!?」

慌てた受付嬢の声に周囲の冒険者たちが興味を持ってワラワラと近づいてきた。

そして「おおー、本物だ、初めて見た」とか「すげぇ……こんないっぱいどうやって狩ったんだろう？」とか、好き放題言っている。

「パーティーメンバー？　居ないけど」

「え、あっ……す、すいません……」

なんか申し訳なさそうにしている受付嬢。周囲のテンションも一気に落ちた気がするけど。

「いやいや、もともと一人だったんだぞ。俺には最初から仲間なんて居ないからな」

「え……でも、これだけを一人でなんて……。ちょっと冒険者カードを見せてもらえますか？」

少し疑惑のこめられた表情で言われ、俺は彼女に冒険者カードを見せた。

「ええと、冒険者ランクは……Aランク⁉　たしかにこれなら……。それで名前は――アリゼ様⁉

アリゼ様ってもしかしてあの……って、こんなおじさんな訳ないですすね」

いきなり興味をなくした受付嬢に俺は思わずツッコミを入れる。

「って、おい。誰が老けたヨボヨボのジジイやねん、誰が」

「……いや、そこまでは言ってないですけど」

「あっ……すまん。ちょっと最近、若造にそう言われた事件があってな」

って、あの魔族もそこまでは言ってなかったっけ？

と、そんなことはどうでも良くて。

「まあAランクということですので、とりあえずは全て自分で討伐したと認めましょう。それでは査定に入らせて頂きます」

どうやらパクってきたのかと疑われていたらしい。まだ少し疑いの目を向けられている気がするが、お金が貰えるのなら何でもいい。

そう思っていた時、チリンチリンと扉の鈴が鳴って一人の少女がギルドに入ってきた。

その少女は先ほど見たばかりの、緑色の髪をした少女だった。

「おっ、ルルネじゃん。ようやく来たか」

「アリゼさん！　ごめんね、待たせたわね」

彼女の姿を見たギルドの人々は、メチャクチャ驚いて慌てふためく。

皆が皆、鏡を見て髪型を確認したり、急に剣を振り出してアピールしてきたり、ギルド内の様子がおかしくなった。その反応に俺は戸惑う。やっぱりルルネって――。

考えていると、受付嬢が代表して声をかけてきた。

「ル、ルルネ様っ！　どうしてこのような場所に……！」

てか、さっき俺に白熱して語ってきていた男は泡を吹いて倒れ、ビクビクと痙攣《けいれん》している。

「ええと、私はアリゼさんに会いに来ただけよ」

彼女は何でもないようにそう言った。……うん、俺も何でもないことのように思う。

しかし周囲はもの凄い勢いで俺の方を向いてきた。あの勢いじゃあ首を痛めるのではないだろうか。

「アリゼ様って……やっぱりあのアリゼ様なのでしょうか……？」

受付嬢の問いにルルネは頷くと言った。

「多分、その認識で間違いないと思うわ。彼が私たちを育てて、私たちに全てを教えてくれた存在よ」

「やっぱりそうでしたか！　思った通り若々しくてお美しい姿ですね！」

……受付嬢の手のひら返しが酷い。さっきはおっさんとか言ってたくせによぉ。

その言葉にルルネは満足げに頷いていた。何でお前が誇らしそうにしてるんだよ。

そんな中、ギルド内にいた男の一人が感極まったような声を上げた。

「英雄様の一人、始原《しげん》の森人《もりびと》ルルネ様に会えるなんて、俺はなんて運が良いんだ……ッ！」

「……ルルネってもしかして始原の森人とか呼ばれてる？」

「ああもう！　恥ずかしいからその二つ名は口にしないでください！」

恥ずかしそうに頬を染め、顔を背けるルルネ。

まあこんな二つ名をつけられたら誰だってこうなるよな。

それにしてもあのルルネが英雄だなんてなぁ……。何か凄いことを成し遂げていそうな予感がしていたが、それは間違いではなかったようだ。

「って、あれ。英雄がルルネだとして、あのポスターのアリゼって人間は……？」

ルルネが頷く。

「ああ、そうですよ。ミアが描いたのですが、そこそこ上手く描けていると思います。実際のほうが百倍は格好いいですけどね！」

それを聞いた俺はうわぁあああと頭を抱えてしまった。

あのポスターはギルド内だけでなく街中に貼られているのだ。ってことは俺は現在進行形で公開処刑されていることになる。しかも『英雄の師匠』だとか『英雄の探し人』だとか、そんな二つ名がついているわけで。

終わった……俺の人生終わった……。もうシャバを大手を振って歩けないよ……。

と、その時、痙攣していた男が目をかっぴらいてルルネの傍に寄った。そしていきなり跪《ひざまず》くと頭《こうべ》を垂れて言った。

「私は英雄様たちの親衛隊隊長を勝手に自称している者です。どうか、思いきり足蹴りをしてくださ――」

言い終わる前に鬱陶《うっとう》しそうにルルネは男を蹴り飛ばした。恍惚《こうこつ》とした表情で吹き飛ばされていく男。

「はあ……こういった輩が意外と多くて困るのですよね」

「多いのか……こんなのが……」

周囲の人間も彼が吹き飛ばされたことに一切触れないし見向きもしない。……これが当たり前だとすれば世も末だな、本当に。

「とと、アリゼさん。そろそろ行くわよ」

「ん？　どこに行くんだ？」

俺がそう首を傾げると、彼女は満面の笑みを浮かべた。

「この街で一番いいお店を予約してきたから、さっそく向かうわよ！」

そして俺は彼女に手を引かれ、ギルドを出て街を練り歩くのだった。

ご令嬢救済作戦

うわぁ……絶対に高級だよ、このお店。店構えから違うのが分かる。

俺はルルネに連れてこられた高級レストランの入り口でビビり散らかしていた。

「凄いところを予約したな……。格式が高すぎて俺には似つかわしくない気がする」

「そんなことないわよ。凄く似合ってると思うわ」

全力でそう言われて何かそうかも……って気分になってきた。気のせいだと思うけど。

俺たちは店員に案内された席に座り、料理が来るのを待つ。コース料理のメニュー表が置いてあったけど、どれも凄く高そうな名前がついていて、やっぱり気後れする。

料理を待っている間、俺は気まずくてルルネに話しかけられなかった。まだ十年前の出来事が心に引っかかっている。俺は彼女たちから逃げ出してしまったのだから……。

気まずくて沈黙が続いた。何か話そうかと思っても、言葉が出てこない。

どうしたもんかと思っていたその時——。

「ルルネ様！　ルルネ様はおられますか⁉」

慌てたように店の扉が開かれ、男が一人入ってきた。彼は燕尾服を身に纏っており、執事のような人だった。

彼はキョロキョロと店内を見渡すと、俺たちを見つけズンズンと近づいてきた。

「ルルネ様でございますよね⁉」

「ええ、そうですけど……」

彼女は食事の場を乱されて少し不機嫌そうだ。俺ですら分かるか分からないかくらいの微差だったが。

「あのっ！　食事中に申し訳ございませんが、屋敷へ来てもらえないでしょうか⁉」

「……どうしてですか？　私は今、食事を楽しもうとしているのですよ？」

ルルネに冷たく言われ、執事は一瞬狼狽《うろた》えたが、よほど切羽詰まっているのか気を取り直して言った。

「それが……我が主アルカナ辺境伯のご令嬢、レーア様の病状がついこの前に悪化致しまして……もう間もなくの命なのです」

その言葉を聞いたルルネは表情を一変させ、スッと立ち上がった。

そして上着を羽織りながら彼に尋ねる。

「そうですか。それで、彼女の病名は判明しているのですか？」

その様子に執事は一瞬目を見開くが、すぐに真面目な表情に戻り続けた。

「彼女の病名は『緑化の呪い』です。ですので、エルフ族であるルルネ様なら何とか出来るのではないかと……」

「ああ、『緑化の呪い』ですか。なるほど、確かにそれなら私の出番ですね」

――『緑化の呪い』。

それは前々からあった病気で、十年村に引きこもっていた俺でも知っている。徐々に体全体が幹となっていき、そのまま一本の木となってしまう呪いのことだ。

確かにその問題を解決出来るのは、英雄である彼女くらいだろう。

その呪いを解くには『マンドラゴラのエキス』が必要で、それを手に入れるには《魔の森》のかなり深部に潜らないといけないからだ。

加えて、その治療薬を作るには薬剤への深い知識も必要だ。だから薬草に詳しいエルフ族であるルルネが適任なのだ。

ルルネは俺のほうを向くと、申し訳なさそうに手を合わせた。

「ごめんなさい、アリゼさん。今回の食事はもう終わりでいい？　まだ何も食べていないけどね……。またいつか埋め合わせをするので」

それだけ言うと執事に続いて店を出て行ってしまうルルネ。

ポツリと残された俺は、頭をかくしかない。

「全く、仕方がないなルルネは。……でも、人の役に立ちたい、その気持ちが十年前から何も変わってなくて何だか安心したよ」

――『その剣は誰が為に』。

俺がベアトリクスから教わり、そしてルルネたちに伝えたこの言葉が、脈々と続いていっているのを感じて思わず嬉しくなる。

何だかルルネたちとの関係性に悩んだこの十年が馬鹿みたいだ。

結局、彼女たちは何も変わっていなかった。変わってしまっていたのは俺の方か……。

「やれやれ……。こうなったらおじさんも、ちょっと本気を出しちゃうぞ☆」

俺は立ち上がり上着を羽織ると店を出た。


俺は要塞都市アルカナを出ると一直線に《魔の森》に向かっていた。

今回はかなり急がないといけないっぽいし……彼でも呼ぶか。

そう思って森の前に立ち、思いきり指笛を鳴らす。

すると《魔の森》の奥からもの凄い勢いであいつが近づいてくる。

「お呼びか、我が主」

目の前にそいつ――巨大なエンシェント・ウルフが立ち止まった。

このエンシェント・ウルフは魔物――というよりかは妖精種になるらしい。間違えて魔物として討伐しそうになったが、突然泣き出され、それから家来のようになったのだ。

「ああ。マンドラゴラが生息している《嘆きの湖》付近まで頼む」

「承った。――今日はご褒美は貰えるのだろうな？」

彼――カミアの言ったご褒美とはただのごく普通の銅貨のことだ。

金貨とか銀貨ではなく、銅貨がいいらしい。彼が言うにはこの錆びた銅貨をピカピカに磨き上げるのが至高の時間みたいだ。

「ああ、今回は街に行ったからな。それなりに銅貨を持っているぞ」

その言葉にカミアの瞳はキラリと輝く。

「もう以前にもらった銅貨は全てピカピカにしてしまったからな。新しいのが欲しかったのだ」

このどでかい図体で銅貨を磨くという細かな作業を必死にしている。その姿を思い浮かべるだけで笑い出しそうになるが、俺はいつも必死に堪《こら》えていた。

「くくっ……ま、まあ、早く行こう。今回は一刻を争う事態なんだ」

「そうか、了解した。ならば全速力で行く」

「……え？　全速力？　あ、ちょっと待って、それは勘弁――」

俺が言い終わる前にひょいっと掴まれ、背中に乗せられ一瞬で加速した。

うごごごごご。

こいつは速すぎるし操縦もメチャクチャ荒いので、死ぬほど酔うのだ。また俺の三半規管がグチャグチャに……。

だがそのおかげで《嘆きの湖》には一時間ほどで辿り着いた。

当然、グロッキー状態だが。

普通に走ったら三日はかかっていただろうし、カミアには感謝しかないんだがな。この乗り心地だけはどうにかしてほしいと切に願っている。

「うげぇえええええ……やっぱりこれには毎回慣れないな……」

「ふんっ、我が主は弱すぎるな。……三半規管だけは」

カミアは弱すぎると言った後、自分の失言に気がついて言葉を付け加えた。まあ俺としては別に自分がそこまで強いとは思ってもいないから、構わないんだけど。

「さて、マンドラゴラを探すか」

「我はマンドラゴラの鳴き声が苦手だから離れたところにいるぞ」

「ああ、分かった」

マンドラゴラの鳴き声を聞いて気分が悪くなるのは当然のことだ。俺は慣れてしまったけど、最初は不快だった。

マンドラゴラのエキスは『緑化の呪い』だけじゃなく、他にも色々な病気に効くからな。

田舎村でもルインが風邪を引いて倒れたときとか、取りに来ていたっけ？

「さぁて、どこにいるかな？」

マンドラゴラは普段、そこらの雑草に紛れているから分かりづらい。

しかしマンドラゴラは甲高い音が嫌いなのだ。――自分も甲高い鳴き声を出す癖にな、自分勝手が過ぎると思う。

俺は持ってきていた鉄板に爪を立てると、ギィイイイイと不快な音を奏でた。

するとポンッと近くの雑草から一つ、飛び出してくる影があった。

マンドラゴラだ。

そいつはキョロキョロと音源を探すように辺りを見渡している。そして俺が音を出している事に気がつくと、敵対心を向けてきた。

マンドラゴラ自体はあまり強くない。ただ死んだときの鳴き声が危険なのと、すばしっこくて逃げられやすいことが難点だった。

俺は剣を取り出しながら駆け出す。

するとマンドラゴラも反対方向に逃げ出す。

まあ俺の方が圧倒的に速いから、すぐに追いついて一刀両断してやった。

『ピギィイイイイイイイイイ！』

途端にマンドラゴラの鳴き声が森中に響き渡る。うっせぇな、おい！

やはりいつ聞いても不快な音だ。

こうなった場合、鳴き止むまで待たないといけない。この鳴き声を出している間はマンドラゴラはアダマンタイトよりも硬くなるのだ。

うーん、面倒だよなぁ、これ。

それから十分間も鳴き続けたマンドラゴラだったが、ようやく鳴き止んだ。

「よしっ、帰るか」

俺はマンドラゴラの死体を手に、再びカミアのところに戻った。カミアは少し不機嫌そうに立っている。

「ここまで鳴き声が聞こえてきたぞ。もう少し離れたところでやってほしいものだ」

「すまんすまん。ともかく早く帰るぞ」

そして俺は再びグロッキーになりながら要塞都市アルカナに戻るのだった。

……オロロロロロ。

うぃー、マジきついって。

二日酔いになった気分だ。

森の前で存分に吐くと、俺は疲れ切った表情でカミアに銅貨を放り投げる。

「ほら、ご褒美だ。ありがとな、カミア」

「ああ、我が主のためだ。これくらい構わん」

そう言う割には銅貨を貰えて死ぬほど嬉しそうな顔をしているがな……。

再び森の中へ帰るカミアを見送り、俺はフラフラとした足取りで街に戻る。

するとちょうど街を出ようとしていたルルネとバッタリと出くわした。

「ど、どうしたのよ、アリゼさん⁉　酷い表情よ！」

まあそりゃあ、あんな荒運転に付き合わされちゃ、グロッキーになるってもんよ。

俺は立っているのすら辛くなって、ルルネの前で情けなくぶっ倒れてしまうのだった。


―side．ルルネ―

私はアルカナ家の執事に連れられて、屋敷に向かっていた。彼の表情には焦りと緊張が入り混じっている。

まあ英雄なんて呼ばれている私にこうして強引にお願い事をしたのだ。どんな代償が付くかとか、不安になっているのだろう。

それでも彼はご令嬢のレーア様を救いたいと思っている。

なら、救いの手を差し伸べないわけにはいかなかった。

だけど『緑化の呪い』を解くには『マンドラゴラのエキス』が必要だ。そのマンドラゴラは《魔の森》の最深部にしか生息していない。

戦闘能力の低い私一人では間違いなく命が危ない。

——でも、これは自分一人で何とかしなきゃならないのだ。アリゼさんを頼るわけにはいかない。

私が一人前になり、もう立派な一人の女性になったことを彼に知ってもらうためにも。

屋敷に着くと、レーア様がいる一室に通された。

彼女はベッドに寝ており、もう身体の半分は幹になり緑化していた。

「これは……残り一週間といったところでしょうか」

私がそう言うと、傍にいた母親らしき女性が泣き崩れた。

父親——アルカナ辺境伯も歯を食いしばり、辛そうな表情をした。

「でも——安心してください。私が何とかします」

堂々と、胸を張って私は言った。

正直《魔の森》から生きて帰ってこられるかは五分五分だ。

でもここで彼らを不安にさせてはいけないと思った。

私の言葉に母親は顔を上げ、不安そうに訊ねてきた。

「この呪いを解くには《魔の森》の最深部まで行かないといけないと聞きました。……本当に大丈夫なのですか？　助けていただけるのは凄く頼もしいのですが、ルルネ様に何かあったらそれこそ取り返しのつかないことです」

私は、彼女に向かってにっこりと微笑む。

「私を誰だと思っているのですか。私は英雄の一人、始原の森人ルルネですよ？」

私の言葉に目を見開く母親。そして俯いて絞り出すように言った。

「……ありがとうございます。この子のことをどうか、よろしくお願いします」

「任せてください」

そして私はレーア様の傍まで行って、彼女の硬くなった手を優しく握る。

「レーア様。大丈夫ですから。貴女は私が救います」

「……ルルネ様？」

彼女は瞳だけを動かしてこちらを見ると、かすれた声で訊ねてきた。

私はしっかりと頷いて答える。

「はい、私がルルネです。英雄として、貴女のことを絶対に救います。なので、安心して待っててくださいね」

かすかに彼女の表情が変化して、笑ったような気がした。

「ありがとう……」

感謝された。

ありがとうと言われた。

私は覚悟を決める。

「それじゃあ、さっそく《魔の森》に行ってきます。すぐに戻ってきますね」

私は屋敷を出て全速力で《魔の森》に向かう。

決心を固め、要塞都市アルカナから出ようとしたその時。

森のほうからヨロヨロと歩いてくる一つの人影を見つけた。

よく目を凝らしてみると、その人影は私の親で師匠で大切な人——アリゼさんだった。

彼はフラフラと私の元までやってくる。その表情は酷くやつれていた。

「どうしたのよ、アリゼさん⁉　酷い表情をしてるわよ！」

私は思わずそう声をかけていた。それに対して彼はただ満足そうに微笑むだけで、そのままバタリと倒れてしまった。

慌てた。

混乱した。

でも何となく、彼が成し遂げたことは理解できた。

アリゼさんは私のために——そしてレーア様のために、『マンドラゴラのエキス』を採ってきてくれたのだ。

私はアリゼさんを背負って駆け出した。

非力な私では彼を背負い駆けることすらままならない。

でも、必死に走った。

彼の努力を無駄にしないために。

屋敷に戻ると執事が慌てたように出てきた。

「どうしたのですか、彼は!?　……はっ！　も、もしかしてッ!?」

「そう……。アリゼさんはあの時の話を聞いただけで、わざわざ《魔の森》まで行きマンドラゴラを討伐してきてくれたのよ」

私は何とか落ち着いてそう言った。それでも執事は混乱したような表情をしている。

「……マンドラゴラの生息地まではどんなに速く走っても三日はかかるはずです！　こんな短期間で採ってくるなど……。いえ、彼なら出来るのでしょうね。英雄様たちをここまで育て上げた彼ならば」

執事は自分自身でそう呟いて頷くと、私を屋敷の中まで案内した。

そして客室のベッドにアリゼさんを寝かし、私は彼の背負っていたリュックを開く。

その中にはしっかりとマンドラゴラの死体が収められていた。

「……アリゼさん。やっぱり貴方は私たちの誇りよ」

静かに眠っている彼の額を優しく撫でると、私はマンドラゴラを手に立ち上がった。

「執事さん。これからこのエキスを抽出し薬を作るわ。手伝いをお願いできる？」

彼の努力を無駄にするわけにはいかない。

絶対に調合は失敗できない。

誇りと決意を胸に、私は『緑化の呪い』に効く薬を調合し始めるのだった。

救済成功

目を覚ますと立派な天井が目に入った。

何でこんなところで寝ているのだろう……？

寝ぼけた頭でそう思いつつ、徐々に意識が覚醒していき――。

「……はっ！　マンドラゴラはッ⁉」

いけないいけない、俺は三半規管がやられてぶっ倒れていたんだった。

そんなに時間は経っていないはずだが、それでも間に合わなかったら意味がない。

慌てたように起き上がると、その叫び声を聞きつけたのか部屋の扉が開いてルルネが入ってきた。

何故か彼女の顔は泣き出しそうになっている。

……もしかして間に合わなかったのだろうか？

そう思ったが、彼女は扉の前でプルプルと震え、勢いよく俺の方に飛び込んできた。

「アリゼさぁん！　アリゼさぁあああん！」

「お、おおう。どうしたどうした。……って、それよりもご令嬢さんはっ⁉」

俺がルルネにそう尋ねると、彼女は扉のほうを見た。

そこには新しい人影が――ご令嬢らしき美少女が立っていた。

「そうか……間に合ったか」

そう呟くと、ご令嬢は上品に微笑んだ。しかしその瞳は潤み、今にも泣き出しそうだ。

そして震える声でこう言ってきた。

「本当に……ありがとうございます、アリゼ様。私は貴方に救われました」

「いや、俺はただマンドラゴラを採ってきただけだよ。感謝ならルルネにしてくれ」

ルルネが顔を上げてこちらを見る。彼女の表情は申し訳なさそうだった。

「どうしてですか……？　私は何も出来なかったのに」

「いいや――ルルネが立ち上がって彼女のことを救おうとしたからこそ、俺も立ち上がろうと思えたんだ。それにさ、薬を調合したのはルルネだろう？　俺にはそんな薬は作れない」

俺がそう言うと、ルルネはうわぁあああんと思いきり泣き出してしまった。

何だかこうしていると昔を思い出す。十五年前のルルネもこうして夜中に俺のベッドに潜り込んできては泣いていたっけ？

俺は泣きじゃくる彼女の頭を撫でながら、ご令嬢のほうを向いて尋ねた。

「ええと、体調のほうは大丈夫か？　しっかり治ったか？」

「はい、おかげさまで。本当にありがとうございます」

そう心から頭を下げるご令嬢。しかしすぐにふふっと微笑む。

「しかし——あの英雄様がこうして弱いところを見せるなんて、やっぱり貴方は英雄様たちにとても信頼されているのですね」

直接言葉にされると恥ずかしい。

「どうやらそうみたいだな。……嬉しい反面、恥ずかしいけど」

「ふふっ、とても羨ましいですね。そうして信頼関係があるのは」

微笑んだ後、彼女は真剣な表情になって申し訳なさそうにした。

「しかし——我々アルカナ家では、お二人が満足できるようなお礼ができないかもしれません……」

「ああ、お礼か。——まあ俺は要らないって言いたいところなんだが、実は一つだけお願いがあってだな」

そして俺は彼女たちアルカナ家に一つ、とあるお願いをするのだった。

「いつか——あの森から一人の少女がこの街にやってくると思うんだ。そしたら彼女に、この世界のことを教えてあげてほしい。多分、何も知らないと思うんだ」

俺の要求にコテンとご令嬢は首を傾げた。

「それだけで良いんですか？」

「ああ、そうだな。——後は良ければ友達になってやってほしい。気が合うと思うんだ」

俺は、田舎に置いてきてしまった一人の少女のことを思い出しながら言った。

「ルイン。その少女の名前はルインっていうんだ」

旅立ち

「アリゼさん、もう行っちゃうの？」

要塞都市アルカナの北門にて。俺とルルネはアンナちゃんたちに見送られていた。

十年ぶりに他の家族だった子たちとも会いたいしな。

そのためにこの大陸アガトス中を旅して、見つけていくつもりだ。

アンナちゃんは寂しそうに俺の服の裾を握っている。彼女の父ガイラムも何故か歯を食いしばりながらソッポを向いていた。

「ああ、俺には会いたい人たちがいるからな。会いに行かなきゃいけないんだ」

「……それって他の英雄様たち？」

俺が頷くと、アンナちゃんは渋々と裾から手を離した。

「そっか……。アリゼさんにとって彼女たちは大切な人なんだもんね」

「まあな。でもまたいつか戻ってくるよ」

「――絶対だからね。絶対に戻ってきてね」

その言葉に再びしっかりと頷くと、今度はガイラムのほうを向いた。

「おっさん、俺が戻ってくるまでにくたばるなよ？」

「誰がおっさんだ、誰が。……その言葉、そっくりそのままお前に返すぜ」

いつもの威勢の良さは鳴りを潜め、しみじみと彼は言った。

俺はこれ以上長引かせても悲しくなるだけだと思って、クルリと背中を向けた。

「それじゃあ、またな。今度は立派に育ったアンナちゃんを見せてくれよ？」

俺はルルネを連れて歩き出す。後ろからは啜《すす》り泣きが聞こえてくるが、あえて振り返らない。

俺は歩きながら、パンッと手を叩き、気持ちを切り替えるように言った。

「さて！　移動も面倒くさいしな、とある助っ人を呼んでいるんだ」

「そういえば馬車とかもないし、どうやって移動するのか気になってたわ」

不思議そうに首を傾げているルルネにあえて俺は答えず、思いきり指笛を鳴らした。

すると、ドタドタと《魔の森》のほうから一匹のエンシェント・ウルフが駆けてくる。

「――なっ⁉」

その様子にルルネは目を見開き、固まってしまった。そして腰にある短剣を引き抜こうとするが
――。

俺はその手を押さえて、そいつ――カミアが来るのを待った。

「お呼びか、我が主」

「ああ。これから旅をするからさ、俺たちと一緒に来ないか？」

「……我が主、我はただの乗り物じゃないんだぞ」

「わぁってるって。でもカミアだってずっと引きこもっていて退屈だったろ？」

俺が言うとカミアははあっとため息をついた。

「まあ……それはそうなんだが。何だか言いくるめられた感じがするな」

「気にしたら負けだ。それで、一緒に来てくれるか？」

「――もちろん。お主と一緒にいると退屈しなさそうだしな。ついていくぞ」

口をパクパクとさせていたルルネはようやくハッと我に返り俺に訊いてきた。

「この方は……もしかしてエンシェント・ウルフなのかしら？」

「ああ、そうみたいだぞ」

「エンシェント・ウルフ……初めて見たわ。エルフ族に代々伝わる伝承でしか聞いたことがなかったのに」

ルルネの言葉に俺は首を傾げ、カミアのほうを見た。

「お前ってもしかして凄い奴だったりする？」

「だから何度もそう言っているだろう。お主は一切信じてくれなかったが」

どうやらカミアは凄い奴だったらしい。

「ともかく我の背中に乗れ。全速力で行くぞ」

「あ、え、ちょい待ち。全速力は――」

俺が言い終わる前に、俺とルルネはちょいっと背中に乗せられて、急加速。

三十分ほどしか乗っていなかったが、二人してグロッキー状態になっているのだった。

第二章

アルカイア帝国帝都編

HIROTTA DOREITACHI GA
TABIDATTE HAYAJUNEN,
NAZEKA ORE GA
DENSETSU NI NATTEITA

帝都にて

カミアに乗ってやってきたのは、このアルカイア帝国の帝都だった。帝都に行けば人もたくさんいるし、英雄たちの情報もあるんじゃないかと思ったのだ。

その城壁は要塞都市アルカナとは趣《おもむき》が違っていて、とても豪華絢爛《ごうかけんらん》な作りだ。

おそらく《魔の森》から離れていることもあって、堅実さよりも見た目に拘《こだわ》ったのだろう。

「帝都かー、久しぶりだな」

俺がルルネたちを拾う前、旅していたときに訪れた以来だ。

カミアには近くの森にいてもらい、俺たちは帝都に入ろうと城壁の前にやってきた。

「すいません、身分証はお持ちでしょうか？」

見張りの衛兵にそう尋ねられ、俺とルルネは冒険者カードを取り出した。

ちなみにルルネの冒険者カードは俺たちのものとは違い、とても豪華だ。簡単に真似できないようにアダマンタイト製らしい。

「こ、これは……ッ⁉　やはり英雄様の一人、ルルネ様ですかっ⁉」

衛兵は目を見開き、口をワナワナと震わせながら言った。

「まあ……自分で言うのは少し憚《はばか》られるけど、確かに私は英雄なんて呼ばれているわね」

ルルネは少し居心地悪そう。俺だって彼女の立場だったら間違いなくそうなる。

「しょ、少々お待ちください！　上の者をすぐにお呼びいたしますので！」

そう言って衛兵は駆け出して行ってしまった。すぐにって言っていたし、まあそんなに時間は掛からないだろう。そう思っていたのだが――。


「遅くない？　何しているんだろう？」

「私たちが来たともなれば、やはり出迎えに時間が掛かるのよ。いつもの事ね」

三十分待たされてもまだ来る気配がないのに痺《しび》れを切らして俺は言った。それに対して何でもないようにルルネは手をひらひらさせる。

そうか、いつものことなのか。それなら仕方がないか……。

さらに三十分経ち、合計で一時間ほど経ったとき、ようやく俺たちの前に馬車が停まった。

それはそんじょそこらでは見られないほど豪華に装飾された馬車だった。

「おお……凄い馬車が来たぞ。なんだなんだ？」

俺がそう驚いていると馬車の扉が開き一人の美少女が出てきた。立派なドレスを身に纏った美少女だ。

「すいません、お待たせ致しました。私はアルカイア帝国第二王女ハルカ・アルカイアです」

おおっと、王女様が出てきたんだが。それにしても見事なカーテシーである。

「お久しぶりです、ハルカさん。私はルルネ、そしてこちらがアリゼさんです」

ルルネが言うと、ハルカはいたく感動した表情をした。

「ああ、ルルネ様は私のことを覚えてくださったんですね！」

「そりゃあ忘れませんよ。四年前、魔王討伐の道中に寄ったこの帝都で、いきなりアカネに剣を引き抜いて斬りかかった少女のことなど」

アカネに剣で斬りかかったのか……。それは何というか、凄い蛮勇《ばんゆう》である。

どうやら見かけによらず腕白な性格をしているらしかった。

「ふふっ、あのときの私はまだ幼かったものですから」

「確かに見違えましたね。随分と成長されたようです」

ハルカは、今度はこちらを見てにっこりと微笑む。

「それで、こちらが英雄様たちを育て上げたというアリゼ様なのですね？」

彼女の言葉に俺が返答する前に、ルルネが勢いよく返事をする。

「そうです！　彼こそが私たちの恩人であり、大切な人――アリゼさんです！」

ふふんっと胸を張って自慢げに言うルルネに俺は思わず苦笑いを浮かべた。いきなりそんな触れ込みをしたら俺が凄い人みたいじゃないか。

「なるほど、やはりそうでしたか。――とと、こんなところで歓談していても良くないですね。さっそく王城に向かいましょう」

そして何故か馬車の屋根を折りたたみ、中が丸見えの状態にする御者。

「え……？　この状態で王城まで行くのか？」

俺が困惑し、そう尋ねるとハルカは微笑んでくる。

「ええ、そうですよ。そりゃあルルネ様のお姿は全住人が見たいでしょうからね」

そういうものなのか……。この美少女に挟まれるおっさんという構図はあまり良くない気がするがなぁ。

ともかく俺たちは馬車に乗り込み、王城までゆっくりと進んでいく。

道中にはたくさんの人だかりができており、みんな彼女たちを一目見ようと押し寄せてきていた。

「おおっ！　あれがルルネ様か！　初めて見た！」

「ルルネ様とハルカ様……。二人ともお美しい……」

「きゃあ！　ルルネ様がこっちを見たわ！」

そんな熱烈な応援もあれば――。

「なんだ、あのおっさんは」

「おい、もしかしたらあのおっさんがアリゼ様かもしれないだろ」

「あのおっさんが……？　いや、あり得なくはないのか？」

そんな疑問の言葉も飛び交っている。

しかし誰がおっさんだ、誰が。俺はアラフォーとはいえ、まだ三十代だぞ。

……でもこの二人の若い美少女たちに囲まれていれば俺もおっさんか。

はあ……。

そんなことにちゃっかり落ち込みながら、俺たちは王城へと向かっていくのだった。

―side．ミア―

私はその日、アルカイア帝国の帝都目前まで来ていた。ここには美味しいパンケーキ屋があると聞いて、はるばるやってきたのだ。

帝都脇にある小さな森で今夜を過ごせば次の日には帝都に辿り着く。私は火を焚いて近くの川で採ってきた小魚を焼いてのんびりとしていた。

もちろんこの辺りでも魔物は出るが、流石に英雄最弱と呼ばれようとも英雄には変わりない。帝都周辺に出るような魔物たちに後れを取るようなことはない――はずだった。

「お主、その魚を分けてはくれないか？」

目の前にいるのは巨大なウルフ型の魔物。しかも涎《よだれ》がダラダラと垂れている。

その魔物（？）はジャイアントウルフよりも更に一回り大きく、ランクで表せば間違いなくAランクは下らないだろう。

「こ、これが欲しいのですか……？」

私は秘伝のタレをつけた焼き魚を差し出す。

するとそのウルフは前足を器用に使い、嬉しそうにそれを食べ始めた。

「うむ、このタレは美味いな。なんというタレなのだ？」

「これは鏡華大心国で使われている、醤油というタレです」

「ほお……その国には行ったことがないが、素晴らしいものを作るな」

感心して唸《うな》るウルフ。正直に言ってメチャクチャ怖いが、話が通じない相手ではなさそうだ。

彼は私の作った焼き魚を美味しそうに食べ終えると、首にかけられた小袋から一枚の布と一枚の銅貨を取り出した。そしてその器用な前足で銅貨をピカピカに磨き上げていく。

「そうだ、お主。銅貨は持っていないか？」

「銅貨ですか？　持ってますけど」

そう言うと、彼の瞳がキラリと瞬く。

「ならば我にそれを分けてほしい。もちろん、ただでとは言わん」

「ええと……それでは何をしてくれるのですか？」

私の問いに、彼は少し考えてこう答えた。

「お主を目的地まで運ぼう。何、ちょっとくらいの遠出なら出来るぞ。多分我が主も許してくれるはずだ」

それはありがたい。

けど彼にはどうやら飼い主というか、我が主なる人がいるらしい。

「その、ウルフさんの主様に断りを入れなくて本当に大丈夫なのですか？」

「まあ大丈夫であろう。すぐに発つことはあるまい。ルルネとかいう少女と帝都を観光すると言っていたからな」

それを聞いて、私は思わず立ち上がっていた。

「もしかして！　ウルフさんが我が主と呼んでいる人ってアリゼさんという名前だったりしません

か⁉」

ウルフさんは少し考えた後、ポンッと前足を叩いた。

「ああ、そういえばそんな名前だったな。我が主としか呼んでいなかったからすっかり忘れていた」

「やっぱり！　アリゼさんは今どこにいるのですか⁉」

ウルフさんはどっさりと腰を下ろし、前足で帝都のほうを指差す。

「今は帝都にいるはずだぞ。もしかしてお主、英雄とか呼ばれているか？」

「はい、そうです！　私が聖女ミアです！」

「そうか。それならば我が主のところまで運ぼう。我が主の匂いは覚えているからな。すぐに辿り着くだろう」

そして私はウルフさんの背中に乗せられて帝都まで駆けて行った。

その乗り心地は控えめに言って最悪で、王城に到着したころにはグロッキーになったのだった。

王女様の悩み

帝都に到着してからは王城でアルカイア帝国の王に謁見《えっけん》したり、食事会を開催してもらったりして一日を過ごした。しがないおっさんには分不相応な対応だと思ったが、楽しかったし良しとするか。

そして俺にあてがわれた一等良質な客室で寛《くつろ》いでいると——。

「失礼します、アリゼ様」

そう言って何故かハルカが部屋に入ってきた。

「おおう、どうしたんだ、こんな夜更けに」

彼女は既に寝間着姿で、俺は少し警戒心を抱く。もしかしたら一緒に寝てくれとか言われてしまうかもしれないと思ったのだ。

彼女は王族だし、俺がルルネたちのおかげで凄い人認定されているのだとすれば、俺たちをどうにかして囲いたいと思っても不思議じゃないからな。

彼女は真剣な表情で俺を見つめてきた。

その口がゆっくりと開かれていくのを俺は固唾《かたず》を呑んで見守る。

そして発せられた言葉は――――。

「私に剣を教えてほしいのです！　どうかお願いします！」

そんな下心とはまるで関係ない純粋なお願いをされ、俺は自分のよこしまな考えを恥じる。

それからハルカの言葉に俺は少し頭を悩ませた。

早く他の少女たちにも会いたいし、ずっとここに居座るつもりはない。が、彼女のお願いを断るのも何だか申し訳ない。こう、勇気を出して真摯にお願いしてきてくれたのだ。その願いを無為にしてしまうことは簡単だが、俺はそうはしたくなかった。ひとまず理由を聞いてみるか。

「何で俺に剣を教わりたいんだ？」

尋ねるとハルカの顔にスッと影が差した。何か深い事情でもあるのだろうか。

「言いにくいことなら言わなくても良いぞ」

「……いえ、これは住民ならみんな知っている事実ですから、構わないのですが」

そう言って話し始めたハルカの過去はとても重たいものだった。

「私は別に昔から剣が好きだったわけではありません。普通の少女のようにお人形遊びが好きで、綺麗なもの可愛いものが好きな女の子でした。幼い頃は幸せな日々を送っていました。母も私を一心に愛してくれて満たされた日々でした。しかし――」

彼女は言いながら俺の横に来ると、ベッドに腰掛けた。その話はかなり長くなるのだろう。

「母は妾《めかけ》で、私は妾の子でした。そして六年前、祖父が亡くなり継承権争いが起こりました」

継承権争い。よくある話だ。このアルカイア帝国は良くも悪くも実力主義だと聞く。

男女の差別もなく、実力さえあれば成り上がれる国だと。だからこそ、女の子だったハルカにも白羽の矢が立ったのだろうな。

「でも私は継承権争いで負けました。勝ったのは第二王子でした。私が負けた代償として、私の母は処刑されました。私のせいで、私が弱く、剣や魔法の才能がなかったせいで」

なるほど……それでハルカは自分を責め、剣の実力が欲しいと願ったのか。

「それ以来、私は剣で生きるようになりました。いくらでも強さを求めました。他の王族たちからは居ないものとして扱われ、完全に鼻つまみ者でしたが、母の名誉挽回のため、私は奔走しました」

ハルカは話しながら辛そうな表情をしていた。俺は思わず彼女の震える手を握っていた。

「頑張ったんだな、ハルカさんは」

「……でもまだ努力は実っておりません。まだ、足りないのでしょう」

自分を責めるようにハルカは言った。俺はその言葉に何も返せなかった。俺がもっと器用な人間だったら、気の利いた言葉の一つでも言えたのだろう。でも言えなかった。

「ふふっ……暗い話をしてしまいましたね。これでこの話はお終いです」

彼女はパンッと手を叩いた。

まるで忘れるように、気分を無理やり切り替えるように。

そして彼女は明るい声色でこう尋ねてくる。

「それで、私のことを特訓してくれる気になりましたか？」

「うーん、そうだなぁ。……それなら、一週間だ。一週間くらいなら教えてあげるよ」

「本当ですかっ⁉　あ、ありがとうございます！」

俺の言葉に嬉しそうに頭を下げるハルカ。一週間くらいなら誤差だろう。

そこまで焦って彼女たちを探す必要もないだろうし、観光とかもしていきたいしな。

すると、バタバタと廊下を駆けてくる足音が近づいてきて、部屋の前でピタッと止まった。

そして扉が叩かれ、声がする。

「夜更けに失礼します！　アリゼ様、お客様が王城にいらっしゃいました！」

「……お客様？　誰だ？」

俺を訪ねてくる人なんて限られるけど、このタイミングで来る人が全く思い浮かばない。

「それが……巨大な魔物なのです！　しかも言葉を喋る！」

それを聞いて俺はとあるエンシェント・ウルフを思い浮かべる。

何やってるんだ、あいつ……。あれだけ来るなと言っておいたのに。

「はあ……とりあえず見に行くか」

そしてハルカと一緒に部屋を出る。すると待ち構えていた兵士は、俺たちが一緒にいるのを見て一瞬目を見開くが、何も言ってこなかった。……彼女が王城内で鼻つまみ者とされているのはやはり本当らしい。

俺たちは兵士に連れられて城門まで連れて行かれる。その間に先導する彼に尋ねた。

「その魔物って巨大なウルフ種の魔物だったりする？」

「はい！　ジャイアント・ウルフよりも一回り大きい魔物です！」

……やっぱり。思わずため息をつく。何で帝都に入ってきたんだ。

これは後でお仕置きだな。

巨大な王城を練り歩き、俺たちは城門の前までやってきた。

そこにはやはりエンシェント・ウルフのカミアが疲れたように寝そべっていた。しかしその背中にはグロッキーになっている見覚えのある少女がぐたっと座っていた。

「……ミアか？　ミアなのか？」

カミアの背中でグロッキーになっている少女に俺は尋ねた。

彼女は今にも吐き出しそうになりながら、何とか言葉を捻《ひね》り出す。

「あ、アリゼさん……。そうです、ミアです。お久しぶりです……」

「だ、大丈夫か？」

「大丈夫じゃありません……。今にも吐きそうです」

顔が真っ青だ。まあ、その気持ちは痛いほど分かる。

そして彼女は、のそのそとカミアの背中から降りようとしたので、俺は近寄って手を貸してあげる。

「……ありがとうございます、アリゼさん」

そう言いながらふらりと倒れそうになって、俺にもたれかかるようになる。

立派に成長したミアの体は柔らかく温かい。

思わずそのことにドキリとしながらも、俺は平静を装って言った。

「いったん水でも飲むか？」

「……はい、お願いしてもいいですか？」

ミアがそう言うや否や、周囲で警戒していた兵士たちが我に返り、我先にと水を汲みに行く。

「あと……アリゼさん……。もう一つお願いしてもいいですか？」

「ああ、いいぞ。言ってみろ」

弱弱しい声で言うミアに、俺はしっかりと頷いた。

「それでは……私の頭をナデナデしてほしいのです。前みたいに」

「なんだ、そんなことか。それくらいなら構わんぞ」

もたれかかってきているミアの頭を撫でる。

——うん、こうしていると十年前を思い出すな。彼女はもちろん立派に成長しているので、頭の収まりは少々悪くなっていたが。

そんなことをしていると痺れを切らしたようにカミアが口を開いた。

「我はもう森に帰ってもいいか？」

「ああ、構わないぞ。どういう経緯か知らないけど、ミアをここまで運んでくれてありがとな」

「いや、お安い御用だ。それに焼き魚を奢《おご》ってもらったお礼だからな」

どうやらカミアはミアに焼き魚を奢ってもらったらしい。そういえばミアは他の四人に比べても食にこだわる少女だったな。

カミアがいなくなると同時に、城の方からハルカとルルネが駆け寄ってくる。

そしてミアの姿を見たルルネは驚きの声を上げた。

「ミア!?　どうしてここにいるの!?」

「ええと、帝都のパンケーキ屋が美味しいと聞いて、旅の途中に寄ろうと思ったんですよ」

うん、ミアらしい理由だった。

「なるほど……。とりあえずミア。アリゼさんから離れなさい」

「どうしてですか？　私は酔って気持ちが悪いので、アリゼさんに介抱してもらってるだけですよ？」

そう言うミアにルルネはすうっと目を細めて言った。

「どうせもう気持ち悪くないんでしょう？　アリゼさんに撫でてもらいたいからって、演技までしちゃって」

「……そ、そんなことありません。ああー、気持ち悪いなー、今にも吐きそうだなー」

二人のやり取りを眺めていたハルカは口をパクパクしていたが。

ハッと我に返ってルルネに尋ねた。

「あの……彼女は慈愛の聖女ミア様でいいのでしょうか?」

「ええ、そうよ。彼女が腹黒の聖女ミアよ」

そう言ったルルネにミアはムスッとした表情で言い返す。

「私は腹黒じゃありません。少しばかり計算高いだけです。それに、ビビりの森人ルルネには言われたくありません」

そしてぐぬぬと睨み合い、牽制し合う二人。

……できれば俺を挟まないでやってほしかった。

それに前に比べて大人になったからか、言い合いの激しさが増している気がする。

昔はもう少し可愛らしい言い争いだったのになぁ……。

おじさん、昔を思い出して少し悲しいです。

「てか、もう夜更けだし、俺はそろそろ眠いぞ」

ミアは少し名残惜しそうにしながらも頷いた。もう少し話したかったのだろうが明日も話せるだろうし、今日はもう寝たい。

「……分かりました。それがいいと思います」

ハルカはそれを聞いて、ミアのほうを見ると言った。

「それじゃあミア様のお部屋もすぐに用意しますので！　少々お待ちください！」

「……ああ、私はアリゼさんと一緒のベッドで寝るので大丈夫ですよ」

しれっとそんなことを言ったミアの頭をルルネは軽く叩いた。

「ダメに決まってるでしょう？　あなた今何歳なのか考えたことある？」

「……むう。いいじゃないですか、それくらい。そもそも間違いが起こっても、私は別に問題ありませんし」

「そういうことじゃないのよ……。でもハルカさん、この聖女の部屋は用意しなくても大丈夫ですよ。私が責任を持って一緒の部屋で見張るので」

そのルルネの言葉にどこか頬を引き攣らせながらハルカは頷いた。

「……はあ、仕方がありませんね。今日のところはアリゼさんと一緒に寝るのは諦めます」

そしてルルネに引きずられて城に入っていくミア。

残されたハルカと俺は、目を見合わせるとこう言い合うのだった。

「……私たちも早めに寝ましょう」

「そうだな……。稽古の話も明日しような」

お散歩

「ふぃ～、疲れました！」

次の日の昼間、俺はハルカと剣の打ち合いをしていた。彼女はなかなか筋が良く、すぐに教えたことを吸収していった。

「お疲れ様です、ハルカさん。あと、アリゼさんも」

そう言いながらミアがタオルを渡してくれる。俺はそれで汗を拭きながら言った。

「今日はこの辺にしておこう。一日に詰め込みすぎても良くないからな」

「はいっ！　ありがとうございました！」

素直に元気よく頭を下げるハルカ。彼女もタオルで汗を拭うとこう言った。

「それで……午後の予定なんですけど、ちょっと帝都を案内させてもらってもいいですか？」

「案内してくれるのは凄くありがたいけど、いいのか？　王女様が街を出歩いて」

俺が首を傾げてそう尋ねるとハルカは問題ないといった感じで頷いた。

「流石に、英雄様二人とその師匠様がいらっしゃるところに、ちょっかいをかけてくる人なんていないですよ」

そういえばミアとルルネは英雄だった。俺からすると娘同然の少女たちだからうっかり失念してしまう。

「それもそうか。てか、そもそも二人が来るかどうかだが」

俺の言葉にミアもルルネも食い気味に答えた。

「もちろん行きますよ！　パンケーキ屋に行くためにこの街まで来たんです！」

「私もついていくわ。ミアがアリゼさんに何をするか分からないからね」

どうやら二人も賛成らしい。

というわけで、俺たちは私服に着替えて街に繰り出すのだった。


「アリゼ様。それとルルネ様とミア様も、お腹は空いていますか？」

大通りをそぞろ歩きながらハルカはそう尋ねてきた。

周囲の人間たちは俺たちを遠巻きに眺めてくる。その視線は尊敬、憧れ、などなど、好意的なものばかりだった。

「ああ、流石に訓練した後だしお腹空いたな」

ルルネも同じように頷いて言った。

「そうね、私もお腹が空いたわ」

すると、ミアは片手を挙げてピョンピョンと主張する。

「はいはい！　それだったらやっぱりパンケーキ屋に行きましょう！　私はとびっきりの甘味を所望します！」

そんなミアを見てハルカは微笑む。

「ふふっ、いいですね。それだったら私がパンケーキ屋まで案内いたします」

そして俺たちはゾロゾロと観客たちを引き連れてパンケーキ屋に向かった。

「おお、凄く甘い香りが漂ってくるな」

「そうですね！　良いバターの香りです！」

俺の言葉にミアが嬉しそうに頷いてそう言う。

香ばしいバターの香りだ。俺は思わずぐうっと腹を鳴らしてしまった。

そんな俺を見てハルカはふふっと笑うと店の扉を開ける。

「さあ、さっそく入りましょう」

「なんか王女様に扉を開けてもらうとか逆に気まずいな」

「ふふっ、こんなことをしてあげられるのは流石にあなたたちだからですよ」

やっぱり自分の現在の立場というものに慣れない。

ただの田舎に住んでいたおっさんなのにな、俺。

ともかく俺たちは店内に入り、店員さんに案内される。

店員さんはガチガチに緊張してしまっていて少し申し訳なさを感じた。流石に王女様と英雄二人の相手とか胃が痛くなるに違いない。

「こ、こちらへどうぞ……」

案内された椅子に座り、俺たちはメニュー表を見た。普通のパンケーキから、イチゴがたくさん乗ったものやクリームたくさんのものまで、多種多様なパンケーキがあった。

「やっぱりイチゴよなぁ……」

「アリゼさんは昔からイチゴ好きよね。変わらなくて安心したわ」

俺がぽつりと呟くとルルネがそう言ってきた。

確かに俺の好みは十年前から変わってない気がする。

「私もイチゴのものにします！」

こうしてミアが一緒のものを頼むのも、十年前と変わらない。

「うーん、私はどれにしましょう？」

ルルネが悩んでいると、ハルカがそれを見て一つのメニューを指差した。

「個人的にはこれがおすすめですよ」

そこには『あんこ』なるものが乗ったパンケーキのイラストが描かれていた。

「あんこってなんだ？」

俺がそう尋ねるとハルカに代わってミアが答える。

「あんこは醤油などと同じ鏡華大心国で作られている甘い食べ物ですよ！」

「へー、そんなのがあるのか。確かに前食べさせてもらった醤油は美味しかったな」

ミアはグルメなので、そういったものを色々知っていた。

「じゃあ私はこれにするわ」

そう言ってルルネも決まり、俺たちは注文した。

待ち時間、俺たちは思い出話に浸る。

ダンジョンに初めて行った日のこと、一緒に川で泳いだ日のこと、ルルネが怖くて毎晩俺のベッドに潜り込んできていたことなど、懐かしい話がいっぱい出てきた。潜り込んでくる彼女を見たミアが、その反対側に潜り込んでくるのも、毎晩のお決まりだった。

ハルカはそんな話を決して嫌な顔せず、心底楽しそうに聞いていた。

俺は再び娘同然の少女たちが五人自分の前に集まることを思い描いて、楽しみになるのであった。

ギルドでの一幕

次の日、俺は早朝にこっそり王城を抜け出して冒険者ギルドに来ていた。

十年も田舎村にいたからそろそろ冒険者カードを更新しないといけないと思ったのだ。

しかしあの三人と一緒に冒険者ギルドになんて行ったら流石に騒ぎになる。だから俺はコソコソと隠れるように王城を出てきた。

「失礼しまぁす……」

冒険者は好き勝手に生きている人が多い。だから深夜に街に帰ってくる者や、早朝に帰ってくる者など、様々いた。

冒険者ギルドはそれに対応すべく、どの時間帯でも営業していた。

早朝の冒険者ギルドは出立する準備を整えている者が多かった。みんな綺麗に磨かれた鎧《よろい》を纏い、緊張や期待の表情を浮かべていた。

俺の顔はまだあまり知られていないらしく、思った通り騒ぎにはならない。

まあどこにでもいるおっさんだからな、俺は。

そのまま奥に進み、俺はカウンターの列に並んだ。朝だからそんなに列も長くなく、すぐに呼ばれそうだった。

「次の方～、どうぞ」

呼ばれ、俺は受付嬢の前に立ち冒険者カードを見せる。

「あの、そろそろ冒険者カードを更新しないといけないんですけど」

「冒険者カードの更新ですね。畏まりました。ええと、名前は……アリゼ様⁉」

彼女は名前の欄を見て、目を見開いて叫んだ。

その声によって俺は一気に注目を集めてしまう。

まずったなぁ……。注目を浴びたくないから早朝に来たというのに。

そんな内心とは裏腹にゾロゾロと冒険者たちが興味深そうに寄ってくる。

受付嬢はそんな状況に申し訳なさそうにしながら言った。

「ええとですね……Aランク以上の冒険者カードの更新は、実力が落ちてないかを確かめるため、模擬戦が必要なのですが……」

そうなのか、初めて知った。Aランクになってからの更新は初めてだ。

その受付嬢の言葉に色めき出す冒険者たち。

「おおっ、アリゼ様の実力が見れるのか！」

「英雄様たちを育て上げた師匠、その力は必見だよな」

「これは出立を遅らせても見なきゃいけないわね」

うーん、なんだか面倒なことになってきたぞ。

でも模擬戦は規則らしく、やらないと更新ができないらしい。

……それなら、仕方がないか。

「それで、相手は誰なんですか？」

「我がギルドのギルド長、バラン様との模擬戦になります」

それを聞いた冒険者たちはさらにテンションを上げていた。

「あの元Sランク冒険者、バランさんとの対決か！」

「ああ、今日はツイてるな！　たまたま早朝に来て良かったぜ！」

そんな声があちこちから聞こえてきた。俺は諦めたようにため息をつくと、頷いて受付嬢に言った。

「分かった。それじゃあ今から模擬戦出来るか？」

「はい、一応バラン様に聞いてきますが、可能だと思います」

そして他の受付嬢がパタパタと階段を上がる。

対応してくれている受付嬢は、他の本人確認とかの手続きをしてくれるらしい。

数分後、そのバランは眠そうな声でボソボソと愚痴りながら、階段をゆっくりと下ってきた。

「こんな早朝から模擬戦をするってぇ奴は誰だ。生半可な奴だったらただじゃおかねぇぞ」

……俺はただのおっさんだし、生半可な奴認定されないだろうか？

恐々としながら彼が下りてくるのを待っていると、ふと目が合った。

「もしかしてあんたか？　……あんた、英雄様の師匠とか呼ばれてるんだってな？」

そう言いながら獰猛《どうもう》な笑みを浮かべるバラン。どうやら眠気は一気に吹っ飛んだらしい。

「まあ、俺はなんもしてないんだけどねぇ。彼女たちが頑張っただけなんだけど」

「ふむ……決して自分の立場に驕《おご》らないと。いいじゃねぇか、気に入った」

どうやら生半可な奴認定はされなかったっぽい。

良かった良かった。

「それじゃあ、さっそく模擬戦すっか。久々だな、模擬戦ごときでワクワクするのは」

ワクワクする相手じゃないです、俺。

そんな凄くないです、俺。

どうも期待値が高すぎて、それを裏切らないか不安でしかない。

俺はバランとたくさんの野次馬を連れて、ギルド裏の訓練場に向かうのだった。

「さて、ルールは単純だ。俺の攻撃に五分耐えるってだけだ」

対峙し、ブンブンと木剣を振りながらバランは言った。

構えや歩き方などから彼がとても強者だというのが分かった。負けることはないと思うが勝つのは厳しいかもと思っていたけど、そのルールならいけそうだ。

「分かった。それなら大丈夫だ」

「おうおう、余裕だねぇ。普通なら俺の気迫にビビっちまうもんだが」

まあ確かに一般人ならビビったりするかもな。でも冒険者ならこれくらい普通じゃないか？

バランは振っていた木剣をピタッと止め、俺に向ける。

「さて、さっそく始めるぞ。準備はいいか？」

「ああ、構わんぞ」

俺が頷くと、さっきの受付嬢がコイントスをする。

コインが落ちたときに、試合開始なのだろう。

——コインは回転しながらカツンッと地面に落ち。

いきなり凄い勢いでバランが飛び出してくるのだった。


俺はバランの攻撃を必死に避けていた。流石に元Sランクということもあり、反撃の隙も与えてくれない。

この世界には魔力と呼ばれる力がある。それは筋力強化や意識加速など、剣術にも応用できる。

そしてその魔力は《量》と《効率》によって発揮できる力が変わってくるのだが。

おそらくバランは、圧倒的な量でごり押しするタイプだ。俺はどちらかというと、量は少なく効率重視の人間だった。

量は生まれつきで大体決まってしまうからな、才能がないと効率を上げるしかないのだ。

「はぁっ！　なかなかやるじゃねぇか、英雄の師匠さんよぉ！」

細かく剣を振りながらバランは言った。

よくもまあ、あんな重そうな直剣を細かく振れるものだ。地の筋力も相当高いのだろう。

「こっちは何も反撃できてないけどねッ！」

「ははっ！　避けられるだけで十分なのさ！」

確か現在Sランクはこの世界に四人しかいないはず。

つまり英雄であるルルネたちよりも少ないのだ。

元が頭につくとは言え、そんな強すぎる相手に攻撃を避けきってる俺を褒めてほしい。

それだったら彼らが魔王を倒せばよかっただろう。そう思う人もいるかもしれないが、彼らは連携が下手くそなのだ。個々人で圧倒的な力を持ち、我が強いので、制御しきれないとか。

その点ではルルネたちはバランスが良く連携が恐ろしいほど上手いので、魔王を何とか倒せたらしい。

「おじさんにこの攻撃は結構キツイんだけどねぇ！」

「その割には結構余裕ありそうじゃないか！」

まあ確かに余裕がないわけじゃないんだが。それでもキツイもんはキツイ。

「それに俺とあんたに年齢差なんてあんまりないだろ！　なあ！」

……それを言われてしまったらお終いだ。バランもかなり歳いってる気がするからな。

くそう……こうなったら俺も『筋力強化』を使うしかないかなぁ。

俺は魔力の効率重視タイプだが、それでも圧倒的に量が足りないので、まだ部分的にしか使っていない。

つまり避ける一瞬など、ところどころで瞬間的に魔力を使っていた。そうやって魔力を減らさないように工夫していたわけである。

絶対量が少ないからこんな模擬戦で大量の魔力を消費したくなかったんだが……。

これじゃあ仕方がないよな。

魔力が減ると倦怠感《けんたい》が襲ってくる。それが嫌なので、小出しにしていた。

でもそんなことを言っている場合じゃないことを悟る。

「いくぞ――少しばかり、歯を食いしばったほうがいいかも」

俺はそう言って、全力の筋力強化を使用した。

圧倒的火力、圧倒的速度を手に入れた俺は、バランの攻撃を軽々と避ける。

「――なっ⁉　動きが変わった⁉」

驚くバランの裏側に一瞬で移動すると、軽くトンっと木剣で叩く。

すると、一拍置いて衝撃がバランを襲い、凄い勢いで吹き飛ぶ。

まあSランク冒険者ならこれくらい余裕で耐えるだろう。

そんな予想通り、バラバラと落ちてくる瓦礫の中からバランが起き上がった。

それを見ていた観客たちはざわざわと騒ぎ出す。

「おい……見たか、今の動き。何だあれ……」

「俺は見ることすら叶わなかったぞ……。速すぎた」

「ヤバい！　あのSランクのバランさんが一瞬で！」

驚きの声たちを無視して、俺はバランに近づいて言った。

「まだ続けるか？　俺としてはもう魔力を使いたくないんだが」

「……いや、いい。合格だよ、当たり前だろ」

むすっとしながらバランが言う。どうやら負けて相当悔しいらしい。

俺は彼に手を差し出して、起き上がるのを手伝ってあげる。

バランは起き上がると俺に尋ねてきた。

「で……どうして急に動きが変わったんだ？　いきなり強くなったが」

「ああ、ただ普通に筋力強化を使っただけだよ」

すると彼は目を見開き震える声で聞いてきた。

「もしかして最初は筋力強化も使ってなかったのか……？」

「いいや、一瞬だけ、部分的に最小限で使っていた、というのが正しいか」

俺の言葉に彼は苦虫を噛み潰したような顔をして頷いた。

「なるほどな。そんな芸当を出来るのはあんただけだろうが……まあ、納得は出来る」

どうやら納得してもらえたらしい。バランは体についた土ぼこりを払いながら、さらに続ける。

「ここまでできる人間がAランクなのもおかしいけどな。しかし、Sランクになるには、冒険者ギルド本部があるニーサリス王国まで行かないといけないからな」

ニーサリス王国か、それなら次の目的地とも被るが。

「ともかくニーサリス王国の冒険者ギルド本部を訪れる機会があれば、Sランク申請をしてみるといい。あんたならすぐになれるだろうし、俺も一応推薦状を書いておこう」

そして俺は模擬戦に合格し、無事冒険者カードの更新を終えた。

俺が王城に帰ると、勝手に出ていったことを美少女三人から責められるのだった。

時には昔話

—ｓｉｄｅ．ルルネ—


四人でパンケーキ屋に行った次の日の早朝。

私はふと目が覚めてしまって、ミアを起こさないように静かにベッドから出た。部屋にいると物音を立ててしまうので、私は王城のバルコニーに出る。

涼しい夜風が肌に当たり、心地がいい。まだ陽は完全に昇っておらず、空は薄い赤色に染まっていた。

「……あれ、ルルネ様じゃありませんか」

後ろから声が聞こえて振り返ると、そこにはハルカがいた。私は軽く会釈する。

「おはようございます、ハルカさん。お早いですね」

「そちらこそ、まだ早朝なのに起きてるんですね」

「ふふっ、なんか目が覚めてしまって。ミアを起こさないようにここに来たんです」

そう言うとハルカはなるほどと頷く。そして彼女は私の傍まで歩いてくると隣に立った。

「ルルネ様は……アリゼ様のことを大変お慕いしているのですね」

お慕いしているというのが、恋愛的な意味なのか家族的な意味なのかは分からない。

でもどちらにしろ慕っているのは間違いないので、私は頷く。

「そうですね、アリゼさんは私の大切な人であり、大好きな相手ですから」

「ふふっ、羨ましいです。そこまではっきりと言える人がいることが」

ハルカさんが小さく笑う。羨ましい――確かにそうかもしれない。そこまで想える人がいることは、とても幸せなことなんだろうと思った。

「少々、昔話をしましょう。――私たち英雄と呼ばれる五人は、昔はただの奴隷少女でした」

私はバルコニーの塀にもたれかかり、街を見下ろしながら言う。

「悪徳な奴隷商に捕まった仲間でした。しかしある日、私たちに救いの手が差し伸べられるのです。その手は言いました――やあやあ、俺は悪い大人じゃないよって」

ハルカさんは私の話を静かに聞いていた。

陽が昇り始め、街はドンドン朝日に照らされていく。

「ふふっ、今思うとその言葉は信用に足らないセリフですよね。でもそのときの私たちには暗闇に差した一条の光に思えました」

そこで私は言葉を区切ってハルカさんのほうをチラリと見た。

ハルカさんは真剣な表情で頷いている。

「――そしてアリゼさんに拾われた私たちは、色々な体験をさせてもらいました。ダンジョンに行ったり、一緒に旅をしたり、時には……いえ、結構な頻度で私たち五人は喧嘩をし、アリゼさんに窘《たしな》められていました」

そこまで話して私は一息つく。

するとハルカさんは落ち着いた声で尋ねてきた。

「英雄様たちにはそんな過去があったんですね。私はてっきり、もっと華やかな人生を送られてきたのかと思っていました」

その言葉に思わず苦笑する。

「そう思う人はかなり多いみたいですね。しかし全然真逆だったのですよ、私たちは。お金がなくて、その日暮らしで魔物を狩りながら生きていました。たまに大物を狩って豪華な夕食を食べるときもありましたが」

懐かしくて、思わず口角が上がる。

あの時に比べると、私たちは間違いなく立派になった。

お金も、地位もある。

みんなは私たちを讃《たた》えてくれるし、褒めてくれる。

昔は少女五人だったから色々なことを言われたものだ。特に私たちを連れていたアリゼさんはもっと色々と心無い言葉を投げられていただろう。

それでも彼は私たちを捨てることなく、そのことも口にはしなかった。

今と昔は比べるものではないが、もし比べるとしたら、間違いなく昔のほうが幸せだった。

だが——こうしてアリゼさんと再び出会えて、一緒に居られる。

すぐにあの時のような幸せな日々が、苦しい中にキラキラと輝いていた日々が、戻ってくるはずだ。

そんな思索に耽《ふけ》っていると、パタパタと足音が響いてきた。

「ルルネ！　良かった、ここに居たんですね！」

「ああ、ミアも起きたのね」

「はい！　ふと目が覚めたらルルネがいなかったから、前みたいにアリゼさんのところに行ったのかと心配しましたよ！」

私は昔はよく、心細くてアリゼさんの布団に潜り込んだ。それを見ていたミアも何故か一緒に潜り込んできた。

アカネとアーシャは大人びていたから、そんなことはしなかったが。

ニーナは潜り込んでくるときもあったっけ？　まあ彼女は気分屋なので、来たり来なかったりだったけども。

「流石に私ももう大人だからね、アリゼさんの布団に潜り込むようなことはしないわよ」

「そう言いながら、本当は行こうと思っていたのでしょう？」

……やはりミアにはお見通しらしい。伊達に十五年も一緒にいない。

「それで、なんの話をしていたのでしょうか？」

「ああ、少し昔話よ」

私がミアの質問に答えると、ハルカさんもふふっと笑う。

「そうですね、貴重なお話を聞かせていただきました」

「昔話ですね！　それなら私も色々なお話ができますよ！」

嬉しそうにミアはそう言って、アリゼさんとのエピソードを話し始めた。

こうして早朝に唐突に始まった女子会は、かなりの盛り上がりを見せるのだった。

◇

パンケーキ屋に行ってから何事もなく平和に一週間が過ぎた頃だ。

夢を見た。

昔の夢だ。

ルルネたちと出会うよりももっと昔の、俺が幼少期だった頃の夢だった。

俺は小さな村に住む、ごく普通の少年だった。その村に山賊が攻め込んでくる前までは。

村が山賊に襲われ、両親含む大人たちは必死に戦った。しかし彼らはただの農業を営む村人だ、山賊に勝てるわけがなかった。

簡単に死んでしまった。

そんなにあっさり死んでもいいのかと思うくらい、簡単に死んだ。大人たちに守られていただけの俺に、その山賊たちを退ける力なんて無い。

死を悟った。

そのとき、俺は間違いなく死ぬだろうと覚悟を決めた。

しかし死ぬことはなかった。

たまたま通りかかった一つの冒険者パーティーが、山賊たちを殲滅してくれたのだ。そしてそのリーダー、ベアトリクス・アウシュタッドは俺にこう言った。

『すまん、君しか守れなかった』と。

それから俺はパーティー《黄金の水平線》に同行することになった。

ベアトリクス――ベア以外のメンバーも俺に優しく構ってくれた。

旅をして、街に行っては串焼きを買ってくれたり、色々なことを教えてくれたりした。

時には男子メンバーだけで娼館に行ったこともあったっけ。

後から知ったことだが、その《黄金の水平線》は俺が生まれる以前に活躍していたSランクパーティーだった。

彼らから剣を教わった。

あいにく魔法の才能はなかったから剣ばかりをやった。今の俺があるのは彼らのおかげだ。

そして、俺は彼らから一番大切なことを教わった。

——その剣は誰が為に。

ベアがよく口癖のように言っていた言葉だ。

人を救う、助ける、そのために我々は剣を握っているのだ。その志だけは、絶対に忘れてはならない。

そんなことを教わった。

ベアのそんな教えがあったから、俺はルルネたちを助けようとも思ったのだ。

わざわざ悪徳奴隷商を一つ潰してまで、彼女たちを助けたのだ。

もうベアたち《黄金の水平線》は歳を取ったので、隠居していると聞いている。

でもまたいつか会えたらな——そしたら美味しいご飯を奢ってやろう。

「懐かしいな……まだ俺がクソガキで、何も知らなかった頃の記憶を思い出すなんてな」

だが忘れもしない日々だ。

輝かしかった、美しい日々。

ルルネたちと一緒に暮らしていたときも田舎村でルインに剣を教えていたときも、もちろん輝く日々だったが。

「ふっ……俺も本当に歳を取ったものだな。昔を思い出して苦しくなるなんておっさんのすることだ」

この人生には色々なことが詰め込まれている。

楽しかったこと、辛かったこと、悲しかったこと。

でもそれらは全て大切な記憶だ。

「よしっ！　早く庭に行かないとな。ハルカちゃんが待ってるはずだし」

パンっと両手で頬を叩くと、俺はベッドから起き上がる。

そして着替えながら、思わず一人、笑みを零してしまうのだった。

ハルカのピンチ

庭にやってくると何やら慌ただしい。

なんだろうと思い近づくと、それに気が付いたルルネが焦ったように言った。

「アリゼさん！　ハルカさんを知らない!?」

「ハルカさん？　いや、知らないけど、まだ来てないの？」

「ええ、王城のどこを探しても見当たらないみたいなのよ……」

なるほど、それは一大事だ。俺は近くに控えていたメイドに尋ねる。

「ハルカさんの匂いが分かるものってある？　香水とかでもいいんだけど」

「匂いですか……？　確かいつもつけていた香水のストックがまだあるはずですが」

困惑した表情でメイドは言った。

「じゃあその香水を貸してくれないか？」

「ええ、構いませんけど……」

頷いてメイドは香水を取りに行った。

その間に俺は指笛を吹く。それを見ていたミアは納得したようにポンッと手を打った。

「なるほど、カミアさんに匂いを嗅いでもらうのですね」

「ああ、そうだ。あいつならすぐに見つけてくれるはずだ」

そして、ものの数分でカミアはやってきた。メイドが戻ってくるよりも早い。

「どうした我が主よ。何か問題でも起きたか？」

「察しが良くて助かる。この国の王女様が攫われたんだ、その匂いを嗅ぎ分けてほしい」

「ふむ、承った。王女様ということは、たくさん銅貨を持っているのだろう？」

カミアの問いに俺が頷くと、彼は嬉しそうに笑った。

本当に銅貨磨きが好きなんだな。

戻ってきたメイドさんはカミアの姿を見て驚きの声を上げるが、すぐに説明して納得してもらう。

俺は彼女が持ってきた香水を差し出しながらカミアに言った。

「どうやらこの匂いがハルカさんのものらしい。分かるか？」

「もちろん。――この匂いの少女はこの街から離れて行っているな。速度はそんなに速くないが」

ふむ、まだ生きているらしい。それならひとまず安心だ。

現時点で殺してないってことは、今のところ殺す気はないってことだからな。

「カミア、追いつけるか？」

「当たり前だ、我を誰だと思っている」

「それじゃあ頼んだ」

俺がカミアの背中に乗ろうとすると、ミアとルルネも一緒に乗ろうとした。

まあやはりというか、思った通り彼女たちもハルカさんを見捨てたりは出来ないらしい。

「それじゃあカミア、全速力で頼む」

そして俺たちは、ハルカさんを救いに向かうのだった。


―ｓｉｄｅ．ハルカ―

私も幼少期は普通の女の子だった。お人形で遊び、綺麗なもの、可愛いものが好きだった。母は妾だったけど、とても優しく、私を一番に愛してくれた。


幸せだった、満たされていた――はずなのに。

あの日から私の日常は変わってしまった。


……いや、変わったのではない。元々こんな日常だったのが、ひょこっと顔を出してきただけなのだろう。

私は継承権争いで負け、母はその代償として処刑された。

このアルカイア帝国は実力主義の国家だ。私に剣や魔法の才能がなく、そのせいで母は殺されてしまった。


それ以来、私は剣に生きた。

いくらでも強さを求めた。


他の王族からは鼻つまみ者として扱われたが、それを見返してやろうとずっと努力してきた。

それから何年も経ち、アルカイア帝国に英雄たちが現れた。

しかも彼女たちの師匠と呼ばれる人も一緒だ。

これは剣を教えてもらい、強くなるチャンスだと思った。

本当に幸運だったのは、うちの王族は皆、英雄という存在に懐疑的だったことだろう。

彼らは英雄たちの実力を、運のおかげだとしていた。

でも英雄なんて呼ばれている人が、それだけなわけないと私は思っていた。

出会った英雄たちは優しく、温かくて、とても強い人たちだった。肉体的なものではなく、精神的なものも含めて、強かった。

彼女たちが元は奴隷だったと聞いて、私は勇気をもらった。自分はまだまだ甘えた存在なのだと思った。

でも——母が死んだ日のことは決して忘れられない。

王城の処刑場に縛り付けられる母。

どんなに泣き叫んでも、どんなに足掻いても、その運命は変わらなかった。

そして――。


「いやぁあああああああああああ！」


私はビタビタに汗をかきながら思わず飛び起きる。

久々に嫌な夢を見た。

……って、あれ。

手足が杭《くい》に縛り付けられていて動かせない。目隠しをされていて、視界が塞がれている。

もしかして……。

王族の誰かが英雄たちと接触したことに怒り、私を誘拐したのだろうか？

そう思ったが、どうやら違うらしい。

「起きたか、王女。……ああ、待て、騒いでも無駄だから、騒ぐなよ？　今、繊細な作業中だ」

その声は聞き覚えがなかった。王族の誰かが誘拐したのなら、声でわかるはず。しかしそれは神経質そうで冷たく、初めて聞く声だった。

「……あなたは？」

「俺か？　俺はジジーニャ。魔王軍、円卓騎士第四位の魔族だな」

魔族……⁉

まだ生きていたの⁉

思わず驚いて声を上げそうになるが、どうにかして抑える。

「あなたは……私に何をする気ですか？」

尋ねると、立ち上がった音が聞こえて、足音が近づいてくる。

そして私の前で止まると、ひらりと目隠しを取った。

「お前はこれからあの魔人の器になるのさ。魔人グーシャイアは負の感情を触媒に成長していく。お前がその器に相応しいことは、自分でも分かっているのだろう？」

そこには見るのすら厭《いと》うほどの異形が静かに鎮座していた。おそらくその異形にはまだ中身がなく、その言葉通り私があの中に入るのだろう。

逃げたい、そんな最期はもちろん嫌。

なるほど、それで昔の記憶が蘇ってきたのか。

でも、そうなる運命をどこかで受け入れている自分がいた。

どうせ私の人生なんて。

どうせ、私は生きる価値のない人間なんだ。

あの日から、母を見殺しにしてしまったあの日からそんな観念が心に根付いていた。

「ふっ、もう少し騒ぐものかと思ったが、随分と現実を受け入れているようだな」

「……どうせ騒いだところですぐに助けは来ないでしょうし、あなたが死んで解放されるわけでもないですからね」

「よく分かっているじゃないか。ここは帝都から早馬で十時間はかかる場所《墓地迷宮》の最深部だからな。そう簡単に辿り着けまい」

それまでに召喚術は完成するとジジーニャは言った。

私には故郷を襲いたくないという思いの反面、自分を虐げてきた故郷を潰したいという思いもあった。だからこその受け入れ具合なのかもしれないと、どこか客観的に分析する。

「さて、いつになったら助けは来るかな？　楽しみだな」

そうして順調に作業が進んでいき、私の最期が刻一刻と近づいてくるのだった。

王女救出

うげぇえええええええ。

俺たちはカミアの全速力のせいで三半規管をやられながらも《墓地迷宮》に辿り着いた。

「み、ミア……。回復魔法を頼む……」

俺はフラフラとカミアの背中から降りながら言った。ちなみにもちろんミアもルルネもグロッキー状態だ。

「わ、分かりました。すぐにかけます」

そして俺たちは回復魔法でグロッキー状態から何とか立ち直る。

シャキッとしたところで、俺は威勢よく剣を抜く。

「さあ！　突撃じゃあああ！」

「はい、行きますよ！」

「ハルカさん、待ってて！」

俺たちはズンズンと《墓地迷宮》の中に入っていく。

ちなみにカミアは迷宮には入らない。他にやることが残っているからな、彼には。

まあ……カミアなら簡単に仕事をこなしてくれるだろう。

出てくる魔物をズバズバ斬りながら先へと進んでいく。どうやらこのダンジョンはそこまで深くないらしく、簡単に深部まで辿り着いてしまった。

「おおう……こんなあっさりでいいのか？」

「相手はそこまで強くないってことです！」

俺の言葉にミアが楽観的に返してくる。しかしルルネは警戒を強める。

「ミア、そんな楽観的じゃいけないわ。ハルカさんの命が、かかっているかもしれないのだから」

そりゃそうだ。

そして俺たちは深部にあったボス部屋のようなところに入り込む。

するとそこにはよく分からないタコっぽい顔をした異形とハルカ、そして眼鏡をかけたインテリ系の魔族のおっさんが一人いた。

「なっ……⁉　早すぎる！　予定ではあと五時間は遅れてくるはずだったのに⁉」

何やらおっさんが驚いているが、まあそりゃカミアを使ったんだからな。

それくらい余裕よ、余裕。

しかしそのおっさんは俺たちをじっとりねっとりと見定めると、にやりと笑った。

「……しかし来たのはやはりミアとルルネだけか。お前たちは英雄の中でも最弱！　この魔人グーシャイアの敵ではない！」

おうおう、死亡フラグみたいなことを言いやがって。

てかそのタコみたいな異形、いっちょ前にかっこいい名前を持ってるのか。

「それに！　連れてきたのはただのおっさん！　負ける道理がないな！」

「おっさん言うな。お前こそおっさんだろ」

俺が冷静に言うと、その魔族は怒り心頭と言った感じで額に青筋を立てる。

「なんだとぉ……！」

「このっ、ジジーニャ！　アリゼさんはおっさんじゃないわ！」

「そうです、そうです！　アリゼさんはまだ若々しいんですから！」

さらに二人が加勢してくれているが、そのフォローは逆に俺の心に刺さるからな？

「しかぁし！　この魔人を復活させてしまえば、俺の勝ちだ！」

そしてぴかっとハルカの足元にある魔法陣みたいなのが発光し始めた。

おおう、これはマズそうだ！　俺は速攻で異形に近づくと、一刀両断してみた。

スルッと斬れた。

まあ魔の森の魔物と同じくらい硬かったが。ははは、俺の敵ではないな！

するとバキンッという音とともに、魔法陣がはじけ飛んだ。

ええ……こんなあっさりでいいのか。

ジジーニャと呼ばれていたおっさんは目を見開き、驚愕しているが。

「なんだとッ⁉　このグーシャイアの皮膚は鋼鉄よりも硬いんだぞ⁉」

へえ、そうなのか。でもこの剣、アダマンタイト製だしなぁ。

鋼鉄なんかに今さら後れを取ったりはしないよ。

その頼みの綱らしきものを斬られてしまったジジーニャはプルプルと震えている。

おっと、このままじゃ前みたいに転移魔法で逃げられるかもしれない。俺はさっと近づいて、彼の肩をがっちり掴む。

「さあ……覚悟は決まっているか？」

「やめろ、おい、やめろぉおおおお！」

その静止の声を聞かず、俺は右手を振りかざすと思いきり殴りつけた。

ドゴォオオンと吹き飛ばされ、一撃で気絶するジジーニャ。うん、こいつ自体はあまり戦闘力ないらしいな。

ちゃんと気絶したことを確かめると、俺はハルカさんに近づく。

「さて、大丈夫か？　ハルカさん」

「……はい、ありがとうございます」

助けたというのにどこか浮かない表情のハルカさん。それにミアも気が付いたのか、彼女に尋ねた。

「どうしたんですか？　浮かない顔して。ふふっ、ちゃんと喜ばないとダメですよ？」

「いえ……やっぱり私は足手まといになってしまうんですねと思いまして……」

どこかナイーブになっている彼女に、俺は人生の先輩としてこう言ってあげる。

「ハルカさんは足手まといなんかじゃないよ。確かに王族たちとの確執はあるかもしれないけどさ、国民はちゃんとハルカさんのことを見てるから。――そろそろ来るはずだよ」

俺がそう言うと、騎士団の連中、冒険者たち、さらにはメイドさんたちまで、様々な国民がゾロゾロと部屋に入ってきた。

「ハルカ様を攫っていったやつはどいつだぁあああ！」

「野郎ども、ぶっ潰すぞぉおおお！」

「乗り込めぇえええええ！　戦じゃあああああ！」

「うげぇえええええ！　吐きそうだけど俺はやれるぞ！」

……みんな威勢良すぎでしょ。

みんな、カミアの背中とか括り付けた馬車とかに乗ってやってきた連中だ。

まあそのせいでみんなグロッキーだったけど。

「ほら、ちゃんとハルカさんの頑張りはみんな見てるのさ。ここだけの話、近々王族たちはちゃんと追放されるみたいだよ？」

俺が代表してそう言うと、ハルカさんは涙を浮かべる。

「ありがとうございます、皆さん……。私のやってきたことは間違いじゃなかったんですね」

それにやってきた人間たちは照れた感じで返す。

「ははっ、ハルカ様のためなら俺たちは立ち上がる、お母様が処刑されたときに、そう決めただろ？」

「おうとも！　俺たちはハルカ様の味方だぜ！」

「ハルカ様のためなら、この命、惜しくないッ！」

あ、だからと言って攫っていったジジーニャをリンチしようとするのは止めてください。

◇

それから一週間が経って、俺たちは帝都を発つことになった。本当は一週間のつもりで寄ったのだが、結局二週間いることになった。

王族たちの追放計画は、徐々に進行中らしい。どういう感じで進むのかは分からないが、ハルカさんがアルカイア帝国初の女帝になるとのこと。

うーん、凄いなぁ。

ちなみにジジーニャは王城の地下室の一番強固な牢屋に入れられている。そこは魔法が使えない特殊な加工が施されていて、一生出ることは出来ないらしい。

「アリゼ様、ルルネ様、ミア様。今までありがとうございました」

ハルカさんは帝都の城壁前で俺たちと向かい合いながら頭を下げた。その後ろにはたくさんの住人が野次馬として見に来ている。

「いやいや、こちらこそありがとうだな。パンケーキも美味しかったし、楽しかったよ」

「それなら良かったです。私としても楽しかったので、来てくれて本当に感謝しかありません」

にこりと笑ってハルカさんは言った。ミアはそんな彼女に近づいて、ぎゅっと手を握る。

「ハルカさん、これから頑張ってくださいね！」

「ありがとうございます、ミアさん。私には皆様がいるので、頑張れそうです」

そんな会話をしていると、ルルネは後ろを向いて素っ気なく言った。

「早く行くわよ。今日中にはこの国を出てニーサリス王国に入りたいのだから」

「ははっ、そんなこと言いつつ、ルルネも名残惜しいんだろ？」

「……うっ。ま、まあ……名残惜しくないと言えば嘘になるけど、急いだほうがいいのは確かだものね」

やっぱりルルネは素直じゃない。彼女の表情を見ると泣きそうになっているのが分かる。

「すいません、足止めしてしまって。それじゃあ──さようなら、皆さん」

微笑みながらハルカさんはもう一度頭を下げた。

後ろの野次馬たちもまた来いよとか、いつでも歓迎するからなとか言っている。

その温かさにじーんときて、俺も振り返ってカミアに乗った。

「じゃあ、またいつか会おう」

そうして俺たちは帝都を離れていき、ハルカさんから英雄の一人がいるのではないかという噂を聞いて、ニーサリス王国を目指すのだった。

第三章

ニーサリス王国編

HIROTTA DOREITACHI GA
TABIDATTE HAYAJUNEN,
NAZEKA ORE GA
DENSETSU NI NATTEITA

観光

俺たちはニーサリス王国随一の観光都市ヴァーチャリアに来ていた。巨大な湖『蒼穹の湖』の湖畔に広がる都市で、長閑《のどか》な空気が漂っている。

「うわぁ……綺麗ですね、湖」

カミアを近くの森に待たせ、俺たちは三十分ほど歩いて街の近くまで来た。ヴァーチャリアは小高い丘の側面に広がり、俺たちは『蒼穹の湖』を見下ろしている。

そんな湖を見たミアが陶酔するような声で言った。

それに対してルルネもうっとりとした声音で言う。

「そうね……。これは想像以上だわ」

俺も同じく湖に視線を釘付けにされながら尋ねた。

「二人は来たことないのか？　魔王退治で旅とかしてきたんだろ？」

するとルルネが首を振りながら答える。

「来たことないですね。ニーサリス王国の王都とかは行ったことあるんですけど」

「なるほど。確かに魔王を討伐するってのにわざわざ観光都市には来ないか」

俺が言うとルルネは頷く。

それからも俺たちはその湖を眺めていたが、ふと我に返って口を開く。

「てかこのままじゃあ、ずっと見惚れることになるから、さっさと街に入ろう」

「そうですね！　私もそれが良いと思います！」

「街からも湖は見れそうだしね。ここほど綺麗にはいかないだろうけど」

ミアは元気よく手を上げてそう言い、ルルネは名残惜しそうにそう言った。

「ここは料理も美味しいらしいからな。湖に近いだけあって魚介が定番らしいぞ」

湖なので淡水魚だけだが、この湖で漁れる魚は魔力が含まれているらしく特別美味しいとのこと。

シーフードピザやら、シーフードパスタやら、考えるだけで涎が出そう。

この都市は普通に身分証の提出もなく入れる。

基本、ニーサリス王国の都市には城壁がない。北国ということや《魔の森》との接触面積が狭いこともあって、魔物もそこまで多くはないらしい。

しかし二人が英雄であることがバレると少し面倒なので、外套《がいとう》のフードを深々と被り街に入った。

赤レンガの屋根が立ち並び、石煉瓦が敷き詰められた道を歩く。人々もみんな穏やかで、道端で談笑したり、子供たちが走り回ったりしている。

「私お腹すきました！　やっぱり干物だけじゃあ物足りないですよ！」

グルメなミアにとって道中の食事だけでは物足りなかったか。ワクワクと目を輝かせて、あちこちの店をがん見している。

「そうだな。もう昼過ぎだし、どこか適当な店に入るか。ルルネもそれでいいか？」

「はい、構いません。ちなみに私はシーフードピザが良いです」

それに対してミアは反論するように声を上げた。

「えー、私はシーフードパスタが良いです！　ピザの気分ではありません！」

「はあ……ワガママよね、ミアって。アリゼさんもピザが良いわよね？」

いきなりそう尋ねられ、俺は困ってしまう。ピザと答えてもパスタと答えても、間違いなく顰《ひん》蹙《しゅく》を買ってしまう。

悩んだ挙句、俺は一番無難な答えを言った。

「……どっちも食べられる店に行こうか」

すると二人は呆れたようなため息をつく。

「アリゼさんっていつまで経ってもヘタレなんですね」

「それにはミアに同意です。はっきりとしてほしいところでした」

満腹までピザとパスタを食べ終えた俺たちは、日も傾いてきていたので宿を探すことにした。北国だからか、日照時間も短く陽が落ちるのも早い。

「すいません、現在満室でして……」

これで三軒目の宿だったが、どこも埋まってしまっていた。流石は観光都市なだけある。俺たちはトボトボと宿を出ると、少し歩いて他の安っぽい宿に入った。

「ええと、一人部屋なら一つだけ空いているのですけど……」

一人部屋かぁ……。そうなるとベッドは一つしかないってことだよな？

流石に部屋も狭いだろうし、それは厳しいか？

そう思っていたが、ミアが間髪容れずに返事をした。

「じゃあ一人部屋で大丈夫です！　それでお願いします！」

「あ、はい。畏まりました。では案内しますね」

そして俺たちは部屋まで案内された。

受付嬢が部屋から出ていき、三人だけになるとルルネとミアは外套を脱ぐ。

「あー、フードを被っていると流石に暑いですね」

「アリゼさん、汗をかいてしまったのでお風呂に入ってもいいかしら？」

ルルネに尋ねられ、俺は頷いた。

まあそれくらい一緒に生活していた頃に何度もあったから、今さらドキドキしない……と思っていたのだが、やはり十年の時を経て成長した二人の体つきのせいで、どうしてもドキドキしてしまう。

「……ああ、もちろん構わないよ」

「ええ、ルルネだけズルいです！　私も入ります！」

ルルネがお風呂に入ろうとすると、ミアも後に続いて入ろうとした。

「二人は流石に狭いし、嫌なのだけど」

「ええ、いいじゃないですか、別に！　一緒に入りましょうよ！」

そう言うミアにルルネは一つため息をついて、一緒に風呂場に行った。

どうやら何を言っても聞かないと思って諦めてしまったらしい。

それからしばらくして、浴槽から声が響いてくる。壁が薄くて全部の声が筒抜けだった。

『近づかないでよ、ミア！　肌がくっつくじゃない！』

『仕方ないじゃないですか、狭いんですから！』

『だから言ったでしょうに！　狭いからやめておいたほうがいいって！』

思わずごくりと生唾を飲む。むう、これはマズいぞ……何がとは言わないが。

『それにしてもミア、また成長した？』

『きゃ！　いきなり触らないでください！』

『いいじゃない別に。減るもんじゃないんだし』

『それなら減ってほしいんですけどね……。大きくなりすぎて困ってるのですよ、肩こりが酷くて』

『それは私に対する当てつけかしら……？』

『え？　そんなつもりはないんですけど……まあ、そう思うならそうなんじゃないですかね！』

『くっ……』

そんな会話を聞きながら、俺は一人悶々としているのだった。


俺たちはそれから一緒のベッドで眠り、快眠とは言えない夜を過ごした。

まあルルネとミアは安心しきったように眠っていたから、それはそれで良かったのかもしれない。

次の日になり俺たちはこの観光都市ヴァーチャリアを出ることにした。もともとの目的はニーサリス王国の王都であり、他の英雄たちと再会することだからな。

というわけで俺たちは再びカミアに乗って草原を駆けていた。

「うごごご、やっぱりカミアの背中は何度乗っても慣れないな……」

王都のすぐ近くの森まで来ると、カミアから降りながら俺は言った。やっぱりルルネもミアも顔色が青い。

「それで……王都には何しに行くのですか？」

ミアに尋ねられ、俺は以前帝都のギルド長であるバランさんから貰った推薦状を取り出す。

「この前Sランク冒険者になれるように推薦状を書いてもらったんだ。それなら一度申請してみてもいいかなって」

ルルネが納得したように頷く。

「確かにアリゼさんがまだAランクなのはおかしいですものね。早くSランクになるべきよ」

「いやぁ……そんな器じゃないと思うけどな。でもせっかく書いてもらったんだから、やらないと申し訳ないだろ？」

するとミアとルルネは呆れたようにため息をついた。

「本当にアリゼさんって昔から自己評価が低いですよね……」

「そうね、それはミアに同意するわ。もっと自信を持ってほしいところね」

そんなこと言われてもなぁ。自分には十分自信を持っているつもりだが、まだ足りないらしい。

「ともかく、王都の冒険者ギルド本部に少し寄ってもいいか？」

「もちろんです。むしろそうするべきです！」

ミアの言葉にルルネも頷き、俺たちは王都に入ることにしたのだった。

突然の再会

王都にも城壁はなかったが、道の入り口に立っていた兵士に身分証の提出を求められた。

平和だからと言って流石に誰でも出入りできるわけではないらしい。

「ええと、名前は……ミア様!?　ルルネ様も!?」

二人の身分証を見て目を見開いている兵士。そして慌てたように俺の身分証を確認する。

「そしてそちらのおじさまがアリゼ様なのですか!?」

「おいこら、誰がおじさまやねん、誰が」

「し、失礼いたしましたっ！　ついうっかり口が滑ってしまいまして……」

うっかり口を滑らすなよ……。それに『さま』をつければ何でも許されると思うなよ？

「と、とりあえず街に入ることは許可しますが……少々お待ちください」

そう言ってその兵士は走ってどこかに行ってしまった。

また上層部に話を聞きに行ったのだろう。しかし今回は帝都ほど待たされることはなく、十分ほどで戻ってきた。

「今日は第一王女様の誕生日ですので、王城はそのパーティーの準備で忙しく、迎えを寄こすのに時間がかかってしまうとのことですが、いかがいたしますか？」

なるほど、それだったら逆に都合がいい。あんまり目立ちたくないからな。

「それだったら迎えはいいよ、別に。ひっそりと入らせてもらう」

「りょ、了解しました……。それではどうぞニーサリス王国の王都をお楽しみください」

すんなりと王都に入ることが出来た。王都は王女様の誕生日ということもあり、かなり浮かれていそうだ。出店もいっぱいあるし、人々も楽しそうにしている。

「良かったですね！　静かに入れて！」

「そうだな。あんまり注目されるのは得意じゃないからな」

ミアに言われ、俺は頷きながら答えた。ルルネが先導してくれている。

「それで、冒険者ギルド本部に行くのよね？」

「ああ、Sランク申請をしたいからな」

「了解。それなら私が場所を覚えているから先導するわ」

そして俺たちはルルネの後に続くようにして歩く。

もちろん今回もフードを被っているから俺たちが英雄であることはバレていない。それにみんな浮かれ気分だから、フードをとっても気づかれないかもな。

十分ほど歩き、巨大な建物の前に着いた。赤レンガ造りの立派な建物で、冒険者ギルドのマークがデカデカと掲げられている。

「ここです、冒険者ギルド本部は」

「ありがとう、ルルネ」

扉をカラカラと開けて中に入る。

流石ギルド本部ということもあり、凄く混みあっていた。

高そうな鎧を身に纏った者から、真新しい鎧の者まで。多種多様な冒険者がうごめいている。

「凄い活気だな……。これが本部か」

「そうね。かなり有名な人もたくさん混じってるわね」

「へー、冒険者とか知らないから分からんな」

でもどれが有名な冒険者なのかは、ぱっと見で分かった。装備とか立ち振る舞いに出るもんだな。

俺たちはめちゃくちゃ並んでいる受付の列に並び、順番が来るのを待つ。

二十分ほどかかりようやく俺たちの順番が来た。

「こちら冒険者ギルド本部です。ご用件は何でしょうか？」

受付嬢に言われて、俺は推薦状とともにギルドカードを出した。

「ええと……Sランク冒険者への申請をしたいんだけど……」

彼女は一瞬目を見開き、すぐに推薦状を手に取って言った。

「確認してもよろしいでしょうか？」

「ああ、構わないぞ」

「それでは確認させていただきます」

そしてバランさんに書いてもらった推薦状を読み始める彼女。

一通り読み終わると、頷いて言った。

「確かにアルカイア帝国帝都のギルド長、バラン様からの推薦状であることを確認いたしました」

「それじゃあ、申請のほうを――」

しかし俺の言葉をさえぎって、申し訳なさそうに受付嬢は言葉を続ける。

「しかしですね、Sランクへの申請は、Aランクより上位の冒険者『二名』からの推薦が必要なのです」

ええと、聞いてないんですけど。バランさん、どういうことですかね、これは。

俺が困惑していると、何故かルルネとミアが納得したように頷いて前に出てきた。

そしてカウンターに同時に自分の冒険者カードをスッと置きながら言った。

「私たちが推薦するわ。これで大丈夫でしょう?」

その冒険者カードを見た受付嬢は今度こそ声を上げて驚いてしまう。

「ルルネ様!? そしてミア様も!? もしかして、アリゼ様というのは……?」

その問いに何故かミアが胸を張って言うのだった。

「そう! 彼は私たちの師匠であり父のような存在である、英雄の探し人アリゼさんなのです!」

「か、畏まりました。こちらお二人からの推薦があれば、申請を受領致します」

どうやらSランク冒険者になれるらしい。

……と思っていたが、そう簡単になれるわけもなく。受付嬢はさらに言葉を続けた。

「Sランク冒険者に求められるのは当然、圧倒的な力や技量でございます。それを確かめるため、我らがギルドの専属審判員との戦闘を行ってもらいます。これは木剣を使った模擬戦ではなく、真剣での戦いですので、こちらの契約書にサインだけお願いします」

その契約書にザッと目を通すと、どうやら命の保証はないと書かれている。

まあ専属審判員を務める相手だ。そんな弱いやつではないだろうし、間違いなく苛烈な戦いになるはずだ。

周囲の冒険者たちはざわざわと騒ぎ始めている。

英雄たちがいること、そして俺がSランク冒険者に挑もうとしていること。

それらは彼らにとって十分注目に値するイベントだったに違いない。

「ああ、分かった。――これでいいか?」

俺はその契約書にサインして一滴指の血を垂らした。すると魔力の込められたその契約書が発光し、契約履行となる。

「はい、問題ありません。では審判員を呼んできますので、少々お待ちください」

そう言われ、俺たちは十分ほど待たされる。

そしてギルド本部の中央階段から降りてきた彼女の姿は――。

忘れるはずがない。

いくら歳を取ったとしても見間違えるはずがない。

彼女は俺を拾い育ててくれた《黄金の水平線》の元リーダーで。

俺の師匠であり、恩人でもあるベアトリクス・アウシュタッドだった。

「ベア……」

「やっぱりアリゼ、君か。名前を聞いたときにそうだと思ったんだよな」

老体となっても鍛え抜かれた体は衰えていそうにない。

動き一つ一つが洗練されているのが手に取るように分かる。

「……久しぶり、ベア」

「ああ、久しぶりだな、アリゼ」

そう言い合う俺たちにルルネとミアは首を傾げる。

「お知り合いですか？　彼女」

ルルネに尋ねられ、俺は頷くと答えた。

「ああ、ベア……ベアトリクス・アウシュタッドは俺を拾い育ててくれた恩人で、元Sランクパーティー《黄金の水平線》のリーダーだった女性だ」

その言葉に二人とも驚きの表情を浮かべる。それからミアが、恐る恐ると言った感じで尋ねた。

「《黄金の水平線》って、もしかして生きる伝説と呼ばれている、あのパーティーですか？」

ミアの言葉に近づいてきたベアは、はあっとため息をついて答えた。

「……まあ、そう呼ばれることもあるな。個人的には英雄様たちのほうがよっぽど生きる伝説だと思うのだがな。我々は魔王の討伐に失敗したのだから」

ベアの言葉にルルネもミアも恐れ多そうに手を横にブンブン振って言った。

「いえ！　私たちなんて貴女たちの伝説に比べればまだまだです！」

「Sランクをも超え、SSランクとさえ呼ばれた《黄金の水平線》には敵いません！」

そう……当時の俺はそんなことすら気が付かなかったが、彼女たちはおかしいくらいに伝説を持っている。

例えばベアの場合は、一人で古代竜と対峙したとか。

例えば《深淵迷宮》を最下層である第百層まで攻略したとか。

まだまだ挙げきれないほど数多くの伝説を持っていた。

今の俺があるのも彼女たちと一緒にいたからだし、自己評価が低いと言われるのもそれが原因な気がしている。

「ともかく、アリゼ。お前がSランクとは感慨深いな」

しみじみと遠くを見つめながら、ベアはそう言った。

間違いない。

以前までの俺なら絶対に考えられないことだ。

「これも全部、色々な人と出会い、色々なことを体験してきたおかげかもな」

「ふっ……アリゼが人生を謳歌しているようで私としても嬉しいよ。あのとき助けた甲斐があった」

確かに彼女に助けられなかったら、俺は今生きていない。現在こうしてルルネとミアに囲まれて、他の英雄たちも俺を必要としてくれている。それもこれも、全てベアが自分の信念に従って俺を救ってくれたおかげだった。

「でも――」

ベアが獰猛な表情になる。

「相手がアリゼともなれば手加減は要らないな。どこまで成長したか見せてもらおうか」

「……俺もベアに強くなった自分を見てもらいたいからな、全力で行くよ」

その言葉にわあっとギルド本部内が大騒ぎになった。

みんなベアの全力が見れることを渇望している。

流石は生きる伝説だ、期待度が半端なく高い。

「さて――さっそく闘技場に行くか」

「そうだな。早く戦いたい」

そして俺たちは野次馬をぞろぞろと連れて闘技場に向かった。

――闘技場で俺とベアは得物《えもの》を手に向かい合う。

彼女の手には透き通った水色のダイヤモンドソードが握られている。

あれは一緒に《深淵迷宮》に潜ったときに、最下層で手に入れたものだ。

対して俺は、昔ベアからもらってずっと使い続けている直剣を構える。もちろん普通の金属ではなく、アダマンタイト製のものだ。

あのダイヤモンドソードに比べると、おそらく切れ味や強度で少し劣るだろう。

「……まだその剣を使っているんだな」

「もちろんベアに貰ったものだ。使い続けるさ」

そう言い合う俺たちに受付嬢が緊張した声音で尋ねてきた。

「そろそろ始めてもよろしいでしょうか？」

俺とベアは同時に頷く。

そして受付嬢の手に乗せられたコインがクルクルと宙を舞って――。

カツンと地面に落ちるのだった。


俺は魔力の減少とかを気にせずに思いきり筋力強化を使う。魔力量なら間違いなくベアの方が多い。だから力でゴリ押しして短期決戦に持ち込むしかないと思っていた。

だが――そんなに簡単に終わらせてくれる相手ではない。

「ふっ」

短い息とともにベアは老体とは思えない鋭い斬撃を繰り出してくる。

俺はそれを何とか避けながら隙を窺うが、もちろんそんなものは一切ない。どこで攻撃を差し込もうとも反撃される未来しか見えなかった。

「避けてばかりだな、アリゼ！　これじゃあ小僧だった頃と変わらんぞ！」

昔、彼女とは何度も剣を交わし特訓してもらった。

そのときもこうして、ベアの攻撃を何とか避けることしかできなかったのだ。

「俺だって……成長していることを教えてやる！」

俺はさらに一時的に魔力を脚力に集中させ、背後に回る。

これは俺が今出せる全速力だ。

おそらく彼女からすれば、一瞬で目の前から消えたように見えただろう。

だが――。

背後で振るった剣はガツンと簡単に防がれてしまう。

ベアは空振った勢いのまま半回転し、俺の剣を止めたのだ。

「くっ……！」

「ふんっ！　愚直が過ぎるぞ、アリゼ！」

そのやり取りを眺める野次馬たちは好き勝手に歓声を上げる。

「すげぇ……なんだあの速度」

「でもあれを止めたベアトリクス様も負けてないぞ！」

「異次元すぎるやり取りだ……！」

だがもはや研ぎ澄まされた意識でベアしか――彼女の一挙手一投足しか見えていなかった。

剣と剣が擦れ合い、バチバチと火花を散らす。

一瞬にして腕に魔力を集中させるが拮抗状態だ。

このままでは埒《らち》が明かないと思った俺は、バックステップで一旦距離を取った。

「成長はしているが、まだまだ甘いな、アリゼ」

「くっ……老いてもそこまで強いなんて反則だろベア」

会話をしながら息を整える。

真正面からぶつかっても絶対に勝てないことは分かった。

だとすれば、俺は彼女の隙を無理やり作るしかない。

そうと決まったら俺は短く息を吐いて、脚に魔力を通し飛び出す。

「はあっ！」

「ふんっ！　愚直な！」

俺の攻撃は当たり前のように受け止められる。

が——そこで俺は刃の角度を少しずらし、ベアの剣が滑っていくように仕向けた。

一瞬、ベアは体勢を崩した。すぐにその体幹によって持ち直すが。

一瞬の隙があれば十分だった。

「はあぁあああああ！」

俺はベアの剣に沿うように斬り上げていく。

ガリガリと刃と刃が擦れ、大きな火花が散っていく。

「なっ……!?」

ベアが驚愕する表情が見えた。

しかし流石はSSランクとさえ呼ばれた伝説の女性だ。

体勢を崩した状態で、不意を衝いたにもかかわらず、その剣に反応しようとしていた。

「だが……俺の勝ちだぁあああああ！」

そう叫びながら彼女の纏っていた鎧に思いきり剣を叩きつける。

一拍置き。

ドゴォンという衝撃音とともにベアは吹き飛ぶ。

訓練場の壁に叩きつけられて、彼女はガラガラと瓦礫の中に埋もれていった。

次の瞬間、鐘が鳴る。俺の勝利が決まったらしい。

「うぉおおおお！　やべぇ、ベアトリクス様に勝ったぞ！」

「流石は英雄の師匠だ！　マジ強かった！」

「これは熱すぎる！」

ようやく意識がすうっと冷めていき、周囲の様子が目に入ってくる。

野次馬たちは興奮冷めやらぬ感じで叫んでいた。

ベアは瓦礫を押しのけながら起き上がると、パンパンッと鎧を叩いて言った。

「……私の負けだな」

「もう二度と勝てる気はしないけどね」

ふっとベアは笑みを零す。

「戦いに二度はないのさ。……立派に成長したな、アリゼ」

その短い言葉にはこれまでの全ての歴史や想いが込められている気がして、思わず目頭が熱くなる。涙が零れてこないように上を向きながら、しかしそれでも零れてくる涙を袖で拭いて俺は言った。

「ああ、今まで育ててくれてありがとう、ベア」

震える声でそう言ったら、ベアも同様に涙を浮かべながら近づいてくる。

そして俺の頭を叩きながら叱るように言った。

「おい、もう大人なんだろ、お前は。泣くな、こんなことで」

「……泣いてなんかない」

この言葉は昔、ベアに叱られたときとか、魔物が怖かったときとかに、よく言ったものだった。

俺はやっぱり昔から変わってないんだなと気が付いて、胸に熱いものがこみ上げてくる。

そんな涙をこらえきれない俺を、ベアはいつものように抱きしめてきた。

「そうだな。お前の涙が見えるのは私だけだったな。……存分に泣くと良い」

その言葉も昔泣いていたときによく言われていたものだった。

俺はベアの胸を借りて、みんなの前で存分に泣くのだった。


「はい、これがSランク冒険者のカードです」

申請は無事通り、俺は晴れてSランク冒険者となった。ルルネもミアも嬉しそうだ。

「やりましたね！　アリゼさん！」

「とうとうアリゼさんもSランク冒険者ね。流石だわ」

なんか微笑ましいものを見る目で見てくる彼女たちに、俺は気まずくなりながら、頭をかく。先ほどの号泣を見られてたと思うとやっぱり恥ずかしい。

「ふふっ！　さっきのアリゼさん、可愛かったですね！」

ミアにそう言われ、俺は思わずうわぁあああと頭を抱える。

ルルネも微笑を浮かべながら、ミアの頭を叩いた。

「ミア、そういうことを本人に言ってはいけないわ。……まあ、可愛かったのは事実だけど」

さらにとどめを刺してくるルルネ。

俺の心がズタボロになったところでギルド本部の扉が思いきり開かれた。

そして入ってきた女性は、こんなことを言うのだった。

「アリゼ様！　ルルネ様とミア様も！　わたくしはニーサリス王国の第一王女、クリスティーナ・ニーサリスですわ！　ぜひ今日の誕生会に来て頂きたく、こうしてやってきたのですわ！」

誕生日パーティー

「おー、アリゼ様はSランクになられたのですね！　おめでたいですわ！」

王城に向かう馬車の中、クリスティーナ――クリスは俺たちの話を聞いてそう喜んだ。

それに対して俺は、嬉し恥ずかしで頭を掻きながら言った。

「まあ……ベアに勝てたのはたまたまだし、ほんと運が良かっただけだよ」

「あら、ベア……？　もしかしてベアトリクス様とお知り合いなのですか？」

クリスにそう尋ねられ、俺は頷く。

「まあ、彼女は俺の育ての親みたいな感じだな。ずっと一緒に旅してきたんだ」

「それが今では英雄様たちの師匠様なのですね！　凄いですわ！」

確かに運命何が巡ってくるのか分からんもんだ。ただの田舎少年だった人間が、いつの間にかSランク冒険者だもんな。

そんなふうに感慨に耽っていると、ようやく王城が見えてきた。

「これがニーサリス王国の王城ですわ！　オシャレでしょう？」

クリスは自慢げにそう言った。

アルカイア帝国の王城に比べると一回り小さかったが、その分丁寧に装飾されてるように思えた。色々なモチーフの紋章や絵画などが壁一杯に彫られている。

「本当ですね！　やっぱりここの王城は何度見てもオシャレです！」

「こうしてミア様やルルネ様にお越しいただくのも四年ぶりになるのでしょうか？」

ミアは王城を見て元気よく褒める。それを聞いたクリスは感慨深そうにそう言った。

「そうですね。私たちが訪れたのがちょうど四年前ですね」

ルルネの言葉に俺はほほぉっと感心して声を漏らす。

「やっぱりみんなは魔王を倒すべく世界中を旅してきてたんだなぁ」

「まあ……そうなりますね。自慢げに言うことではありませんが」

「いやいや、自慢してもいいことだと思うぞ、これは。みんな頑張ったんだから」

そう言うと照れたようにミアとルルネは視線を逸らす。

もっと胸を張って自慢してもいいと俺は思うが、彼女たちは謙遜するらしい。

やっぱり出来た子たちだ。

馬車が王城の門を潜って止まり、やってきたメイドさんに扉が開けられる。

「お待ちしておりました、アリゼ様、ルルネ様、ミア様」

そう言って手を差し出してくれるメイドさんにお礼を言いながら降りようとして――。

その顔がふとどこかで見覚えのある顔だと思い出す。

「もしかして……アーシャか？　どうしてメイドなんかやってるんだ？」

俺の言葉に、ぱあっと表情が明るくなって、彼女――アーシャはいたずらっ子のような笑みを浮かべた。

「お久しぶりです、アリゼさん。ふふっ、いたずら成功ですね」

こうして俺はなぜかメイド姿のアーシャと突然の再会を果たすのだった。

◇

俺たちと、普段着に着替えたアーシャは客間に通され、そこで雑談をしていた。

ルルネがアーシャにふと尋ねる。

「他の二人はどうしたのよ？　なんでアーシャだけここにいるの？」

アーシャは、クリスさんの誕生会に呼ばれた経緯を話した。

「しかし、アーシャも立派に育ったな。随分と美しくなったものだ」

「……ふふっ、私ももう大人ですからね。こんなもんですよ」

ドヤ顔で胸を張って言う彼女はとても愛らしい。

昔から大人ということに拘っていた彼女だからな、言われて一際嬉しかったのだろう。

「……な、何ですか、その微笑ましいものを見る目は。私はもう大人なんです、立派なんです！」

俺の視線に気がつき、狼狽《うろた》えたように言うアーシャ。

そんな反応をするのは大人になった今でも変わらないらしい。

「ともかく。誕生会って何をやるんだろうな？」

俺が首を傾げると、アーシャがそれに答えてくれる。

「どうやら普通のパーティーらしいですけどね。ただ、一般人でも出入りが可能というのが、特徴らしいです」

なるほど、流石は平和なニーサリス王国だ。そこら辺も緩い感じらしい。

「へえ、いいね。それは楽しそうだ」

「ふふっ、そうですね。せっかく招待いただいたのですから、存分に楽しみましょう」

そして俺たちはしばらく雑談をし、王城のメイドが呼びに来るまで昔に浸った。

メイドに連れられて広間に行った頃には、すでに日も傾いているのだった。


パーティー会場となる広間にはすでにたくさんの人がいて、賑わいを見せていた。

大きなテーブルが所々に配置され、その上に美味しそうな料理が置かれている。先ほどよりも上質そうなドレスを纏ったクリスさんが近づいてくると俺たちに言った。

「ようこそおいでくださいました、英雄様たち。それとアリゼ様」

代表するようにアーシャは一歩前に出るとにこりと微笑んで言った。

「いえ、こちらこそお呼びくださりありがとうございます。それと——誕生日おめでとうございます」

「ふふっ、ありがとうですわ。これで私も二十歳となりました」

「四年前の、人の陰に隠れていたお姫様がこうして誕生日会を開くなんて感慨深いです」

アーシャの言葉にクリスさんは恥ずかしそうに俯いてしまった。

ふむ、どうやら四年前の彼女は恥ずかしがり屋だったらしい。

今ではそんな様子は全くないが、この四年で彼女も成長したということだろう。

クリスさんは再び顔を上げるとこちらを見て微笑んだ。

「では、ぜひパーティーを楽しんでいってくださいませ。わたくしは他の方々にも挨拶に行かねばならないので」

それだけ言うとクリスさんは挨拶回りに行ってしまった。

残された俺たちは一先《ひとま》ず近くのテーブルの料理を手に取ることにした。

「おお、これはサラマンダーのお肉じゃないですか！　めちゃくちゃ美味しいんですよ！」

グルメなミアが早速料理を皿に取り分けながら嬉しそうに言う。

「サラマンダーの肉ってめちゃくちゃ美味しいんだけど、食べられるところが少なくて価値が異常に高いんじゃなかったっけ？」

俺がミアに尋ねると、彼女は頷く。

「そうですね！　希少価値なら随一で高いと思います！　そもそも、サラマンダー自体も強い魔物ですし、狩るのも大変ですからね！」

そんなお肉がこんなに山盛りに積まれているのは凄いな……。

俺も気になってその肉を自分の皿に取って一口食べてみる。

「おおっ！　美味しい！　凄い、肉が溶けていくみたいだ！」

四十年近く生きているけど、ここまで美味しいお肉を食べたのは初めてかもしれない。

これは肉の素材だけではなく、間違いなく料理人の腕も良いな。

「ほら、アーシャとルルネも食べてみなよ」

俺が言うと、二人とも自分の皿に肉を取りパクリと食べる。

「本当ですね……。美味しいです。これはなかなか食べられませんよ」

「うんうん、本当ね。私もこんな美味しいお肉を食べたのは初めてかもしれません」

それからいろんなテーブルを周り、様々な料理を楽しむ。俺はしばらくして、ある程度お腹がいっぱいになったが、ミアとルルネはまだ食べるらしい。

「ちょっとバルコニーで休憩してくるよ」

俺が三人に言うと、アーシャも続いてこう言った。

「あ、私もお腹いっぱいですので、アリゼさんについて行きますね」

そして俺とアーシャは連れ立ちバルコニーに向かう。

すっかり外は暗くなっていて、満天の星が広がっていた。

眼下には祭り状態の街並みが見える。どうやら王城だけではなく、王都全体で祭り状態らしい。

「綺麗な星空ですね……」

ポツリと感慨深そうにアーシャが呟いた。

「みんなが旅立つ前日に、二人で一緒に見た星空と何も変わらないな」

星って凄いよな。

こうして十年経っても、さらに十年経とうとも、何も変わらずにそこにあるんだから。

感慨深く言った俺のセリフに、彼女はふふっと笑う。

「そうですね……。あの日はアリゼさんと離れたくなくて、しばらく一緒に居てもらったんでしたっけ?」

「そうそう。アーシャだけ、覚悟が決まらなくて、俺と一緒に夜に家を抜け出して、星空を見に丘まで行ったんだよな」

他のみんなはその時には旅立つ覚悟が出来ていた。

しかしアーシャだけが最後まで踏ん切りがつかなかったらしい。

だから夜、一緒にこっそり抜け出して星を見たのだ。

「ふふっ……その時に比べたら私も少しは大人になれたでしょうか？」

「ぱっと見は大人だけどな。精神はどうだろうな？」

「……アリゼさんってやっぱり意地悪ですよね。私が大人になったと思わせてみせますよ」

もちろん話した限りでは随分と大人びたし、成長していることは分かっていた。

でもアーシャの言う通り、少し意地悪をしてみたくなったのだ。

意地悪して、彼女がどんな反応を返してくるのか、前とどれくらい変わったのか知りたかった。

「すまんすまん。でもアーシャが大人になったと実感できるのを楽しみにしてるよ」

彼女は俺の前に立ち満天の星を背に、踊るように両手を広げた。

思わずその美しい姿に俺が見惚れていると、彼女は俺の頬に唇を近づけてきて――。

「ふふっ……アリゼさん、とりあえずこれが大人になった証です」

俺は思わず目を見開き固まってしまう。

一体何が……？

俺の頬には温かく柔らかいものが優しく触れた感覚が残っている。

彼女はいたずらが成功したような表情をして、そんな俺に笑いかけるのだった。


あてがわれた寝室に戻った俺は、そのキスの意味について考えていた。

『とりあえずこれが大人になった証です』

昔は可愛らしかったいたずらも、大人になってドンドンと過激になってきてる気がする……。

このままじゃあ、俺の心がもたないよなぁ。

確かに前にああ言ってたしな。大人になってても当然か。

『十年……十年経ったらまた会いに来てよ。その頃には、私たちはちゃんと自立して、立派な女性になってるからさ。そしたら一からやり直そう』

あのときはまだあんなに子供だったのにな。

彼女たちの成長が嬉しくもありつつ、悲しくもあり、俺は眠りにつくのだった。

◇

「それではお世話になりました」

「いえ、わざわざ私の誕生日会にきてくれてありがたかったですわ」

次の日の昼前、俺たちは街の前でクリスさんに見送られていた。

彼女の誕生日会で俺たちはとある噂を耳にしていた。

鏡華大心国にものすごく強い仮面の剣士がいるらしい。

もしかしたら彼女がアカネかもしれないということで、俺たちは鏡華大心国へと向かうことになった。

近々闘技大会も開かれるらしいので、それに出場すればその剣士と出会えるだろう。

そこまで強力な剣士であれば、必ず闘技大会には出てくるはずだからな。

ちなみに闘技大会の優勝賞品は『アクアヴィーナス』。とても希少な宝石らしく、永遠の愛という意味があるのだとか。

まあ鏡華大心国に向かうと言っても、最東端にあるので少し遠い。

だからその前にニーサリス王国の要塞都市ブーチェに寄っていく予定だ。

カミアも三人は背中に乗せられないらしい。だから歩くしかないので、休息はどちらにせよ必要だ。

彼にはここまでお世話になった。別れた後は森に帰ると言っていた。

そして俺たちは、テクテクと街と街をつなぐ道を歩き続けるのだった。

要塞都市ブーチェ

俺たちはそれから一週間ほどかけて要塞都市ブーチェに辿り着いた。

そこは《魔の森》と隣接した街で、ニーサリス王国唯一の要塞都市だった。

「やっぱりアルカイア帝国の要塞都市アルカナとは規模感が全然違うわね」

ルルネはその城壁を眺めながら言った。

俺はそれに頷く。

「まああそこほどガッツリ《魔の森》と隣接しているわけじゃないし、ここら辺の魔物はあまり強くないからな」

ルルネがなるほどと頷く。

それから俺たちはブーチェの北門にいた兵士に冒険者カードを見せる。

すると、やはり彼も今までと同様に驚き声を上げた。

「る、ルルネ様⁉　それにミア様とアーシャ様も⁉　ということは、このアリゼ様というのは……？」

そう恐る恐るこちらを見てくる兵士に、アーシャが胸を張って言った。

「そうです！　この方こそが私たちを育ててくれたアリゼさんです！」

「やはりそうでしたか！　それで、英雄様たちはこの街に何か御用ですか？」

兵士に尋ねられ、ルルネがこう答える。

「旅の途中に休憩がてら寄った感じですね」

「なるほど。それだったら休息にうってつけの場所がございますよ」

ミアが首を傾げる。

「休息の場所ですか？」

「はい、そうです。あの向こうに見えている山は火山でして、秘湯があるのですよ」

秘湯か。確かにそれは休息にもってこいだ。

俺たちは兵士にお礼を言って、街の中に入る。

「いいですね、秘湯！　ワクワクします！」

「急がば回れって言うし、秘湯に行って少し長めに休憩を取るとするか」

ミアの言葉に俺はそう言った。

思った通り三人は、嬉しそうな顔をしている。

まあ、他の少女たちを探すと言ってもそんなに焦る必要もあるまい。

たまには長く羽を休めてもいいと思った。

「それよりも先に、まずは宿屋探しだな」

「そうですね。長居するなら、ちゃんと宿屋を探したほうがいいですね」

そうして俺たちは宿屋を探し始めるのだった。


「さあ、さっそく秘湯に行きましょう！」

次の日、朝食を食べながらミアが元気よく言った。アーシャは呆れ顔を彼女に向けると、やれやれと首を横に振る。

「もう少し休んでからとか、街を散策してからとかないんですか？」

「ありません！　私は秘湯をご所望です！」

アーシャの言葉にもミアは胸を張ったままだ。どうやら相当秘湯に行きたいらしい。

「分かった。それなら朝食を食べて準備をしたらさっそく行くか」

「私は歩き疲れたからもう少し休みたいのだけど……」

ルルネが小さくため息をつく。結局こういう時、板挟みになるのはいつも俺だった。

「それじゃあ、休みたい人と秘湯に行く人で分かれるか」

みんな俺の提案に納得したのか、頷いてそれぞれ口を開いた。

「はいはい！　それなら私は真っ先に秘湯に行きます！」

「うーん、悩みどころですけど、私も秘湯は興味あります」

そう言ったミアとアーシャにルルネは呆れたような視線を向ける。

「私は休ませてもらうわ。流石にずっと旅続きで疲れたもの」

確かにルルネは要塞都市アルカナからずっと俺と一緒に旅してきた。他の二人も旅は続けていただろうが、それでもいろんなことが起こったので、ルルネが一番疲れているのも納得と言えば納得だ。

「よしっ。じゃあミアとアーシャと秘湯に向かうか」

「そうしましょう！」

「私もそれで構いません」

と言うわけで、俺たちは朝食を食べ終え、秘湯に向かう準備を始めるのだった。

「まずは街の人たちに秘湯の場所を聞かないとな」

「そうですね！　聞き込み開始です！」

ミアはそう言って元気いっぱいに拳を上にあげる。

そして俺たちは街ゆく人たちに秘湯の聞き込みを開始した。

「秘湯に行きたいぃ？　あんたたち命知らずだねぇ……。あそこは強力な魔物の生息地を越えてかないと行けないよ」

「秘湯かぁ……。そう簡単に行けるもんじゃないぜ。なにせ、《破滅火山》を越えてかないといけないからな」

どうやら火山に行くまでに《破滅火山》と呼ばれる、強力な魔物が住まう土地を越えなければならないらしい。その《破滅火山》は《魔の森》の入り口から半日歩いたところにあるとのことだ。

「どうしますか？　結構大変そうですけど……」

少し面倒くさくなってきたのかアーシャはそう言ったが、ミアはそれに大きな胸を張り腕を組んでこう言った。

「そんなの決まってますよ！　行きましょう！」

「はあ……しょうがないですね、ミアは。では一緒に行きましょうか」

アーシャはため息をつくが結局一緒に行ってくれるらしい。優しいのか、秘湯に興味があるのかは分からないけど。

「しかし《魔の森》に入るのも久しぶりだな」

「そういえばアリゼさんは《魔の森》の中心地に今まで居たんでしたっけ？」

俺の言葉にアーシャが反応する。

「ああ、そうだぞ。《魔の森》の中央にある小さな村にいたんだ」

「なるほど……。しかし、中心部はまだ未開拓だったはずですけど、人が住んでるんですね」

未開拓扱いされていたのか。どうりで人が寄ってこないわけだ。

俺があの村に住み着いたのはただ人があまり来なさそうな場所で、休むのにちょうど良いと思ったからだが、あまり来なさそうどころか一切人が来ない場所だったんだな。

じゃあ、あの村の人たちは最初からあそこに住んでたのかな？　でもどうやって……？

その疑問は考えても分からない類のものなので、頭の片隅に追いやった。

そして俺は聞き込み中にもらった地図を開きながら、こう言うのだった。

「さあ、さっそく秘湯に行こう！」


俺が《魔の森》でバッサバサと魔物たちを薙ぎ倒しながら進んでいくと、アーシャの呆れ声が背後から聞こえてきた。

「やっぱりアリゼさんっておかしいですよね」

「おかしいとはなんだ、おかしいとは。俺は至って普通だぞ」

「いえ、強すぎておかしいという意味です。普通はこんな軽々と《魔の森》の魔物を倒せたりしません」

そういうものなのか？

でも確かにここの魔物を倒せるなら、もっと《魔の森》が開拓されていてもおかしくはないか。

そう考えると、俺がおかしいってことになる……？

──いや、やめよう、これ以上考えるのは。間違いなくドツボにハマる。

俺は考えるのを放棄して、さらにバッサバサと魔物たちを薙ぎ倒しながら先に進む。

「あっ！　アリゼさん！　あそこに見えるファイアーバードの巣に寄ってもいいですか⁉」

そんなふうに進んでいると、ミアが突然声を上げた。

「いいけど、どうしてだ？」

「いえ、ファイアーバードの卵は美味しいので、温泉卵にしようと思って！」

なるほど、それはいい。

俺は頷くと、少し戻ってその巣があるところに登ろうとする。

ファイアーバードの巣は巨大な木の上にあった。だからよいしょよいしょと俺が木登りしていると──。

『キィイイイイイイイイイ！』

そんな声と共に親であろうファイアーバードが襲いかかってきた。

「おおっと！　危ない！」

俺はなんとかその初撃を躱《かわ》すが、未だ木の上だ。このままじゃあ戦いづらい。

そう思っていたが、ヒュンッと顔の横をナイフが飛んでいった。

そのナイフは見事に羽を貫通し、ファイアーバードは大慌てで逃げていった。

「おお、ありがとうアーシャ！」

「いえ、これくらいは構いません」

そう言うが、アーシャの口元はだらしなくニヤけている。

俺の役に立てて嬉しかったのだろうか？

そして俺たちはファイアーバードの卵を三つほど拝借すると、再び秘湯へ向かうのだった。


「ここが秘湯か！」

それから数時間かけて俺たちは秘湯に辿り着いた。

小さな秘湯だが、ホクホクと湯気が立ち、とても温かそうだ。

「やっと辿り着きましたね！」

「ええ、かなり時間がかかりました」

ミアは元気よく手をあげて喜び、アーシャは少し疲れたようにそう言った。

「それじゃあ先に入っていいぞ。俺は周りを警戒しておくから」

「はーい！　ありがとうございます！」

ミアはアーシャの手を引き、秘湯の方に向かっていった。

俺はその秘湯を見ないようにと、周囲の様子を警戒しておく。しかしそれでも声は聞こえてくるもので――。

「ちょ、ミア！　やめてください！　いきなり胸を触らないでください！」

「むむ……やはりアーシャのお胸は大きいようですね！」

「まあ……ルルネよりは大きいとは思いますが……」

確かにミアもアーシャも大きいよな……って、いかんいかん！

こんなしがないおっさんが想像していい内容じゃない！

数字を数えるんだ、数字を……。

そんなふうに無理やり精神統一を試みていたら、いつの間にか温泉から上がって服を着たミアとアーシャがこちらに来ていた。

「今度はアリゼさんの番ですよ」

「あ、ああ。それじゃあ入らせてもらうよ」

アーシャに言われ、俺がそそくさと秘湯に向かおうとすると、立ちはだかるようにミアが顔を覗き込んでくる。

「もしかして、アリゼさん……さっきの会話聞いてました？」

「さっ、さっきの会話？　な、なんのことかなぁ……？」

「ふふっ、誤魔化さなくていいんですよ。ほら、今もチラッとアーシャの胸に視線がいった」

「い、いってない！」

そう叫ぶが、アーシャは恥ずかしそうに顔を赤く染め、胸を覆い隠す。

「はっ、破廉恥です！　アリゼさん！」

「ご、誤解だ！　俺はアーシャの胸に興味ないからな！」

「そんな……っ⁉　興味ないなんて酷いです！」

お、俺に一体どうしろと……。

「ふふっ……二人とも純情ですね」

「……からかうな、大人を」

小悪魔的な笑みを浮かべるミアに、俺は思わず呆れたような表情になってしまう。

そして俺は二人から逃げるように秘湯に向かうと、一人ゆっくり温泉に浸かるのだった。

大混乱スタンピード

俺たちがそろそろ要塞都市ブーチェから出ようと思っていた頃だった。

突然ゴーンゴーンと街中に鐘のような音が鳴り響いた。

「……もしかして」

ポツリとルルネが呟く。ミアもアーシャもその表情が一瞬で硬くなった。

「なんだ、この鐘の音」

その俺の問いにアーシャが答えてくれた。

「これは要塞都市に必ず設置されている鐘の音です。緊急事態を知らせる鐘、言い換えれば、《魔の森》でスタンピードが起こった可能性があります」

マジかよ……。それはマズいことになった。

スタンピードは魔物の暴走――つまり魔物たちが大勢この街に押し寄せてきているということだ。

その数は多かったり少なかったり、場合によりけり。

今回のスタンピードがどの程度か分からないが、どちらにせよ俺たちが出ないわけにはいかない。

「ともかく魔の森に向かうわよ。英雄として、この場を見捨てるわけにはいかないわ」

ルルネの言葉にミアもアーシャも真剣な表情で頷く。そのことに俺は三人の成長を感じるのだった。


俺たちは《魔の森》を目前に控えた丘の上でその魔物の大群を見下ろしていた。

そんな俺たちの方に要塞都市ブーチェの騎士団長が寄ってきた。

「助力感謝します。英雄様たちがここに居合わせていたのはとても幸運だったと言えるでしょう」

「……あまり期待しないでください。私たちの中でも火力が高い二人がいないのですから」

アーシャは言った。しかしアーシャは《世界の王女》と言われている通り、広範囲バフの魔法などを使うことができる。

そのバフがあるのは彼ら要塞都市の人間にとってありがたいことだろう。

それに《慈愛の聖女》と呼ばれるミアもいるのだから、怪我人が出ても大抵はなんとかなる。

死ななければ、らしいけど。

そんな俺たちの元にもう一人、冒険者ギルドのギルド長もやってきた。

「英雄たちと共闘できるなんて光栄だな。そう思っている冒険者も多いだろうぜ。ここまで冒険者たちが集まったのも三人と共闘できるからというのが大きかったと思う」

「私もそう思います。お三方の力があって、士気も上がっておりますので」

ギルド長に同意するように騎士団長も頷いた。でも、と思い俺は丘の上で準備運動をしている味方陣営の方を見る。この数で魔物に太刀打ちするのは少々厳しい気もする。魔物陣営の十分の一ほどの数しかいなかった。

スタンピードには二種類あって、一つは何者かが扇動しているパターン。これはその何者かを倒せば散り散りになるので戦いやすくなる。

二つ目は強力な魔物によって追い立てられているパターンだ。これは魔物たちの原動力が生存本能なので、収拾がつかなくなる可能性がある。

どちらか見極める必要があるし、後者だったら一旦逃げるという選択肢も視野に入れなければならない。

「それで……後どのくらいで攻撃を仕掛けるんだ？」

尋ねると騎士団長は魔物の大群を見下ろしながら言った。

「そうですね、後五分ほどかと思います」

「分かった。――みんな、準備できてるか？」

ルルネたちの方を向くと、それぞれ頷いた。

俺も五分の間に準備を済ませないとな。

ギルド長と騎士団長は自分たちの仲間や部下たちに発破をかけに行ってしまった。

残された俺たちは各々で戦いに備えて準備を始めるのだった。

とうとう戦いの時間がやってきた。冒険者や騎士たちが入り乱れた隊列の先頭に騎士団長とギルド長がいる。

二人は共に丘の天辺に立ち、俺たちのことを見下ろしながら声を張った。

「俺たち冒険者が今まで騎士団と不仲だったことは認めよう！　しかし！　俺たちの故郷が危機に瀕《ひん》している今、我々は力を合わせる必要がある！　騎士団と相いれないというやつは帰っても良し！　しかしもう二度と街に足を踏み入れる資格がないと知れ！」

最初はギルド長が大声を出した。それに対抗するように騎士団長も声を張る。

「私たち騎士団も冒険者たちのことを毛嫌いしていたことを認めよう！　だが！　ここで力を合わせずにいつ合わせるというのだ！　今こそ冒険者たちと力を合わせて困難に立ち向かうときだ！」

その言葉に冒険者も騎士団も各々の得物を上に掲げ雄叫びを上げる。

そのビリビリと響く士気に追い討ちをかけるようにアーシャが前に立った。

「冒険者の皆さん！　騎士団の皆さん！　安心してください！　私たちがおります！　私たちが力になります！　なので、今日はその力を存分に発揮してください！　全力でサポートするので、私たちにその力を見せつけてください！」

先ほどよりも大きな雄叫びになった。流石は『世界の王女』と呼ばれているだけある。

その高すぎる士気に圧倒されてしまう。

「それでは、攻撃開始だ――――ッ！」

騎士団長の言葉で一斉に魔物の大群に突っ込んでいく街の人々。

俺もアダマンタイトの剣を握りしめ、魔物の大群に突撃した。

アーシャのバフの力のおかげか、ものすごく魔力が溢れ出てきている。

俺は魔物たちをバッサバサと斬り倒しながら奥へ奥へと進んでいった。

奥に行けば、このスタンピードの先導者がいるのではないかと考えたのだ。

だがいつまで経っても魔物が減らず、先に進んでいるのかも分からない。

それから一時間ほど斬り倒しながら進んでいると、ぽっかりと空いた空間に出た。

そこには銀髪赤目のメイド服を着た少女が、冷たい視線で前方を見つめながら立っていた。

「……ふふっ、これで魔王様の復活が叶う」

上機嫌に笑う少女と俺は目が合った。

彼女は一瞬硬直し目を見開くが、すぐに獰猛な笑みを浮かべた。

「ここまでたどり着く人がいますか……」

メイドは口元を半月に歪めてそう言った。その表情にゾッとする。

今回ばかりはウカウカしていられないらしい。

「アンタは誰だ……？」

「私は魔王軍円卓騎士第一位ゼノスです」

……円卓騎士第一位。どうりで強そうなわけだ。

よく分からないが、かなりヤバそうなのだけは分かる。

「お前の目的はなんだ？」

「目的？　そんなの決まっているでしょう？　私の目的は魔王様の復活」

…………なっ⁉　魔王はアーシャたちが倒したと聞いていたのに。

倒し損なったというのだろうか？

「と言っても、死んだのは事実ですけどね。適切な表現は、蘇《よみがえ》る、ですか」

……どうやらこいつらは魔王を再び蘇らせようとしているらしい。

「……なるほどな。ともかくここでお前を倒さないといけないらしいな」

「そういうことです。まあ、倒されるつもりは毛頭ありませんが」

彼女は腰の細剣を引き抜く。

俺もそれに合わせて剣を構えた。

「すぐに死んだりしないでくださいね。楽しみが減ってしまうので――」

言った瞬間、彼女の姿がかき消えた。

……どこに？

そう疑問に思う前に、俺は横から衝撃を食らい吹き飛ばされる。

「――ぐはっ⁉」

もの凄く重たい攻撃だった。

ゲホゲホと口から血が溢れてくる。

「この一撃を耐えますか。……ブリーファよりも丈夫なんですね」

「ブリーファが誰かは知らないが、俺は硬さには自信があるもんでね」

必死に軽口を叩きながら、俺はどうにか起き上がる。

こりゃあ、『限界突破』を使うしかないか。

俺の魔力量は少ない。――が、魔力効率だけは自信がある。

そのおかげで最大限まで効率を高め、魔力を注ぎ込めば、ベアですらも余裕で倒せるほどだ。

しかしそうしてしまうと、俺の体に過剰な負荷がかかってしまう。

もって三分、それを超えると俺の体は魔力に耐えられなくなり内側から崩れていく。

だがそんなことを言っている暇はなさそうだ。

すぐさま『限界突破』を使い、全ての能力を底上げした。

濃縮された魔力がバチバチと電撃を走らせ、俺の周囲にまとわりつく。

「ふむ……なかなかの魔力量ですね。だが、私にはまだ届かない」

彼女はスッと剣を正中線に構えて言った。

「エンチャント――獄炎」

瞬間、その細剣が魔力を帯び、一拍置いてごおっと燃え始めた。

「筋力増強、思考速度上昇、視野拡大、速度上昇――」

ドンドンと自身を強化していくメイド。

俺は思わずその魔力量の異常さに慄《おのの》く。

「……なんだよ、その魔力量は」

「これが魔王様のお力なのです。彼が私に下さった力なのです」

そして全ての強化を終えたメイドは、圧倒的な魔力の影響で青く輝く瞳を俺に向けた。
「さあ――命をかけた戦いをしましょう」
瞬間、ドゴンッと地面を捲《めく》らせながら俺に向かってくるメイド。
直線上の攻撃だが、その圧倒的な速さと力でねじ伏せてこようとする。
俺はそれを何とか剣で防ぐ。
剣と剣がぶつかり合い、その衝撃波で周囲の魔物たちが吹き飛ぶ。
魔力同士が溶け合って青白い火花が散った。
「ぐっ……！」
俺はその圧倒的なまでの力に圧され、踏ん張る右足を地面にめり込ませた。
……ここまでやっても届かないのか。
自分の無力さ、そして彼女の強さを痛感しながら歯を食いしばる。
メイドは剣に込めた力を抜いたと思うと、くるりと一回転し回し蹴りをする。
俺は耐えることで精一杯だったせいで、その攻撃をもろに食らう。
――ドゴンッ！
地面を何度もバウンドしながら俺は吹き飛ばされた。
「……ふむ、まだ耐えますか」
血を吐きながらも立ち上がる俺に、興味深そうにメイドは言った。
そして剣を高々と掲げ、彼女は獰猛に笑った。

「それではラストといきましょうか。これで終わりです。エンチャント——火蛇」

剣に纏っていた炎が天高くまで伸びていく。

そしてその剣が振り下ろされ、俺の体が燃え盛る。

「がぁあああああああああ！」

熱い、熱い熱い熱い！

「その炎は敵対者の命が尽きるまで、消えない炎です。——さようなら、英雄の師匠」

俺は薄れゆく意識の中で過去を思い出していた。

少年だった頃。

奴隷たちを拾った頃。

田舎にいた頃。

どれも輝かしくて楽しかった思い出だ。

……こんなことを思い出すなんて、俺ももう終わりなんだな。

そう思い諦めた次の瞬間、三人の人影がかすかに見えた。

慌てたようにメイドはそちらを向いて、叫んだ。

「くそっ！　英雄たちもやってきましたね！」

そう、アーシャたちだ。

アーシャが必死にバフをかけてくれて、ミアが必死に俺のことを治癒してくれている。

——今なら何でもできる気がする。みんなとならなんでもできる気がする。

俺は体を燃え盛らせながら立ち上がり、剣をメイドに向けた。

「第二戦、始めようか」

唐突に力——魔力が湧き上がってきたのは、おそらくアーシャのバフの恩恵だろう。

俺はその身に纏った炎の魔力を無理やり自分の制御下において操れるようにした。

俺は魔力の扱いだけなら誰よりも長けているつもりだ。

こうして膨大な魔力を新たに得た俺なら、それくらいは出来ると思ったのだ。

「……ちっ！　こうなると分が悪いですが、ここで負けるわけにはいきません」

そして再び細剣を構えるゼノス。

俺も剣を構える。

キリキリと高まっていく緊張感。

誰かが唾を飲んだ。

それは俺だったかもしれないし、ゼノスだったかもしれない。

だがそんなことは関係ない。

それが合図となり、俺たちは勢いよく飛び出していた。

「うらぁあああああああああ！」

「やぁあああああああああああ！」

二つの光が交差し、甲高い音を奏でる。

立ち位置が逆転し、俺がいたところにゼノスが立っている。

対して俺もゼノスがいたところに剣を振り切った状態で立っていた。

――パキッ！

何かが折れた音が聞こえた。

それは俺の今まで使っていた剣の刀身だった。

俺たちの激しい戦いについて来れなくなったのだ。

魔力でエンチャントをしていたが、それでも無理だったみたいだ。

折れた切っ先がカランと地面に落ちる。

ゼノスが振り返ると同時に俺も振り返る。

彼女は俺の折れた剣を見てニヤリと笑みを浮かべた。

「あなたは強かった。しかし……どれだけ強くても武器がなければ不利です。私の勝ちですね」

そう言いながらゼノスは俺の方に近づいてくる。

剣を振りかぶり、そして――。

キラリと天から何かが落ちてくるのが見えた。

「……っ!?」

ゼノスはそれに気がついて一瞬でバックステップを取りその落下物を避けた。

それは騎士団で使われている紋章が刻まれている直剣だった。

「それを使えぇぇえええええええええええ！　英雄の師匠ぉおおおおおおおお！」

そんなギルド長の叫び声が向こうから聞こえてきた。

おそらく騎士団長の剣をギルド長が投げてきたのだろう。

俺は地面に刺さったそれを引き抜く。

うん……なかなか手に馴染むじゃないか。

「これなら戦える……」

これならこのゼノスに勝てると、そう思った。

未だ燃え盛る炎の中で、俺はニヤリと笑った。

そして剣の切っ先をゼノスの方に向けて言った。

「これで終わりだ、ゼノス。これが俺の——いや、これが俺たちの……力だぁあああああああ!」

地面を思い切り蹴る。

地面が捲《めく》れ、後方に土埃が舞う。

一瞬にしてゼノスの近くに迫った俺は、全力の一撃を振るった。

ゼノスは必死になってそれを防ぐが、圧倒的な力の前にそれは無力で。

もの凄い勢いで吹き飛ぶゼノスは、地面を何度もバウンドして壁に叩きつけられた。

「——がはっ!?」

ズルズルと地面に倒れ伏し、どうやら意識を失ったらしい。

「……勝ったのか?」

俺がぽつりと呟くと、少女たちが俺の元に駆け寄ってくるのが見えた。

「「アリゼさぁあああああん!」」

俺が纏っていた炎を霧散させると、彼女たちは思い切り抱きついてきた。

みんながみんな泣いている。

どうやらひどく心配させてしまったらしい。

しかし疲れてしまっていた俺は、その彼女たちの腕の中で意識を手放すのだった。

目を覚ますと豪華な天井が見えた。

少し視線をずらすと、英雄と呼ばれた少女たちが俺のベッド脇に伏せるように眠っている。

みんな俺を心配してずっと見ていてくれたみたいだ。

と、そのときガチャリと部屋の扉が開き、ギルド長が顔を覗かせた。

「皆、ずっとそうしていると風邪をひくぞ……って、あれ。アリゼ、起きたのか」

そう言う彼に俺は人差し指を唇に当てて静かにするように伝える。

「みんな疲れて眠ってるから、しばらくこのままにしてあげよう」

「……そうだな。アリゼ、体調はどうだ?」

小声になったギルド長は俺にそう尋ねてくる。

俺は彼に笑いかけながら言った。

「もう大丈夫だ。十分回復したよ」

「それなら何よりだ。ミア様が必死に治癒魔法を使っていたからな」

……そうか、やっぱりみんなに心配をかけてしまったか。

それは申し訳ないことをしたと、おじさん少し反省します。

「それで、あのゼノスはどうなったんだ？」

「彼女――魔王軍円卓騎士第一位ゼノスは我々冒険者ギルドと騎士団が責任を持って管理することになった」

「そうか……。それはありがたいな」

「魔力の発生を抑制する特殊な手錠で繋いでいるから、そう簡単に逃れられないだろう」

それならよかった。

そんな話をしていると、むにゃむにゃとしていたアーシャが目を覚ます。

彼女は眠たげな眼を擦りながらこちらを見て、徐々に表情を明るくしていく。

「……アリゼさん？　アリゼさん、起きたんですね！」

その大きな声によってミアとルルネも目を覚ましていく。

「アリゼさん！」

「アリゼさぁああん！」

次から次へと俺に抱きついてくる彼女たちに俺は苦笑いを浮かべながらも、頭をそれぞれ撫でていくのだった。

第四章

鏡華大心国編

HIROTTA DOREITACHI GA
TABIDATTE HAYAJUNEN,
NAZEKA ORE GA
DENSETSU NI NATTEITA

闘技大会

一週間が経ち、鏡華大心国の王都に着いた俺たちはその城壁で衛兵たちに問い詰められていた。

「さあ、冒険者カードを見せてみろ」

「うっ……そ、それはどうしてもか？」

冒険者カードを見せてしまえば少女たちが英雄であることがバレてしまう。

今は上着のフードを深くかぶっているから顔は見られていないが、英雄であることがバレてしまえば間違いなくフードを取ってほしいと言われるだろう。

そうなったら周囲にも彼女たちが英雄であることがバレ、騒ぎになってしまう。

ここには闘技大会で優勝しようとする猛者たちが集っているのだから。

どうするか考えていると、アーシャはスッと三枚の冒険者カードを取り出した。

「これでいいですか？」

「……はい、問題ありません。ではどうぞ」

そう言って衛兵は普通に俺たちを通してくれた。

おお、アーシャはこういう時の為にみんなの偽装カードを用意していたのか。

流石だ——と思ったが、俺だけ何故か止められる。

「君の分はまだ見せてもらってないけど」

「……え？　あれ？」

もしかしてアーシャは俺の分を用意していなかったのか？

まあよく考えたら当たり前である。

冒険者カードは高度な魔法を使用して作られているからな。
一、二週間で作れるものじゃないし。
「ほら、君のカードを見せなさい」

「……はあ。もう、分かりました。これです」

手を振りながら街の中に入っていく少女たちを見送りながら、俺は冒険者カードを取り出す。

すると衛兵はお手本通りの驚き方をした。

「って、え、Sランク冒険者様でしたか！　こ、これは失礼いたしました！」

その叫び声にざわざわと闘技大会にやってきた猛者たちが集まってくる。

俺を囲むように見定めてくるので凄く居心地が悪い。

「おい、Sランク冒険者だってよ」

「よく見たらやっぱり立ち振る舞いからして違うな」

「ああ、とんでもなく強そうだぞ……」

「流石は大陸最大の闘技大会だ。そんな猛者まで出てくるとは……」

野次馬たちは適当なことを好き放題言っている。

俺はそれをあえて無視して衛兵に言った。

「あ、あのぉ……そろそろ中に入りたいんだけど」

「あっ！　す、すいません！　どうぞ！」

だが周囲に人だかりが出来ているせいで、なかなか先に進めない。

はあ……これだから冒険者カードを見せたくなかったんだよなぁ。

それから俺は街の入り口で小一時間ほど拘束されるのだった。


俺が闘技場に向かうとすでにルルネたちは受付を終わらせていたみたいだった。

「あ、アリゼさん。遅いわよ」

「はあ……しょうがないだろ。野次馬たちに囲まれてたんだから」

そんな俺の肩を叩きながらミアが言った。

「気にしちゃダメですよ、アリゼさん！　それよりも早く受付済ませましょう！」

「……そうだな。とりあえず行ってくるわ」

俺はそう言って受付の列に並ぶ。

流石は大陸最大級の闘技大会なだけあって凄い人の列だ。

しかもみんな強そうだし。

三十分くらい経ち、ようやく俺の番が回ってきた。

「次の方ー、こちらへどうぞー」

俺はカウンターの前に立つ。

「それじゃあまずは軽く説明からしていきますね」

「ああ、頼む」

それから受付嬢による闘技大会の説明が始まった。

この闘技大会はAブロックからDブロックに分かれていて、それぞれでトーナメントを行うらしい。

そこで勝ち上がっていけば、決勝ブロックで戦うことが出来る。

武器は差が出ないように統一して木剣。

使用可能の魔法も初級魔法まで。

防具などもすべて配布された物を使用するらしい。

なるほど、実力一本での勝負ってわけか。

身体強化系も魔力測定値で常に測られているため、強すぎるものは使えないとのこと。

しかし魔力量は測れるが、魔力効率は測れないので、魔力操作が上手いやつが強いという構図だ。

魔力操作は技術なので、これも実力主義の闘技大会では確かに有効だな。

「——そんな感じですが、他に何か疑問点はございますか？」

「いや、無いな」

「それではブロック分けのくじ引きをしてもらいます」

シークレットボックスを渡され、俺はその中から一枚の紙を取り出す。

そこにはBブロックと書かれていた。

「Bブロックですね。スケジュールはAブロックが二日後、Bブロックが四日後と二日ごとに行われますので、よろしくお願いします」

それでもう案内は終了らしい。

俺は受付を離れると、少女たちの方に戻る。

「俺はBブロックだったけどみんなは何ブロックだったんだ？」

そしてそれぞれが持っていた紙を俺に見せてくる。

ルルネがA。

ミアがC。

アーシャがD。

「みんなバラバラか。決勝で戦えるといいけど……」

差し出された紙を見て俺が呟くと、ミアがグッと拳を握り言った。

「そうですね。私はあまり強くないので、頑張ります！」

「私もミアとあまり強さは変わらないから、本気で戦わないとマズそうね」

ミアの言葉にルルネもやる気を出した。

かくいう俺も頑張らないとマズいかもな。

実力がもろに出るルールだし、うかうかしてられないかも。

「それじゃあいったん宿を探しに行きますか」

そうして俺たちは宿屋探しに向かうのだった。

Aブロック予選

あっという間に二日が過ぎ、Aブロックの予選が始まった。

昼からルルネの試合があるので、みんなで見に行くことにした。

「ルルネは勝てると思いますか⁉　アリゼさん！」

決闘場に向かいながらミアにそう聞かれた。

「戦う相手にもよると思うけど、流石に予選は余裕なんじゃないか？」

「確かに予選ですもんね！　でもルルネは短剣使いなので、木剣でどれほど戦えるのか分からないですね！」

「そうだな。短剣と木剣じゃあ使い勝手がかなり違うもんなぁ……」

決闘場に近づくにつれ人が多くなっていく。

出店なんかもいっぱい出ていて、とても賑やかだった。

俺たちは出店で串焼きを買い、食べ歩きながら決闘場の観客席に座る。かなり早めに来たつもりだが、もう結構席が埋まっていた。

「凄い盛り上がりですね。何だかワクワクしてきました」

アーシャの言葉に俺は頷く。

「ああ、こういう雰囲気いいよな。俺も凄くワクワクしてる」

それから試合が始まり、二戦目、三戦目と着実に終わっていく。みんな思ったよりもかなり強くて正直ビビッた。

こんなに強い人間がまだまだ居たなんて、やっぱり世界は広い。

「あっ、ルルネです！」

ミアがそう指差し、俺は目を凝らした。おお、本当にルルネが出てきてる。

「ルルネ、やっぱり緊張してますね」

アーシャのその言葉に俺は頷いた。

「そうだな。ここからでも顔が強張っているのがよく分かる」

大丈夫だろうか、あれ。

対する相手は筋骨隆々のスキンヘッド男だった。

うーん、ぱっと見では強そうだが。戦闘において見た目はあまり関係ないからな。戦ってるところを見てみないとなんとも言えんな。

「それでは試合を開始します！」

そして二人が向かい合ったところで審判員がそう声を上げた。

コイントスがされ、クルクルとコインが舞う。

そのコインがカツンと地面に触れた瞬間――――。

ダンッ、と男が地面を力強く蹴って飛び出した。

「おおっ、なかなか速いですね」

アーシャが言うが、もう勝敗がどうなるのか予想がついたのだろう。彼女の声音はどこか余裕そうだった。

まあ……俺も既に予想はついているが。

男はルルネに一瞬で接近するとにやりと笑い思いきり剣を振るう。

「おおっと！　早速パウルの攻撃だぁ！　これは速いぞッ！」

実況は熱を入れてそう叫んだ。

が――。

既にルルネはその場には居ない。おそらく一般人からは姿が消えたように見えたのではないだろうか。

「何とッ！　覆面Rの姿が一瞬にして消えたぞッ！　どういうことだッ！」

……覆面Rって選手名でやってるのかよ。

なんかダサい。

ルルネは既に男の後ろに回っていた。パウルと呼ばれていた男が、それに気づいたときにはもう遅く。ルルネの手に握られていた木剣が思いきり振り下ろされ、パウルは気絶した。

「しょ、勝者覆面Rッ‼　なんということでしょう！　一瞬の勝負でしたッ！」

うん、やっぱり余裕だったな。

それから夕方まで試合は行われ、ルルネは順調に勝ち上がっていった。

予選ブロックの準決勝からは明日行われる予定らしい。

俺たちは選手控え室から出てきたルルネに声をかける。

「ルルネ、お疲れ」

「あ、アリゼさん。それにみんなも。ありがとう」

そんなルルネにミアが揶揄《からか》うように言った。

「ぷぷっ、覆面Rさん、お疲れ様です！」

「……貴女だって名前変わらないでしょうに。覆面Mさん」

みんな同じ感じの名前なのか……。ダサいってもんじゃないぞ、その名前。

もう少し何とかならなかったのか。

「ええと、それじゃあ今日はいっぱい食べましょう！　打ち上げです！」

ミアは誤魔化すように握り拳を上げてそう言った。……本当に食べるのが好きだな。

「まあ、打ち上げには賛成だな。さて、さっそく店を探そう！」

と言いつつも、ルルネは明日も試合があるので早めに終わらせて、宿に戻り眠りにつくのだった。


さて、次の日になり、俺たちは再びルルネの試合を見に会場にやってきていた。

「流石にルルネのブロック優勝は確定でしょうね」

「今までの試合を見ても、ルルネに敵う相手はいなさそうだよな」

アーシャの言葉に俺は頷きながら答える。

「でもなんか一人だけ不気味そうな人いませんでした？」

ミアは思い出したようにそう聞いてきた。確かに一人だけいたな、変なヤツが。

あいつ名前は何だったっけ……。

俺が思い出そうとしていたらアーシャが口を開いた。

「シークレットですね。あれはまだ本気を出してないと思います」

「ああ、そうだ、そんな名前だったな。謎な男だよなぁ……男かどうかも分からんけど」

シークレットと名乗っている人物は俺たちと同じように上着のフードを深々と被っている。

それに服装もダボダボしているから、男性か女性かも分からない。

「シークレットって名前、絶対に偽名ですよね！　卑怯ですよ、偽名なんて！」

ミアは怒ったように頬を膨らませながらそう言う。

君たちも全員偽名じゃないかというツッコミは後にして。

「間違いなく偽名だな。ってことは名前を隠さないといけない事情でもあるのか」

「そうですね。もしかすると、彼女？　がアカネかもしれないですね」

俺の言葉にアーシャは真面目な表情で言った。

「とと、そろそろ試合が始まるぞ。初戦は――ルルネの試合だな」

もう試合が始まろうとしていた。ルルネが対峙している相手はシークレットではなさそうだ。シークレットとの対決は決勝戦までお預けらしい。

ルルネの相手はバイスという聖サンタアリア王国の聖騎士団団長らしい。

やはりここまで勝ち上がってきただけあって、それなりの猛者のようだ。

「どうぞ、よろしくお願いする」

バイスはルルネに丁寧にお辞儀をしながら言った。

ルルネはそれに虚を衝かれたような表情をするが慌ててお辞儀を返した。

「あ、お、お願いするわ」

「……貴殿はそれなりに強いらしい。しかし、私にも負けられない理由があるのでな」

「その理由は聞いても……？」

ルルネが尋ねると、バイスはポツリポツリと語り出す。

「私には契りを交わした婚約者がいてな。その結婚式が二ヶ月後に控えているのだ。彼女との最初で最後の結婚式は思い出に残るものにしたい」

だからアクアヴィーナスが必要なのだ——と彼は語った。

くっ……四十近くにもなって結婚どころか婚約のこの字もない俺って一体……。

バイスの言葉を聞いて思わず落ち込む俺。

ルルネはそんな彼に不敵な笑みを浮かべた。

「だからって手加減はしないわよ？　私だってアクアヴィーナスを渡したい相手がいるのだから」

「無論。これは正々堂々と勝ち上がって手に入れるから価値があるのだ」

ルルネの渡したい相手ってもしかすると俺か……。いやいや、流石にそれは自惚《うぬぼ》れがすぎるか。

しかし昔の言葉が再び思い返される。

『十年……十年経ったらまた会いに来てよ。その頃には、私たちはちゃんと自立して、立派な女性になってるからさ。そしたら一からやり直そう』

まあルルネの渡したい相手が俺だったら困るけど、それが見知らぬチャラチャラした男だとしてもそれはそれで許せんが。もし後者だとしたら俺はその男に手が出てしまうかもしれない。

「それでは、そろそろ試合を始めたいと思います！　両者とも準備は良いですか？」

審判員の言葉に二人は頷いて、コインがトスされる。

──カツン。

しかしその音が鳴っても、二人は相手の様子を窺うだけでいきなりは距離を詰めない。

間合いを取りながら、相手の出方や感覚を掴もうとしているのだ。

「……やっぱりバイスって人、それなりに強そうですね」

ポツリと言ったアーシャの言葉に俺も頷く。流石は聖騎士団団長だ。それなりに死地をくぐり抜けてきたのだろう。

最初に攻撃を仕掛けたのはルルネだった。おそらく得意の得物ではないから、情報を取られ続けると不利になると思ったのだろう。

ダンッと地面を蹴り上げ、距離を詰める。

一瞬で距離を詰めると右斜め下から左上にかけて斬り上げていく。

「くっ……！」

バイスはその速度に苦しそうな声を上げるが、何とか避けることに成功した。

しかしルルネは振り上げた勢いを殺さないまま一回転し、もう一度横に一閃する。

バイスはそれを自分の木剣で受けるが、勢いよく飛ばされた。

壁にぶつかり粉塵を上げるバイスだが、手応えはなかったのかルルネは警戒を解かなかった。

「……なかなかやるな。流石は準決勝まで上がってきただけはある」

案の定粉塵の中から立ち上がってくるバイス。パンパンッと自分の鎧についた塵を払うと、再び剣を構えた。

「今度はこちらから行かせてもらう――ッ！」

バイスはもの凄い速度でルルネに接近した。

彼女の速度より幾分か速い。

おそらくバイスは魔力効率の良い操作がかなり上手いのだろう。

しかしルルネは表情を変えず、冷静にその剣の勢いを自分の剣で流していく。受けるとき、しっかりと剣身の角度を変えているのだ。

ルルネは針の糸を通すような正確さでバイスの攻撃を流し躱す。

「流石はルルネです。短剣使いの本領が発揮されてますね」

冷静な分析をするアーシャ。

確かにこの動きは短剣に近い動きだ。

攻撃が通らない事を悟ったバイスはチッと舌打ちをするとバックステップで距離を取った。

「ふむ……これはなかなか……度しがたい相手ですな」

「そろそろ決着をつけるわよ。――魔力を上限まで使うから、頑張って耐えてみせなさい」

瞬間、ルルネは魔力を規定値の上限まで使用する。

どうやら彼女は今まで手加減していたらしい。まあルルネが本気を出したら相手を殺してしまうかもしれないからな。

このバイスは本気を出しても死なないと分かったから、本気を出すことにしたのだろう。

急にルルネの雰囲気が変わり、バイスは冷や汗を流す。

その汗がたらりと地面に落ちたとき、ルルネは地面を蹴って高速でバイスに近づく。

ルルネはその勢いのまま思いきり木剣を振るった。彼は何とか自分の木剣でその攻撃を受けるが、堪えきれず吹き飛ぶ。

「ぐっ……!」

もの凄い勢いで決闘場の壁に激突するバイス。粉塵が舞い、彼の上から瓦礫が落ちてきた。

しかしこれでは決定打にはならないだろう。

それはアカネも思ったのか、まだ試合に集中したまま言った。

「まだバイスは倒れていませんね。……なかなかしぶといみたいです」

その言葉の通りバイスは瓦礫をかき分けて起き上がってきた。

「急に強く……、やはり手加減していたか」

バイスはポツリと呟く。そう言いながらもその表情は獰猛に笑っている。

彼も根っからの騎士であり、強敵というものに高揚感を覚える質《たち》なのだろう。

「しかし……やはり私は負けられない。ここで負けるわけにはいかないのだ！」

まだその瞳には戦意が満ち満ちていた。当たり前だが、この程度では諦めないということだろう。

「そうこなくっちゃ。さあ、まだまだ行くわよ」

ルルネは楽しそうに言うと、トントンと軽くその場でジャンプする。

自分の身体の調子を確かめるように。

その様子を見たバイスは冷や汗を再びたらりと垂らすが、表情は変わらず笑みを浮かべていた。

「さて、今度こそ決着をつけるわよ」

ルルネがタンッと地面を蹴る。次の瞬間にはバイスの目前に迫っている。

「何のこれしき……ッ！」

バイスは何とかその速度についていくように剣を振るうが、ルルネはそれに剣を合わせる。

そして流されていくバイスの攻撃。

そのせいで彼は体勢を崩し、そのタイミングでルルネは剣を振るう。

――ドゴンッ！

しかし吹き飛ばされると思っていたバイスは、何とかその攻撃を踏ん張った。

気力と思いの強さで、魔力効率が奇跡的に上がっているのだろう。

耐えたバイスはルルネの目の前でにやりと笑う。

「もらったッ！」

そう叫びながらバイスはルルネに剣を叩きつけようとする。

だが彼女は冷静だった。ぬるりとその攻撃を避けると、背後に回り再び剣を振るう。

今度こそ吹き飛ぶバイス。

だが今回は壁に激突するほどではなく、彼は途中で止まった。

「凄い、凄い戦いだァ！　ブロック予選とは言え流石は準決勝だッ！」

熱を込めて実況者は声を張り上げる。

ルルネは耐えたバイスを興味深そうに眺めると、こう言った。

「……流石ですね」

「いや、まだまだだな私は。防戦一方だ」

悔しそうに言うバイスに、ルルネは微笑むと深々と被っていたフードを突然取った。

急に現れた英雄の顔に会場は騒然とする。

「これは……ッ！　覆面Rはなんと英雄ルルネ様だったのだッ！」

実況者も驚いたように大声を出した。相対するバイスもこれには驚きを隠せないようだった。

「ル、ルルネ様……どうして……」

「ごめんなさいね。でも私もアクアヴィーナスを渡したい相手がいるのよ」

その言葉にバイスはフッと笑った。

「そうか……。英雄のルルネ様も一人の女性だったという訳か」

「ええ。アナタの頑張りに免じて正体を現したわ。だからもう負けられない」

確かにここで負けてしまえば、彼女の英雄としての名に傷がつく。

バイスとの戦いに本気で挑むために、背水の陣を敷いたというわけだろう。

「ルルネ、本気ですね」

ポツリとアーシャが言った。俺もその言葉に頷き口を開いた。

「ああ、これは一瞬で決着がつきそうだな」

俺がそう言った瞬間、ルルネは思いきり飛び出した。

その速度は先ほどとは変わらない。だが英雄として背負っている想いやしがらみが、彼女に力強さを与えていた。

「くっ……たとえ相手が英雄だったとしても！　私は負けないッ!!」

そう言ってバイスも地面を蹴って飛び出した。

そして交差する二条の光。

最後に立っていたのはやはり――。

「勝者は覆面Rもとい、英雄ルルネ様だぁあああああ！」

バイスはバサリと倒れ、ルルネだけがステージに立っていた。決着がつき、会場は大喝采に包まれる。ルルネの名を呼ぶ声で溢れかえった。

彼女はバイスのほうに歩み寄ると、彼に手を差し伸べた。

まともに動けないバイスだったが、何とかその手を握ると起き上がった。

「……完敗だよ、ルルネ様」

悔しそうに言うバイスだったが、それでもその表情は晴れやかだ。

真剣に戦って勝てなかった。そのことが彼の騎士精神に火を点けたのだろう。

「それでもなかなか強かったわ。また強くなったら戦いましょ」

「ふっ……強者の台詞だな、それは」

自嘲気味に言ったバイスにただ微笑みかけるルルネ。こうしてAブロックの準決勝は終わり、三十分の休憩の後、準決勝の二回戦目が始まるのだった。


準決勝二回戦目はシークレットとAランク冒険者レンの試合だ。

シークレットは相変わらずフードを深々と被っていて顔が見えない。

「彼がどんな戦いぶりをするのか、見物ですね」

真剣な表情でアーシャは言う。ブロック戦とはいえ準決勝まで上がってきたのだ。

そこまで弱いとは思えない。まぁ、ルルネよりも強いとも思えないけどなぁ。

「それでは準決勝二回戦目、開始しますッ！」

そんな審判員の声とともに、コインが高く舞い上がる。

クルクルと舞い、ゆっくりと地面に落ちて――。

カツンと音が鳴ると同時にシークレットはその姿を消した。

「……なっ⁉」

冒険者のレンは驚きの表情を上げる。

俺たちは遠く離れた場所から見ているので、シークレットが何をしたか分かった。

彼はものすごい速度でレンの背後に回ったのだ。ただそれだけだが、その動きを見ただけで洗練されているのが分かる。

背後に回ったシークレットは口元を半月に歪めて、木剣を思い切り振るう。ドゴンッというもの凄い音とともにその場からレンが吹き飛ぶ。

そのまま壁にたたきつけられたレンは、瓦礫の下に隠れてしまった。

「なんとっ⁉　ものすごい速度です！　いきなり背後に現れたと思ったら、ものすごい勢いで冒険者レンが吹き飛ばされていったぞ‼」

実況者はワンテンポ遅れてそう叫んだ。彼も一瞬の出来事過ぎて、認識しきれなかったのだろう。

「起き上がれるか、レン！　――と、何とか起き上がったみたいです！」

流石はAランク冒険者。あの攻撃を受けてもギリギリで起き上がった。

でももうフラフラで、戦う力はそこまで残っていなさそうだ。

それでもレンの瞳には戦闘意欲が消えていない。執念やばいな。

そしてレンは無理にニヤリと笑う。

「やるな……。だが！　俺は負けない！」

「ふっ……負けないか。しかし私も負けないぞ」

シークレットはニッと笑い、そう返した。

男だと思っていたシークレットはどうやら声質的に女性のようだ。

あの強さで女性って、やっぱり彼女は――。

そして再びシークレットの姿が消えた。レンはそれを読んでいたのか、当てずっぽうで剣を振るった。

――ガキンッ！

当てずっぽうの剣は運良くシークレットの剣とぶつかり小競り合った。

ガリガリという音が響くが、やはりレンが不利なようで、彼の右足は地面にめり込んでいく。

そしてシークレットは剣をいったん引くと、もう一度思いきり横に薙いだ。

それに反応する力はもうレンには残っておらず、彼は吹き飛ばされ壁にぶつかった。

「レンは気絶し、勝者シークレットとなりました！　圧倒的な試合でしたァ！」

こうして準決勝二回戦目が終わった。次は決勝戦、ルルネとシークレットの試合だ。

二十分のインターバルの後、その試合が始まる。

対峙するルルネとシークレット。

ルルネは先ほどの試合を見ていたのか、緊張した様子だった。

「ルルネか……。久しぶりだな、ルルネ」

シークレットはルルネを見てポツリと呟いた。

そんな彼女の言葉にルルネは目を見開く。

「やっぱり貴女、アカネなの……？」

「さあ、それは私に勝ったら教えてあげよう」

そして二人は木剣を構える。それを見たアーシャは緊張した声音で言った。

「大丈夫でしょうか、ルルネは。相手がアカネだとすれば、間違いなく不利です」

「いや、分からんぞ。こればっかりはルルネを信じよう」

他のみんなも固唾を呑んで見守っている。

「それではAブロック決勝戦を開始します！」

審判員はそう叫んで、コインを弾いた。そして宙を舞うコインが地面に落ちた瞬間――。

再びシークレットの姿が掻き消えるのだった。

それにルルネはとっさに反応する。

流石の反応速度だ。

それでも最初からシークレットは本気だったのか、ルルネは木剣でその攻撃を受けたはずなのに、いとも簡単に吹き飛ばされる。

ルルネは何回転かしながら地面を転がり、止まる。

そして土ぼこりを払いながら立ち上がった。

「なかなかやるわね……」

「ふふっ、ルルネも成長したみたいだな」

そう言ったシークレットにルルネは目を見開いた。

「やっぱり貴女は……」

「それはどうだろう？　まだ断言はしないでおくよ」

俺はその戦いを見ながら呟く。

「一撃で決めきれなかったってことは、長引くなこの試合」

「そうですね。でも長引けば長引くほどルルネのほうが有利になるはずです」

俺の言葉にアーシャがそう返してくる。シークレットは大剣使いだから、体力の消費量的にそう判断したのだろう。

シークレットは地面を蹴って一瞬でルルネに肉薄する。やはり速い。

思いきり振るわれた大剣をルルネは何とか避ける。

しかし本当にギリギリそうだ。これではルルネの体力消費が大きすぎるな。

長引いても有利になることはなさそうだ。

おそらく根本的な能力に差がありすぎるのだろう。

「これを避けるか……なかなか成長したみたいだな」

「貴女が誰だかまだ分からないけど、私だって一人前になるために努力してるってことよ」

そのルルネの言葉にシークレットは小さく笑った。

「やはり考えることはみな同じか。それなら手加減はしないぞ」

そう言った瞬間、シークレットの様子が変わった。魔力を上限ギリギリまで使うことにしたらしい。

ダンッと地面を蹴り上げ、シークレットは一瞬で間合いを詰めた。

右から左からと繰り出される激しい斬撃にルルネは防戦一方だ。

そして長い長い応酬の末、立っていたのは――。

「しょ、勝者シークレットッ！　圧倒的な強さでしたぁあああぁ！」

結局ルルネは負けてしまった。シークレットの強さは圧倒的だった。

こうしてAブロックの予選は波乱の幕引きとなった。

Bブロック予選

Aブロックの試合が終わった次の日、俺はBブロック予選の準備をしていた。

昨日の夜はルルネが負けて落ち込んでいたのが気がかりであまり眠れなかった。

「さて、最初の敵は誰かな？」

俺は寝ぼけ眼をこすりながらトーナメント表を見る。

名前は――ルイ・アムシャッド。

それ以外の情報はないのでどんな相手かは分からないが、名前から察するにカニエ諸島国家の人だろうか？

カニエ諸島国家は大陸の最西端にある国家で、この鏡華大心国の真反対にある国だ。

文明レベルは大陸随一で、主に娯楽や漁業などが盛んである。

製本技術が優れている国でもあり、カリファ魔導国家の魔導書は大抵カニエ諸島国家で作られていた。

しばらく控え室で待っていると、ようやくスタッフが呼びに来た。

「アリゼさん。お時間です！」

「ああ、今行く」

俺は貸し出された木剣を手に、ステージに上がった。

やはり観客席から見ているのとは緊張感がまるで違う。

ただのおっさんには、この注目度は幾分キツいものがあった。

対峙するルイは、少し日に焼けた爽やかなおっさんだった。

しかもイケオジ風のおっさん。

俺みたいな無精ひげの生えた小汚いおっさんとは訳が違う。

「さて、始まりました！　初戦はアリゼVSルイ！　どちらもおっさんですが、果たして勝つのはどちらでしょうか⁉」

おっさんは一言余計だろ、間違いなく。

相手のルイも苦笑いしている。

「おっさんは余計ですよね。僕たちだってまだまだ若いことを見せつけてやりましょう！」

うーん、爽やか！

白い歯がキラリと輝いていた。

その様子を見ていた観客席の女の子はわぁあああとかきゃああああとか声援を浴びせる。

……やっぱりこいつ、俺の敵だ。

俺はこのルイってやつをボコボコにすることを心に誓いながら剣を握った。

「……お前だっておっさんだろ。若作りするなよ、恥ずかしい」

「ふむ、なかなか毒舌ですね！　僕は貴方とも仲良くしたいのに、悲しいな！」

そしてまたキラリと歯が輝いた。

くそっ……いちいちコンプレックスを刺激してくる男だ。

そんな会話をしていた俺たちに審判員が近づいてきて言った。

「そろそろ試合を始めてもよろしいでしょうか？」

俺とルイは同時に頷く。

それを確認した審判員は少し下がると、親指の上にコインをのせて弾いた。

クルクルとコインが宙を舞い、カツンと地面に落ちる。

その瞬間、勢いよくルイが俺のほうに飛び込んできた。

ルイは木剣を身体に密着させて、突きの体勢で駆けてくる。

俺はそれを避けると思わせて、剣の腹で彼の剣を逸らせ軌道を調整する。

「——なっ⁉」

驚いた表情を見せるルイに、俺はニヤリと笑みを浮かべて右足で彼の足を払った。

剣の方に注意が向いていた彼は、足を払われそうになっていた事に気がつかず、意図通りに転《こ》けかけた。

その隙を逃す俺ではない。

転けそうで前のめりになったルイの首の裏に俺は木剣を軽く当て、そして――。

「しょ、勝者アリゼッ！　やはり彼は『英雄の師匠』ということなのでしょうか⁉」

一撃でルイは気絶し、俺の勝利が決まった。

何ともあっけない幕引きだった。

しかし俺が『英雄の師匠』であることはバレてしまっていたらしい。

実況にそう叫ばれ、俺は恥ずかしくなって頭をかきながらステージを退場した。

それから数戦あったが、同じように軽々と勝利してしまい、その日の試合はあっという間に終わった。

「お疲れ様です、アリゼさん！」

迎えに来てくれていたアーシャにそう言われ、俺は頷く。

「ありがとう。まあ疲れるほどではなかったけど」

「流石に予選でアリゼさんに勝てる人は居ませんよ」

そんなものか。

もっと白熱した試合をしたいと思っていたが、それは決勝トーナメントまでお預けだな。

シークレットとはかなり白熱した試合ができそうだが、ミアやアーシャたちにも勝ちたい。

「この後は、どうするんですか、アリゼさん？」

「ああそうだな……ちょっとルルネが落ち込んでそうだからぱあっとお酒でも飲むか？」

「大丈夫ですか？　二日酔いとかで明日の決勝戦えないとか笑えないですよ」

「……そこまでは飲まないから大丈夫だろう、多分」

そういうわけでその日の夜、俺は三人と宿屋の食堂でぱあっとお酒を飲み明かすのだった。


次の日、Ｂブロックの準決勝を軽々と制した俺は決勝戦に挑む。

俺の相手はドンという男だった。

片目に眼帯をしていて体格は厳つい。片手で木剣をブンブンと振るっている。

「貴様が英雄の師匠か。噂はよく聞くが、本当に強いのか俺が確かめてやる」

ドンはそう言って犬歯を剥き出しにして獰猛に笑う。ひぇ……普通に怖いって。

「ま、まあ期待に添えるよう頑張るよ」

「フンッ、そんな弱気で大丈夫か？　精々死なないよう頑張るんだな」

それから試合が開始されるが、ドンはジワジワと間合いを探り始める。

高まっていく緊張感。やはりドンもそれなりの実力者らしい。

このままでは埒が明かないと思った俺は一瞬だけ右足に魔力を溜めると飛び出した。

ドンッと地面が抉れ土ぼこりが舞う。間合いを詰めた俺にドンはニヤリと笑った。

「そんな速度に後れを取る俺ではないぞぉおおお！」

おっと！　危ない！

俺はブンッと振るわれた直剣を目前ギリギリで避ける。

ひぇぇ……もう少しで死ぬところだったぜ……。

「この距離は俺のテリトリーだ！　後悔してももう遅いぜ！」

次から次へと繰り出される斬撃。圧倒的な手数に俺はひたすら避け続けた。

それから十分後――。

ドンは息を切らしながらこう言った。

「ゼエゼエ、なんで当たらないんだ……」

「そんな一直線の攻撃なんて避けてくださいと言ってるようなもんだぞ」

俺が言うとチイッとドンは舌打ちをする。

実況者はそんな俺たちのやり取りを見て大声を出した。

「あの圧倒的な斬撃を全て避けきった英雄の師匠！　一見不利なように見えていたが、実は優勢だったのか！」

ドンはペッと唾を地面に吐き出すと再び直剣を構えた。

「今度こそ俺の全力だ。これで決める……」

「なるほど。それだったら俺も全力を出すとするか」

俺は呟き魔力を上限値まで引き上げる。それを見たドンは目を見開く。

「い、今まで魔力も使っていなかったのか……」

「いや、一瞬だけは使っていたぞ。受けるときと避けるときにな」

そう言うと彼はすうっと目を細めた。それから左足をザッと引いて言った。

「そうか……やはり英雄の師匠は伊達ではないらしい。そんなお前と戦えて俺は幸運に思うぞ」

言った瞬間、飛び出してくるドン。最初から全力みたいだ。

俺はそれに応えるように同じく飛び出した。

「うらぁあああああああああ！」

「うぉおおおおおおおおお！」

交差する俺とドン。そして最後に立っていたのは——。

「しょ、勝者アリゼ！　またもや英雄の師匠です！　彼の勢いを止められる人は居るのだろうか！」


俺が控え室から出るとルルネたちが寄ってきた。

「お疲れ様、アリゼさん。凄い戦いだったわ」

「ありがとう。ドンも案外強かったな」

そんな会話をしていると、俺の元にやってくる一つの人影が。

そいつ——ドンは俺の傍まで来ると、少年のような瞳で俺を見て言った。

「すげぇな、英雄の師匠は！　ぜってぇ次は負けねぇから、覚悟しておけよ！」

どうやらドンも悪いヤツではないらしい。

見た目が厳ついから誤解していたが。

俺はそんな彼にニッと笑うとこう言うのだった。

「ああ、いつでも待ってるから挑戦してこいよ！」

Cブロック予選

さて、Bブロックの予選も終わり、次の日にはCブロックの予選が始まった。

Cブロックはミアだが、彼女はあまり戦闘能力が高くない。

意外とギリギリの戦いになるのではないだろうか。

そう思っていたが流石に英雄と呼ばれるだけあって予選は楽々倒していった。

そして次の日、Cブロックの決勝戦が始まる。

ミアの準決勝の相手はブーチャイという顔面蒼白のどこか薄気味悪いやつだった。

彼はヒヒッと小さな笑い声をあげると言った。

「ようやくこれで復讐ができる……。俺たちの時代はもう近い」

復讐？　なんのことだろう？

確かにミアたちは英雄と呼ばれる存在で、世間からの認知度が高い。

どこかで変な恨みを買っていてもおかしくはないが……。

少し嫌な予感がするな。俺は緊張しながらステージを眺める。

「貴方が誰だか分かりませんが！　ここは勝たせていただきます！」

そう言ってミアは懐《ふところ》から小さな鈴を取り出す。鈴は聖魔法を使うときに触媒になったりするのだ。

ミアは治癒魔法と聖魔法の使い手だからな。

この鈴も支給されたもので、使い勝手は悪そうだが、ないよりはマシなのだろう。

「ククッ！　アヒャヒャ！　勝つのはオレだ！　オレが勝つ！」

ブーチャイはそう叫ぶと二つの木剣を構えた。どうやら二刀流らしい。

審判員がコインを放り投げる。クルクルとコインは舞い、カツンと地面に落ちた。

瞬間、ブーチャイの姿は掻き消えた。

「……なっ⁉」

俺は思わず驚く。遠目から見ても移動した感じがしなかった。

どんなに速くても移動するときに残像が残るはず。だがそれが見えない。

「あれは……転移魔法でしょうか？　転移魔法は相当高位な魔法だったはずですが……」

アーシャが呟く。

そういえば、あのガガイタスも転移魔法を使っていたよな。ってことはブーチャイも……？

一瞬でミアの背後に回ったブーチャイは右手の木剣でミアの背中を切り裂く。

ドゴンッという重たい音と共に吹き飛ばされたミアは、そのまま闘技場の壁に激突する。

ガラガラと瓦礫が落ち、粉塵が舞う。流石に死にはしないと思うが……。

「まだ、まだ終わりませんよ……」

そんな声が聞こえてきて、ミアが起き上がったのが見えた。

そのことに固唾を呑んで見守っていた観客たちはおおっと感嘆の声を上げる。

「フンッ、これでくたばってもらっちゃ困るからな」

ブーチャイが小さく鼻を鳴らす。

「私は……アリゼさんに強くなったところを、そして立派に成長したところを見てもらうんですから！」

ミアの瞳に意思が宿った。聖魔法を使い光の直剣を生み出す。

そしてそれを構えると、ブーチャイの方を見据えた。

「ハハッ、そんなチンケな魔法で俺に勝てるわけがないだろうに」

小馬鹿にしたように言うブーチャイだが、ミアの表情は真剣そのものだ。

「本当にそうでしょうか……？　それは戦ってみないと分からないと思います」

「分かるんだよォ！　俺には全て分かるんだよッ！」

次の瞬間、再びブーチャイの姿が掻き消えた。

現れたのはミアの背後。先ほどと同じようにブーチャイは右手の剣を振るうが――。


ガキィッ！


硬いもの同士がぶつかり合う音が辺りに響いた。

「――なっ⁉」

ブーチャイは驚きの表情を浮かべる。

どうやらミアは聖魔法の真髄である障壁を張っていたようだった。

「チィ！　その剣はブラフか！」

「いいえ、これもちゃんと使いますよ！」

言った瞬間、ミアは振り返るように光の直剣を振るう。

ブンッと空気を切り裂く音が聞こえ、ブーチャイはそれを木剣で受けようとする。

しかし光の剣はその木剣を通り抜けてブーチャイに直接当たる。

今度はブーチャイが吹き飛ばされる番だった。

先ほどのミアと同じように闘技場の壁にぶつかり、粉塵が舞う。

「やったか……？」

俺が呟いた直後、ブーチャイはパンパンッと土ぼこりを払いながら立ち上がった。

「今の効いたぞォ……！　絶対に許さんッ！」

息巻いてはいるものの、転移魔法はかなりの魔力消費が必要なのか、魔力測定メーターの針が上限に近いのが見える。

しかし次の瞬間、ブーチャイは周囲に電流を走らせ始めた。

あれは魔力の高効率化によって生み出されるものだと思われる。

マズい……！

そしてブーチャイの姿が再び掻き消える。今度は転移魔法ではなくちゃんと残像が見えた。

しかしミアにはその姿を追うことは出来なかったらしい。

そのまま二つの剣で二回吹き飛ばされ、ミアは負けてしまうのだった――。


「……すいません、アリゼさん。負けてしまいました」

医務室で落ち込んだようにミアが言った。

俺は首を横に振るとミアの頭を撫でる。

「いいや、大丈夫だ。ミアの仇《かたき》は俺が取るから」

「……ありがとうございます。お願いします」

いつも元気なミアだから、落ち込んだ様子を見るのが痛々しい。

俺は励ます言葉も見当たらなかった。

ルルネも負け、ミアも負けた。この闘技大会はとんでもないことになっていそうだ。

ミアはアーシャの方を見ると弱々しい声で言った。

「アーシャ。後は頼みました」

「はい、任されました。みんなの想いを背負って、勝ちたいと思います」

アーシャは真剣な表情で頷いた。ミアはそれに安心したような顔をすると、疲れていたのか寝息を立て始めるのだった。

Dブロック予選

次の日、Dブロックの予選が始まった。

アーシャも予選は楽々とクリアしていき準決勝に残った。

是非とも決勝トーナメントまで上ってきてほしいところだが、今までの感じからするにかなりの強者が紛れている。

期待しすぎるのも良くないなと思って、ただ見守るだけにした。


そして次の日、Dブロックの準決勝が始まる。

アーシャの最初の相手はベンという冒険者だったが、あっさりと勝利できた。

続けて行われた準決勝二回戦目はセレンという魔法使いの少女が勝ち上がり、アーシャは彼女と戦うことになった。

「アクアヴィーナスは渡しませんよ。私が研究材料にするんですから」

セレンはアーシャに木製の杖の先端を向けながら言った。戦意は満々といった感じだ。

「私だって負けません。私にはアクアヴィーナスを渡したい相手がいるのですから」

「覆面A。貴女もルルネ様と同じで英雄の一人なのでしょう？　ルルネ様も同じことをおっしゃっていましたが、貴女たちがアクアヴィーナスを渡したい相手って誰なんですか？」

その問いにアーシャは少し逡巡《しゅんじゅん》する。一拍置いて、アーシャはフードを脱ぎ言った。

「そんなもの決まっています。私たちの育て親で師匠でもあるアリゼさん。彼以外にいるわけないでしょう」

アーシャの言葉を聞いた周囲の人間がグルンとこちらを見てくる。

き、気まずい……。隣でミアがクスクスと笑いルルネはムスッと不機嫌そうにしている。

恥ずかしくなって俯くが、審判員がこう言葉を発して俺は顔を上げた。

「それではそろそろ試合を始めたいと思います。両者定位置についてください」

二人は間合いを取り構える。

審判員が親指にコインを乗せ、弾く。

クルクルとコインが舞い、カツンと地面に落ちる。

瞬間、セレンの周囲に小さな氷の結晶が出現する。氷属性の魔法だ。

魔法効率も高いのか魔力量測定ゲージはあまり減っていない。

セレンが杖を振り下ろすと、タイミングをズラして結晶がものすごい速度でアーシャを襲う。

かなりの練度だ。しかしアーシャは冷静にそれらを見極めると最小限の動きで避けた。

アーシャの横を通り過ぎていった氷の結晶は地面にぶつかり土煙を上げる。その土煙からアーシャが飛び出していき、セレンに接近する。

「流石は英雄ですね。あれを避けたのはこの大会が始まって貴女が初めてです」

「今まで何度も見てきましたから！　流石に研究済みですよ！」

そう言ってアーシャはセレンに向かって木剣を横に薙ぐ。それを氷の壁を作って阻むセレン。

「すごい攻防だァ！　流石は決勝戦というだけあるッ！」

熱の籠もった実況者の声が響き、観客たちのボルテージも上がっていく。

確かに予選とはいえ、決勝戦の名に恥じない戦いになりそうだった。

「なかなかやりますね。ここまでともなると、魔導国家出身の方でしょうか？」

「ご明察。私は魔導国家の学園首席です。貴女が英雄様だとしても後れは取りませんよ」

アーシャは次から次へと斬撃を繰り出しつつ尋ねた。セレンは頷くと、氷の壁を何度も作り上げながら答える。

キリがないと思ったのか、アーシャは一旦バックステップで距離を取り体勢を立て直す。

「ふむ……このままでは勝てなさそうですね……」

「でしょう？　そろそろ諦めたらどうです？」

セレンは不敵に笑って言った。しかしアーシャはにっこりと笑う。

「このままでは、と言いました」

その言葉にセレンは不審そうな表情をする。

「本当はアリゼさんと戦うまでとっておきたかったのですが……仕方がありません」

瞬間、ゾウッと鳥肌が立つ感覚を覚える。アーシャの雰囲気が変わった。

「……何をしたんですか？」

「ふふっ、私の特技は『バフ』ですよ？　そんじょそこらのバフと同じにしないでもらいたいですね」

セレンはアーシャの言葉にすっと目を細める。

「それはどういうことですか？」

「他人にかけるようなバフを自分にかけ続けたらどうなるか、ということです」

なるほど……。アーシャは自分にバフを使い、その能力が上がった状態で再びバフを使った。

つまり魔力効率を加速度的に上げていき、バフがドンドンと乗算されていっているということだ。

普通、自身にかけられるバフは『筋力強化』とか『速度上昇』とか肉体に関するもので、魔力に関するバフはかけられない。

バフも自身の魔力で補われているため、干渉しあえないと言われていた。

自分を殴ったり抓《つね》ったりしても本気でやることは出来ない、という感覚と同じだ。どこかで必ずセーブがかかってしまう。

しかしアーシャはそのリミッターを外すことができるらしい。

それならこの威圧感も頷ける。

「それは……なかなか危険なことをしますね」

「そうですね。リミッターを外し、自分で自分の魔力に負荷をかけている状況なので、危険と言えば危険ですね」

どういう理屈か分からないが、リミッターを外すということは自分の魔力に関する感覚が鈍化することになる。

人間は自分の体を守るために普段は全力の十パーセントしか使えていないという話があるが、それと同じ理論だろう。

恐ろしいことをする……。

「しかし！　それでも私は負けませんよ！」

「威勢がいいのはいいことです。でも、もう勝敗はほぼ決まっていますす」

セレンは杖を高々と掲げた。周囲に氷の剣が何十本も展開されていく。

そして彼女が杖を振り下ろした瞬間、次々と氷の剣がアーシャに襲いかかった。

しかし――。

アーシャが軽く木剣を振るっただけで。


ドゴンッッッツツツ!!


とんでもない衝撃波が生まれ何十本もある氷の剣が砕けていった。

つ、強い……。

そしてアーシャはトンッと地面を蹴ると、次の瞬間にはセレンの目の前に迫っていた。

「チェックメイトです、セレンさん」

慌ててセレンは氷の壁を展開するが、それすらも軽々と砕きながらアーシャはセレンを吹き飛ばすのだった。

決勝トーナメント戦

結局、決勝トーナメントまで上がれたのは俺とアーシャだけだった。

そして三日後、決勝トーナメントの対戦表が発表された。

一回戦目が俺とアーシャ。二回戦目がブーチャイとシークレットだった。

それぞれで勝ち上がった者が決勝戦で戦うことができる。

「すまんな、アーシャ。俺は別にアクアヴィーナスが欲しいとは思わないけど、手加減はしないよ」

「もちろんです。全力のアリゼさんに勝ってこそ、価値があるんですから」

俺が言うとアーシャは真剣な表情で頷いて言った。

そして審判員が俺たちの元に近づいてきた。

「そろそろ始めますけどよろしいでしょうか?」

俺たちはそれぞれ頷いて離れていくと、剣を握って対峙する。

コインがトスされ、クルクルと宙を舞う。

そしてカツンと地面に落ちて——。

最初からアーシャは飛ばしていくつもりらしい。自身にバフを重ねがけしていく。

俺も対抗すべく『限界突破』を最初から使う。

濃縮された魔力が体全身を覆い、闘技場を走り抜けていく。

「最初から本気ですね、アリゼさん」

「こうでもしないとアーシャには勝てなさそうだからな」

「それは名誉な言葉として受け取っておきますね――ッ！」

ダンッ、とアーシャが地面を蹴り上げる。俺はそれに備えて構えをとった。

一瞬で目の前まで接近してくるアーシャ。ゾウッと背筋が凍る感覚が襲ってくる。

恐ろしい威圧感だ。俺はそれに負けないように地面を強く踏みしめると――。

思い切り剣を振るった。

剣と剣がぶつかった衝撃波があたりに広がり、地面をメリメリと捲り上げていく。

至近距離で睨み合う俺たちに実況者の声は最初から絶好調だ。

「おおっと！　いきなりものすごい鍔迫《つばぜ》り合いだァ!!　流石は決勝トーナメントといったところ！」

目の前に迫ったアーシャの顔面。

やっぱり間近で見るととても整っている。

その口元がふっと緩んだ気がした――。

瞬間、俺の体は真横に吹き飛ばされていく。

一体何が……？

状況を判断するよりも前に俺は闘技場の壁に叩きつけられ上から瓦礫が落ちてくる。

「ふふっ、アリゼさん。こんなんで終わらないですよね……？」

俺は瓦礫を押しのけながら立ち上がるとにいっと笑った。

「もちろん。俺を誰だと思ってるんだ」

「知ってますよ。私たちの師匠であり、育ての親でしょう？」

当然の如くそう笑ったアーシャに俺はパンパンと服についた土埃を払いながら言う。

「弟子は師匠を超えていくもの――だが、まだ俺は超えさせるつもりはないぞ」

ザッと、俺は右足を引いた。

アーシャは剣を正中線に構える。

グググッと俺は体を捻り、剣を引いていく。

そして――。

ドンッ、と飛び出した。

地面が捲り上がり、衝撃波が後方に広がっていく。俺を包んでいた瓦礫が吹き飛んでいく。

一瞬でアーシャの懐に入り込んだ俺は、ニッと笑い剣を振り上げた。

アーシャはそれに対応するように慌てて剣を引くが、俺の方が圧倒的に速く。

アーシャの胴体に木剣がめり込んでいく。

今度はアーシャが吹き飛ばされる番だった。

彼女は何度か地面をバウンドしながら吹き飛ぶ。そして壁にぶつかる。

だがアーシャだってこれで終わる相手ではない。ヨロヨロと立ち上がった。

「流石はアリゼさんですね。効きましたよ……」

「これを食らって立ち上がれるのもすごいと思うけどな」

彼女はふっと笑った。

「一撃食らっただけでここまでダメージを受けるのです。すごくありませんよ」

言った後、アーシャは再び剣を両手で構えた。

真剣な表情だ。

これで終わらせるつもりなのだろう。

「でも――これでお終いです。覚悟して受けてください、アリゼさん」

「そっちこそ、歯ぁ食いしばっておきなよ」

俺は限界突破した魔力を右腕に集めていく。

右腕はバチバチとプラズマ化した電撃を纏い始める。

時間が止まった。

息が死んだ。

そのとき、誰かが叫んだ。

『頑張れぇえええええええええ！　二人ともぉおおおおおおおお！』

アーシャの姿が消えた。

俺は思い切り剣を振るった。

見えている、全て見えている。

時間が引き延ばされた感覚。

俺も思い切り地面を蹴った。

俺たちは闘技場の中央で交差した。


バチン。

音が鳴った。
次の瞬間――。

ドゴォオオオオオオオオオオオオオン!!


衝撃波が発生して風が吹き荒れ、メリメリと闘技場の床が盛り上がっていく。

ガラガラと闘技場の天井が崩れていく。

「なんだ!? いったい何が起こったんだぁ!」

その中でも実況者は大声で叫んでいた。

観客たちは息を呑み、そして最後に立っていたのは――。

「アリゼだぁあああああああ! 最後に立っていたのはアリゼだぁああああああ!」

フラフラ状態で俺はなんとか二本足で立っているのだった。

決勝トーナメント二回戦目はシークレットとブーチャイの対決だった。

ブーチャイは気色の悪い笑みを浮かべてヒャヒャヒャッと声をあげた。

「俺たちの時代は近い！　貴様が何者か分からないが、ぶっ潰させてもらう！」

「これはこっちのセリフだ。ブーチャイ……いいや、ブリーファ」

シークレットが言った途端、ブーチャイの表情が一瞬にして変わる。

スッとシークレットのことを睨みつけるとブーチャイは言った。

「お前……なぜそのことを知っている？」

「私はお前がこの闘技大会に出ると知っていたから出場したのだ。お前を倒すために」

するとブーチャイの顔色がどんどんと変化していく。

普通の肌色だったはずなのに、どんどんと紫色に変化していく。

隣に座っていたアーシャがポツリとこうこぼした。

「やはりブーチャイは魔族でしたか……。転移魔法が使える時点でそうなんじゃないかと思っていました」

ブーチャイ――もといブリーファが姿を現し、観客席は騒然となる。

しかしそれを収めるようにシークレットはフードをふわりと脱いだ。そして現れたのは真紅の髪をポニーテールで結んでいる美少女だった。キリッとした意志の強そうな顔立ちで、獰猛な笑みを浮かべている。

俺が十年前、何度も見て、何度も顔を合わせてきた少女の顔をしていた。

「やはりこっちもアカネだったか……」

アカネ対魔族。果たしてどちらが勝つのか。これは大変なことになった。

審判員は震えるような声で、二人に尋ねる。

「ええと……試合を始めても良いのでしょうか？」

その問いに二人は頷く。

そしてコインがトスされ、クルクルと宙を舞い、地面に落ちた。

瞬間、掻き消えるブリーファの姿。一瞬のうちにアカネの背後に回っていた。

おそらく転移魔法を使ったのだろう。

しかしそれを読んでいたアカネは気配だけで大剣を振るう。

圧倒的な速度だった。転移魔法を使って背後に回ったブリーファよりも速い。

ブリーファは避ける間もなくその攻撃を胴体に受け吹き飛ばされた。

地面を何度もバウンドしながら転がっていくブリーファ。そしてそのまま壁に叩きつけられる。

しかし余裕綽々でブリーファは瓦礫の中から立ち上がると、首をコキコキと鳴らした。

「まだまだだなァ。そんな攻撃じゃあ俺に傷一つつけることはできないぜェ？」

「ふんっ、こんな小手調べ《こてしら》で怪我をしてもらっちゃ困るぞ、こっちとしても」

互いに威勢のいい言葉を言い合う。

そして再び対峙し構える。ピリピリと高まっていく緊張感。

観客たちのざわめきもどんどんと小さくなっていく。

トンッとアカネが軽く地面を蹴った。消えて次の瞬間に彼女が現れたのはブリーファの上空。落下しながらアカネは剣を思い切り叩きつけた。

ブリーファはなんとかそれに合わせるように剣を振り上げるが、力に押されて右足が地面にめり込みバキバキと亀裂が入っていく。

「チッ！」

アカネは舌打ちをしてそのままブリーファから離れた。

それを追いかけるようにブリーファは地面を蹴り上げ剣を振るった。

彼はにいっと笑みを浮かべているが、アカネはそれを体を逸らして避けると前足を蹴り上げた。

ガツンとつま先がブリーファの顎に刺さり、吹き飛んでいく。

「……今のは効いたぞォ！　許さんッ！」

額に青筋を立ててブリーファは叫んだ。

アカネは微笑むと言った。

「ふっ、ようやく一撃か……。まあ、これからかな」

タンタンッとアカネはその場でジャンプすると、グググッとしゃがみこんで跳ね上がるように飛び出した。

両腕を後方に引き、大剣を両手で握っている。

ものすごい速度だ。魔力効率も圧倒的なんだろうな。あまり魔力量測定メーターも減っていない。

振り抜かれた大剣を避けるため、ブリーファは転移魔法を使う。

そのせいで、ブリーファの魔力量測定メーターがガクッと減った。

……まあ、この状況で魔力量の上限とか言っている場合じゃないだろうけど。

距離をとった二人は互いに得物を構え、一気に魔力を解放する。バチバチと電撃が闘技場に走り抜けていき、空気が変わった。

「これで最後だな」

「ハンッ！　最後に勝つのはこの俺だッ！」

そして緊張感が高まっていき、そして。

最後に立っていたのはアカネだった――。

最終決戦

ブリーファが負け、グルグルに拘束されて連れていかれた次の日。

俺とアカネで最終決戦となった。

ちなみにブリーファから聞き出した情報によると、アクアヴィーナスは装飾としての用途以外にも、大量の魔力量を秘めているらしく、魔王復活に使おうと思っていたとのこと。

それにより危険だからと報酬がアクアヴィーナスから別の宝石に変わったが、ここまで来て辞退するわけにもいかず、それに成長したアカネとも戦ってみたかったので、最終決戦は行うこととなった。

「……久しぶり、アカネ」

「ああ、久しぶりだな、アリゼさん」

久しぶりのアカネの声に目の奥が熱くなるが、俺はニッと笑い言った。

「だからといって、手加減はしないぞ。全力で戦って俺を超えてみせろ」

「ふっ、当然。全力のアリゼさんに勝ってこそだ」

そして俺たちは間合いを取り、剣を構える。

「それでは試合を開始させていただきます」

審判員がそう言い、俺たちが頷くとコインがトスされた。

クルクルと舞い、カツンと地面に落ちる。

しかし俺たちは動かなかった。間合いを探っているのだ。

アカネを相手取るなら、俺は手数や戦略で攻めていく必要がありそうだ。絶対的な魔力量では勝てないのだから。

でもそう簡単にはいかせてもらえないだろう。だとすると――。

ようやく俺は地面を蹴り上げて、アカネに接近した。それに対して警戒してくるアカネ。

俺はアカネの間合いに入る直前で急ブレーキをかけると、思い切り地面に剣を叩きつけた。

舞い上がる粉塵。

「――なっ⁉」

アカネの驚きの声が上がる。

俺はその粉塵にアカネが気を取られているうちに背後に回り、剣を横に振るった。

「……チィ！」

アカネは舌打ちして小さくバックステップを取る。

俺は間合いを保つように追いかけると、更なる追撃をする。

右から左からと攻撃を繰り出していくが、全部避けられてしまった。

このままじゃ、埒が明かないな……。

そう思った俺は一度バックステップでわざと距離を取ると、体勢を立て直した。

「なかなかやるじゃないか、アカネ」

「これくらいじゃあ私に攻撃は当たらないよ」

不敵に笑うアカネ。

流石にアカネを低く見積もりすぎていたみたいだ。

「じゃあやっぱり――本気を出すしかないみたいだな」

言って、俺は『限界突破』を使った。彼女の想いに応えるように。

すると彼女も全力まで魔力を解放した。魔力量測定メーターギリギリの量だ。

「これで決めるからな――」

「ああ、これが最後だ」

そして俺たちは全力で飛び出し、交差して――。

「勝者、アリゼだぁあああああああああ！　最後に立っていたのはアリゼだぁ！」

俺はこうして闘技大会で優勝を果たすのだった。

◇

苛烈な戦いを終えた俺とアカネは二人で酒場に寄った。

ルルネたちは気を利かせて俺たち二人にしてくれた。

「では、再会とお互いの全力に――乾杯！」

「かんぱぁあああい！」

そして俺は冷えたビールを喉に流し込む。

くぅう、やっぱり激しい戦い終わりのビールは最高だよな！

アカネも美味しそうにビールを飲んでいる。

「しかしアカネももうお酒が飲める歳かぁ……」

「確かに十年前はまだお酒が飲めない歳だったもんね」

「十年ってやっぱり長いよなぁ」

思わずしみじみと言ってしまった俺に、アカネは微笑んで頷いた。

「こうしてアカネとお酒を一緒に飲めて俺は嬉しいよ」

「……アリゼさん。昔も一緒に飲んでたけどね」

あれ？　そうだっけ？

……そうだった気も、そうじゃなかった気もするが。

「ともかく！　俺は久しぶりにアカネにも会えてすごく嬉しいよ」

「ああっ！　私もとても嬉しいよ！」

アカネの頭の後ろで結ばれたポニーテールが左右に揺れる。

嬉しい時、いつもポニーテールが揺れるのは変わらないらしい。

それからしばらく飲み続けていると、アカネがベロンベロンに酔っ払った。

意外と彼女は弱いらしい。

「アリゼさんッ!!」

「はいっ！　なんでしょう！」

いきなり大声で呼ばれ、俺は勢いよく返事する。

すると彼女は反対側の俺が座っているところまで来て、膝の上に乗ってくる。

おも……くはないが、前が見えなくなった。そしてくるりとこちらを向いて、対面する。彼女の勝気な、美しい顔が目の前いっぱいに広がった。

「アリゼさん！　わたっ、私とキスでもしてくれていいだぞ！」

「酔っ払いすぎだ、お前。少しは冷静になれ」

「むぅ！　私は至って冷静だぞ！　平常運転だ！」

「酔っ払いはみんなそう言うんだ」

そして引っ付いてこようとするアカネを引き剥がそうとするが、力が強くて難しい。

マズい気がする……。

そのまま彼女の目が閉じ、顔が近づいてくる。

ヤバいヤバい！

そう思って俺は逃げようとするが、彼女の頭は突然ガクッとなる。

――ん？　ああ、アカネは寝ちゃっただけか。

助かった……。

そう思いながら、俺は彼女を背負って宿に戻るのだった。


そうして闘技大会を終えた俺たちは次の街、カリファ魔導国家に向かうことになった。

最後の少女、ニーナは以前から魔導書を読むのが好きだったし、珍しい魔導書を集める収集癖もあったので、魔導国家にいるのではないかと考えたのだ。

魔導国家はここ鏡華大心国の隣の国だから、すぐに辿り着くだろう。

みんなが揃うのがもうすでに楽しみだ。揃ったらみんなでお酒でも酌み交わしたいな。

そう心に決めて、俺たちは再び旅立つのだった。

第五章

カリファ魔導国家編

HIROTTA DOREITACHI GA
TABIDATTE HAYAJUNEN,
NAZEKA ORE GA
DENSETSU NI NATTEITA

魔力量の多い少女

とある村で、一人の少女が村人たちに見送られようとしていた。

「ルイン、アリゼさんに出会ったらまた感謝を伝えておいてくれ」

「分かったよ、村長。でもまずは強くなった私を見てもらわなきゃね！」

少女はそう力こぶを作ると、村に背を向けた。

背後からは村人たちの啜り泣きが聞こえてくる。

これが旅立つ側の気持ちなのかと、前に出ていった男を思い出す。

彼もこんな気持ちで出ていったのだろうと。


「それじゃあ——行ってきます」


そうして一人の少女が、《魔の森》から出てくる。

その先の要塞都市アルカナで令嬢と出会うのは間もなくのことだろう。

◇

魔導国家の王都は飛行する箒《ほうき》が飛んでいたり、複雑な形の建物があったりと不思議な様相をしていた。

俺が街へ入るとみんなと別れ、さっそく魔導国家の宿探しに向かった。

すると——その道の途中でドゴォンという爆発音が響いた。

何事かと煙が上がっている方を見るが、何故か街の人たちは気にしていない様子だった。

俺は慌ててそちらに向かうと、爆発に巻き込まれたのか真っ黒に焦げている少女が何故か母親らしき人に叱られていた。

「もう、ナナ！　いつになったら分かるの!?　あなたが魔法を使ったら大変なことになるって分かってるでしょ！」

「……ごめん、お母さん。でも私は何もしてないの」

「そんなわけないでしょ！　どうせまた魔法でも使おうとしたんでしょう、全く！」

どうやらナナと呼ばれた少女は魔力操作が苦手で暴発させてしまったらしい。

うーん、そんな風に叱りつけても根本の解決にはならないと思うんだよなぁ。

そもそも彼女の魔力の暴発は自身の魔力操作力の問題で、意図的に起こしているわけじゃなさそうだ。

これは何とかしてあげないと、彼女、最悪死に至るぞ……。

しょうがない、俺が彼女に魔力操作を教えてやるか。

そう思って近づこうとしたその時。

――ミシミシミシッ！


再び膨大な魔力量のせいで空気が歪み、少女の魔力が暴発しそうになっていた。

俺は慌てて少女の手を握り、彼女の魔力を操作してあげる。

圧倒的すぎる魔力量で俺の操作からも逃れようとしてくるが、何とか抑えてあげる。

「ふぅ……何とかなったか」

思わず冷や汗をぬぐってそう言う。

ナナは俺のほうを見て何やらもの凄く目を輝かせていた。

「凄い、おじさん！　私の魔力を操っちゃった！」

「おいおい、おじさんって言うんじゃないよ。全く、俺はまだギリおじさんではないのに」

「え？　そうかな？　私にはおじさんに見えるよ！」

そんなナナに対して母親は頭を叩き叱る。

「ダメでしょ、ナナ！　知らない人におじさんなんて言っちゃあ！」

「……ごめん、お母さん」

そして俺に頭を下げてくると言った。

「すいません、お兄さん。私の娘が無礼なもので」

……うん、やっぱりおじさんでいいや。

お兄さんって呼ばれる方が背筋がぞわぞわしてくるぞ。

「まあおじさんはいいんだけど。この子に魔力操作を教えてあげないと大変なことになるぞ」

俺が言うと母親は首を傾げる。

「大変なこと？　大変なことって何ですか？」

「まあ例えば、死に至るとか」

俺の言葉に母親はサッと顔色を青くすると、震える声で聞いてくる。

「それって冗談ですよね……？　たかが魔力量がちょっと多いってだけで死ぬなんて……」

「いや、ちょっとじゃなくて相当、かなり、膨大って感じだぞ。一般人の千倍くらいはあると思う」

母親の顔色がさらに青くなる。

「あの……私はどうすれば……」

「まあお母さんでは魔力操作を教えられないだろうから、俺が定期的に教えに来てやるよ」

「……いいんですか？　私、あまりお金を持ってないんですけど」

「いやいや、お金は取らないよ。それよりもナナちゃんの命のほうが大事だからな」

母親はそれを聞いて震えながら頭を下げてきた。

「ありがとうございます……。ナナをよろしくお願いします」

「ああ、任せろって」

話をあまり理解せずに聞いていたナナは首を傾げて俺にこう聞いてきた。

「それって私も魔法が使えるようになるってこと？」

「そうだぞ。それもそんじょそこらの魔法じゃない。もの凄い魔法が使えるようになるのさ」

すると彼女は目を輝かせて言った。

「えっ⁉　ホント⁉　やったぁ！　ありがとう、おじさん！」

「じゃあ俺はこれから宿屋を探す必要があるから、見つかったらその後で特訓をしような」

そう言って一度ナナたちと別れると、俺は宿屋探しへと向かったが……。

その道中でとある人とばったり出くわすのだった。

「あれ……アリゼさん。どうしてここに？」

出会ったのはニーナだった。やっぱり思った通り、魔導国家にいたか。

「久しぶりだな、ニーナ」

「うん、久しぶり」

いつも通りあんまり表情は変わらないが、それでも嬉しそうなのが分かった。

「──それで、ニーナはどこに向かってたんだ？」

俺はニーナと連れ立って街を歩きながら尋ねる。

「本屋」

「ああ、本屋か。ニーナらしいな。まあ──宿屋探しの前に少し寄ってもいいな」

「宿屋？　ああ、それなら私の泊まっている宿屋を紹介する」

「おお、それは助かる。それだったら本屋に行く時間もありそうだ」

と言うわけで、俺たちは本屋へ行くことになった。

この街の本屋はあまり大きくなさそうだけど。でもこういった場所に掘り出し物とかがあったりするんだよな。

「じゃあ早く行こう」

そう言ってスタスタと歩いていくニーナの後に続く。

「それで、何か目的の本とかはあるのか？」

彼女は少し首を傾げて考えた後、答えた。

「特に」

「そうか。でもニーナのことだし、魔法書とかが欲しかったりするんだろ？」

「いや、英雄譚とかの物語でも可」

へー、ニーナが英雄譚を読むなんて珍しい。

いつも難しそうな魔法書とか学術書とかを読んでいたイメージだ。

「何でまた英雄譚なんだ？」

「歴史も知った方がいいと思った。それに魔法書は大体読んでしまったから」

おおう、大体読んだとか流石すぎる。

まあ魔導国家ならいくらでもそういった本は集められるだろうしな。

だがニーナは何故かポッと頬を赤らめる。

「ほら……子供が出来た時とか、子供に読み聞かせもしないといけないし」

「子供、子供かぁ。ニーナはそういう相手がいたりするのか？」

いるとしたら凄く悲しいが、それだけニーナも成長したということだ。

ニーナは今度はムッとする。

「その質問は愚問。いるわけない」

「そ、そうか……。そうだよな、それはすまんことを聞いた」

「いや、いい。決まった人はいるから」

そして俺たちは街の小さな本屋を見つけ、そこに入ってみる。

「失礼しまぁす」

店の扉を開けると、嗄《しわが》れた声が返ってくる。

「いらっしゃい。何か用かね？」

そうカウンターの向こうから顔を出したのは皺の寄ったお婆ちゃんだった。

彼女は鋭い目でこちらを見るが、俺を見ると目を見開いた。

「――お前さん、さてはアリゼだね？」

「……え？　何で俺の名前を？」

「流石に覚えとらんか。まあお前さんが十代前半の頃だ。仕方がないだろう」

十代前半は《黄金の水平線》に拾われて旅をしていた頃だ。

何か覚えてないかと記憶を思い出そうとして、そして――。

「あっ！　もしかしてベアと仲の良かった学者のお姉さん!?」

「そうだ。よく覚えていたな」

彼女のことはよく覚えている。

マッドサイエンティストさながらに過激な実験を繰り返していた人だ。

よくベアの狩ってきた魔物を引き取って、それで実験をしていた。

ベアもそれにはノリノリで、二人して楽しそうに夜更けまで実験をしていたものだ。

「そうか……レアナさんももうお婆ちゃんか……」

「ははっ、もう三十年も経っているのだ。当たり前だろう」

「しかし、どうしてこんなところで本屋を？」

「老後なんだ、静かなところでゆっくりしていてもいいだろうが」

そう言った後、レアナはニーナの方を見て尋ねた。

「で、そちらは英雄様のニーナ様だね？」

「うん、そう。私はニーナ」

「そうかそうか。ありがとう、ニーナ様。お主のおかげで今の世界は平和になったのだから」

そう直接感謝され、ニーナは満更でもなさそうな表情になる。

必死に照れを隠そうと無表情を装うが、口元のニヤケが抑えきれてない。

意外とニーナって感情豊かだからな。

あんまり口調とかには出ないだけで。

今回は流石に嬉しかったのだろう。

「それで、今日は何を買いにきたんだね？」

「ああ、そうだ。英雄譚とかが欲しいらしいぞ」

「英雄譚か……。それならとっておきがある」

そして店の奥に戻っていくレアナ。

どうやら陳列されているものではないらしい。

戻ってきた彼女が手に持っていたものはとても古そうな一冊の本だった。

「それは何？」

ニーナが興味深そうに尋ねる。

レアナはニヤリと笑みを浮かべて言った。

「これは七百年前に現れた魔王と、それを倒した勇者様たちの話さ。魔王を倒した後、勇者様たちがどこへ行ったかとかまで書かれている」

……それってとても貴重なものなのではないか。

ニーナもそう思ったのか、首を傾げて言った。

「何でそんなものをお婆さんが持っているの？」

「ふふふっ、それはな、私が勇者たちの末裔の一人だからだよ。まあ他の末裔たちはとある僻地の村に引きこもっているけどな」

含むように笑いながら、レアナはそう言うのだった。

俺たちは買った英雄譚を読むためにカフェに入る。

そこにはこんなことが書かれていた。

——七百年前にも魔王と呼ばれる魔族がこの大陸に攻めてきた。

彼は無数の魔族たちを率いていた。それによって人類の三分の一が犠牲になったが、ある日《宝剣エクスカリバー》と呼ばれる一振りの剣を携えた青年が現れた。

彼はその剣で魔族たちをドンドン倒していき、いつの間にか勇者と呼ばれるようになっていた。

仲間もドンドン増え、その勇者パーティーはとうとう魔王を打ち倒すことに成功する。

その後、勇者パーティーは平穏になった世界に満足して、《魔の森》中央にある平原に村を作りそこで暮らすようになった。

「……もしかしてルインって、あの村の人たちって七百年前の勇者パーティーの末裔なのか？」

「ルインって誰？　あの村の人たちって？」

「ああ、ニーナに説明するとだな。俺はみんなと別れてから十年間、《魔の森》の中央にある平原にいたんだよ。そこに村があってルインと呼ばれる少女がいたんだ」

「なるほど。どうりで見つからないわけだ」

「うっ……それは申し訳ないことをしたと思ってる」

「ううん、別に構わない。こうして会えたのだから」

ルインが勇者の末裔かぁ……。

奴隷だった少女たちも英雄になってるし、俺の周りが凄い人だらけになってきてる気がする。

「英雄譚はお終い。それよりもこのソフトクリーム美味しい」

「ああ、そうだな。それはイチゴソフトか？」

「そう。食べてみる？」

「いいのか？」

「もちろん。その代わりそのマンゴー味も欲しい」

差し出されたイチゴソフトをパクっと食べてみる。

うん、ちゃんとイチゴの味が口の中に広がって美味しいな、これ。

マンゴー味も美味しかったが、イチゴ味も負けてない。

「じゃあほら。食べてみな」

そう言って俺は自分のマンゴー味のソフトクリームを差し出した。

「うん、こっちも美味しい」

「そりゃ良かった」

そして俺たちはカフェでまったり過ごしてその日を終えるのだった。

特訓

ナナの家はあまり立派とは言えない一軒家だった。

俺は扉の前についてる鈴をチリンチリンと鳴らす。

ちゃんの役に立つよ」


「はぁい！」

扉の向こうからナナの声が聞こえてきて、扉が開いた。

「あ、おじさん！　来てくれたんだね！」

やっぱり呼び名はおじさんだった。

そのことに必死に笑いを堪えるニーナ。

……くそう、笑うなよ。

「やあ、ナナちゃん。この人はニーナって名前なんだけど、凄い魔法使いだからきっとナナちゃんの役に立つよ」

「ニーナさん？　それって英雄様の一人、深淵の魔女ニーナ様と同じ名前？」

俺はそう聞かれぎこちなく頷く。

しかし彼女が本物のニーナであるとは思いもよらないのか、にへらと笑ってナナは言った。

「へえ、それは凄いね！　いいなぁ、私もニーナって名前が良かった！」

「……ともかく中に入っていいか？」

「あ、いいよ！　入って、入って！」

ナナに促され、俺たちは家に上がる。

「やっぱり凄い魔力を感じる。全部彼女の？」

靴を脱ぎながらニーナが言う。

「多分そうだと思う」

「……これじゃあ確かに暴発しても仕方がないかも」

そんな会話をしていると、奥から出てきた母親は驚いたように目を見開く。

「もしかして、ニーナ様でしょうか……？」

「うん、そう。私はニーナ」

母の言葉にニーナが頷くと、今度は恐る恐る俺の方に視線を向ける。

「それじゃあ貴方はもしかして……」

「彼は私たちを育ててくれたアリゼさん。この人ならどんな問題でも解決」

ドヤ顔で胸を張って答えるニーナ。

何故ニーナが答えるんだ……。

彼女の言葉に母親は真剣な表情で頭を下げた。

「うちのナナをどうかよろしくお願いします」

それに対してニーナはサムズアップすると自信満々な声でこう言う。

「任せて、アリゼさんなら絶対に何とか出来る」

……結局人任せかよ、と俺は思わずため息をついてしまうのだった。


ナナの家のリビングで俺は彼女と向かい合って座っていた。

「まずは魔力操作についてだが、とりあえず俺の手を握ってごらん」

「手を？　どうして？」

「握ってみれば分かるさ。ほら、手を出して」

そして恐る恐る手を出したナナの手を俺は握る。

すると茫漠な魔力があるのが分かるが、俺はそれを丁寧に動かしていく。

「あっ！　なんか魔力が変わってく！」

「だろう？　これが魔力操作ってやつだ。この感覚を今日は覚えるぞ」

「分かった！　やってみる！」

俺は彼女が魔力操作をしようとしているのを、補助してあげるように動かしていく。

こういうのは感覚で覚えるのが大事なのだ。だから繰り返し、何度も魔力を操作させていく。

「うーん、難しい……」

「最初はみんなそんなもんさ。これから上手くなっていくよ」

俺が言うと彼女は目を輝かせて言った。

「ほんと⁉」

「ああ、ほんとだとも」

そんな俺たちの様子を見ていたニーナも話に入ってくる。

「ナナ。いったん力を抜いて」

「力を……？　分かった、やってみる！」

確かにナナの肩に力が入り過ぎていた気がする。

力を抜いたナナにニーナは更に続けた。

「自然に流れていくのを感じるの。水のように、川のように」

「水、水……、あっ！　もしかしてこういうこと⁉」

何かを掴めたみたいで、俺がほとんど補助しなくても自分で魔力を循環できるようになっていた。

流石はニーナだ、人に教えるのも上手らしい。

「そう。そんな感じ。アリゼさんの手を離してみて」

ニーナの言葉に頷いて恐る恐る俺の手を離した。

しかしそれでもゆっくりと魔力が循環していて、魔力操作の一歩目が成功したことを示していた。

「凄い凄い！　なんか分かった気がする！」

「今日はそれをずっと繰り返していくことだな。それより先はまた今度だ」

「分かった！　ありがとう、おじさん、ニーナ様！」

おじさん……。

やっぱり俺はおじさんらしい。

そんなことをしていると、奥からお母さんが出てきて俺たちに言った。

「あの……お礼にはならないかもしれませんけど、ご飯を食べていきませんか？」

そう言われたがどこからどう見ても人にご飯を振る舞えるほど、金銭的に余裕があるとは思えない。

「いや、そこまで気にしなくても大丈夫だぞ。それよりもナナちゃんにたくさん食べさせてあげな」

その言葉とともにナナのお腹がぐうっと鳴る。

それを聞いたニーナはナナに尋ねた。

「お腹空いたの？」

「うん……。ちょっとお腹空いたかも」

「そう。だったら一緒に食べない？　お母さんも一緒に」

そう言われたナナは嬉しそうな表情になる。

「え⁉　いいの⁉」

「もちろん」

しかし母はどこか申し訳なさそうに俯いて言った。

「それでは私たちが貰ってばかりになってしまいます」

「気にすんなって。やっぱりご飯はみんなで食べたほうが美味しいだろ？」

というわけで、俺たちは一緒に夕食を食べることになり、ルルネたちがいる宿を探し始めた。


「それじゃあ、いただきます！」

目の前に広がるたくさんの料理に目を輝かせながらナナは言った。

やっぱり母親は申し訳なさそうにしているが、思わずといった感じで腹が鳴る。

「……あっ。す、すいません」

それにアーシャが微笑んで言った。

「気にしなくて大丈夫ですよ。いっぱい食べてください」

「あ、ありがとうございます」

そして夢中になって食べ始める母娘を俺たちは温かい目で見てしまう。

……いや、負けじとミアが一人がっついていたが。

ミアはふと顔を上げると、ナナに尋ねた。

「ナナさんは食べるの好きなんですか？」

「うん！　私はね、お腹いっぱいご飯を食べるのが夢だったんだ！」

そうか、それなら振る舞ってあげて本当に良かった。

そんな彼女の母はぽつりと言葉を零した。

「ナナの父――私の夫は魔王軍との戦いで死んでしまったんです」

その言葉にアーシャたちはみな申し訳なさそうに顔を伏せた。

母はそれを見て慌てたように言葉を付け加える。

「あっ、いえ！　別に責めているわけじゃなくて、感謝してるのですよ！　夫の仇を討ってくれてありがとうって」

しかし責任感が強い彼女たちのことだ。間違いなく負い目は感じてしまっているだろう。

ナナの母にルルネが代表して言った。

「すいません、私たちが至らないばっかりに犠牲を増やしてしまっていたのね」

「そ、そんなことありませんよ！　悪いのは全部魔王なのですから！」

俺はこの話が平行線を辿る気がしたので、パンっと手を打った。

「じゃあこうしよう。ルルネたちは負い目を感じていて、ナナちゃんたちは魔力操作に困ってる。

だったらナナちゃんがしっかりと魔力操作を出来るようになるまで俺たちで見守る。これでどうだ？」

そんな俺にルルネが呆れたような表情を向けてきた。

「ちゃっかりアリゼさん自身も入っているあたり、お人好しよね」

「それを言うならお前たちもじゃないか。で、ナナちゃんのお母さん的にはどうだ？」

そう尋ねると、彼女は頭を深々と下げて言うのだった。

「ありがとうございます。この恩は絶対に忘れません」


―ｓｉｄｅ．ナナ―


アリゼさんたちと特訓しながらも、私は彼らがいない時も一人で王都近くの草原まで来て魔力操作の特訓をしていた。

「うーん、なかなか上手になってきた気がする！　これだったらそろそろ魔法の使い方も教えてくれないかなぁ？」

私としては早くみんなと同じように魔法を使ってみたかった。

英雄と呼ばれているルルネさんたちに憧れを抱いてしまったのだ。

「でも基礎は大事だよね！　やっぱり焦らず魔力操作をしていかないと！」

そう胸の前で拳をギュッと握った私に声をかけてくる男がいた。

「お前……その魔力量、凄いな」

私が声のしたほうを振り向くと、その男は深々とフードを被っていた。

少し警戒の視線を送る私に、彼は優しい声音で話しかけてきた。

「なあ、お兄さんの話を少し聞いてくれないか？　なぁに、ただの与太話さ」

「……話？　まあ、話を聞くくらいなら良いけど」

いまだ警戒心を解かない私の横にフードの男は腰を下ろすと、話を始めた。

「俺の親――に近い人がいたんだけどな。彼は何も無かった俺たちに生きる意味と、困難に立ち向かっていく力を授けてくれた」

親、という言葉に私はピクリと反応する。

母は少しヒステリックで周囲の目を気にしすぎるところがあるが、女手一つで自分を育ててくれて、自分を見捨てずに愛情を注いでくれている。

そのことは十分に伝わってきていたし、そんな母親のことが私は大好きで尊敬していた。

だからこそ、そう言った彼の話に興味を持ったのだ。

「……どんな親だったの？」

ふと、私はそう尋ねていた。

それに彼は遠い目をして答えた。

「俺の親はな、とても厳しい人だったんだ。ミスをすれば怒られるし、ミスをしなくても怒られる。でも――親を失いただ人のものを盗んで暮らしていたような俺たちに家族を与えてくれた。生きる場所をくれた」

「俺たち？」

「ああ。俺以外にも三人子供がいてな、みんな個性的で衝突も多かったけど、みんなで支え合って生きていたんだ」

私は今まで一人だった。

今はアリゼさんたちがいるが、それでも同年代の友達はゼロだ。

だから支え合う仲間がいたということを聞いて羨ましく思った。

それと同時に、私は彼が悪い人に思えなくなっていた。

「俺はたとえ全てを敵に回そうとも、親の味方でいようと思った。彼がどんな過ちを犯そうとも、一緒にいようと思ったんだ。思っていたんだ……」

雲が太陽を隠し、草原に影が落ちる。

どこか辛そうに言うフードの男に私は首を傾げた。

「……その親はどうなったの？」

「俺の親は死んだ。……正確に言えばまだ死んでいないが、ほぼ死んだと同義だ」

「…………え」

私はそれを聞いてショックを受けた。

完全に感情移入してしまっていた私は何で彼がそんな不幸な目に遭わなきゃならないのかと思った。

「でも……お嬢ちゃん。君の魔力があれば、俺の親は生き返るかもしれない。また、俺は親と夢を叶える事ができるかもしれない」

自分の魔力は今まで役に立ってこなかった。

何の役にも立たず、逆に人に迷惑をかけていた。

でも、そう言われて、私はこんな自分でも人の役に立てるのではないかと思った。

こんな不要だった魔力でも、人の役に立てて、人を幸せにできるのではないかと思った。

「それは……私にしかできないの？」

「ああ、お嬢ちゃんの魔力でしかできない。お嬢ちゃんだけが頼りなんだ」

そう真摯に言ってくるフードの男に完全にナナの心は動かされていた。

自分が……、何もできず、ただ叱られるだけだった自分が人の役に立てる。

そのことが嬉しかったのだ。

そのことが誇らしく思えたのだ。

だから私は、こう言ってしまっていた。

「私は、どうすれば良いの？」

「今、儀式の準備をしているから、決勝トーナメントの日、またこの草原に来てくれるかな？」

「そうすれば私はあなたの役に立てる？　おじさんの親を生き返らせられる？」

それにフードの男は頷いた。

ナナは思わず頬が緩む。

「分かった！　じゃあ、決勝トーナメントの日、絶対この草原に来るから！」

「ありがとう、お嬢ちゃん。――ああ、それと。このことは誰にも話しちゃダメだよ？」

「え？　なんで？」

「これは大規模な儀式だからね。使うことを知られると怒られちゃうんだ」

何も知らない私はそれが本当のことだと思い、しっかりと頷いた。

「分かったよ、お兄さん！　絶対に誰にも言わない！」

「頼んだよ。……それじゃあ、また会おう」

そしてそのお兄さんはその場から消えた。

いきなり消えて私はビックリしキョロキョロと辺りを見渡すが、もう彼の姿は何処にも無かった。

それから数分後、私を呼びにニーナ様がその草原にやってくるのだった。

「ナナ、何か良いことあった？」

「ううん！　何も無いよ！　何で？」

「だって何か嬉しそう」

私は頑張ってにやけ顔を抑えようとするが、それでも嬉しくて笑みが溢れてきてしまうのだった。

魔法の勉強

俺たちは朝、屋台で串焼きを買うと、ニーナとナナの家まで歩きながら話をする。

「今日はナナちゃんに魔法を教えようと思うんだが、どう思う？」

「良いと思う。私もそろそろ教えて良い頃だと思っていた」

どうやらニーナも同じ考えだったらしい。このことを知ったらナナも喜ぶのではないだろうか。

彼女は魔法を使うことに憧れがあったらしいしな。

だがナナの家に行っても彼女はおらず。

「ナナは多分、今日も草原で特訓してると思います。最近はずっとそうしてますから」

母親が言うには草原にいるらしい。

その場所はニーナが知っていたので俺は彼女についていく。

草原まで来ると、言われた通りナナは一人で座禅を組んでいた。

魔力操作の特訓をしているのだろう。

「おーい、ナナちゃん！」

そこでようやく俺たちに気がついて、満面の笑みを浮かべてこちらを見た。

「あ、おじさん！　あと、ニーナ様！」

ちなみにおじさんというあだ名を変えようと奮闘してみたが、結局変わらなかった。

要塞都市アルカナの宿娘アンナちゃんはすぐに変えてくれたのにな……。

「おう、どうだ調子は？」

「うん、順調だよ！」

「しかし何だか嬉しそうだな。何かあったか？」

そう尋ねると、ナナは含むような笑みを浮かべて首を横に振った。

「ううん！　何でもないよ、何でも！」

「そ、そうか……。まあ、いいや。とりあえず今日は魔法の使い方を勉強しよう」

「え⁉　魔法を使っても良いの⁉」

俺の言葉にさらに嬉しそうに飛び跳ねるナナ。

そんな彼女にニーナは頷いて言った。

「うん、今日からは魔法の勉強。でも暴発したらヤバいことになるから、気をつけるように」

ナナの魔力量だと、間違いなく初級魔法でも死人が出るレベルだ。

マジで慎重にならないとマズいことになりかねない。

「わ、分かった。頑張ってみる」

そして深淵の魔女ニーナによる個人レッスンが始まる。

「魔法は、基本的に詠唱と無詠唱がある。でも最近は無詠唱が一般的」

「詠唱は大昔の話だって聞いたことがある！」

「そう。今はかなり魔力についての研究も進んでいて、詠唱にはロスが多いことが分かっている」

そう話し始めたニーナの言葉を一言一句聞き逃さないように身を傾けるナナちゃん。

「魔力は自分の意思で変質できる。例えば、火の属性に変質すると――」

言ったニーナの手からボウッと火が飛び出てきた。

「こんな風に火が飛び出てくる」

「なるほど！　でもそれってどうやるの？」

首を傾げるナナに、ニーナは一つ一つ丁寧に説明していく。

「これは感覚で掴むしかない。でも手助けはできる」

「手助け？」

「そう。魔力操作と同じように、他人から補助輪のように道しるべを示すことはできる」

そしてニーナはナナの手を取ると、慎重にその魔力を火の属性に変質させた。

瞬間、ゴウッとナナを取り囲むように火柱が起こった。

流石の魔力量だ。その火柱の勢いはニーナの先ほどの魔法とは比べものにならない。

「凄い！　私も魔法が使えるんだ……！」

嬉しそうにしているナナにニーナは微笑む。

「うん、魔法は魔力があれば誰でも使える」

「それで、この感覚を掴めば良いんだよね!?」

それから二時間ほど、その草原で二人はずっと属性変化の特訓をしていた。

「そろそろ帰ろうか。もう日が落ちる」

「うん！　そうだね、そろそろ帰らないとお母さんに怒られちゃう！」

と言うわけで、今日の特訓はここで終わりにし、俺たちは王都に帰るのだった。


—ｓｉｄｅ.ガガイタス—

その日、俺はカリファ魔導国家の王都付近にある小さな洞穴で着実に計画を進行していた。

俺は魔王の卵に魔力を送っていた。
魔王の卵はその魔力でドクンドクンと脈打っている。
だが、まだ孵化する予兆は見られなかった。
「まだ全く足りないが……あのガキの魔力があれば復活できるぞ……」
そう呟き、クツクツと笑う。
俺以外の円卓騎士はほぼ戦闘不能状態になってしまった。
しかし魔王が復活すれば、彼らだってすぐに救い出せるだろう。
それにあの魔力があれば、間違いなく以前よりパワーアップして復活できる。
「くくくっ、見ていろよ、人類、英雄。お前たちの終わりは近い……」
俺は再びフードを深々とかぶると、洞穴から出てナナがいる草原に向かうのだった。
そして三時間後、ナナは行方不明となってしまう――。

消えたナナ

ナナの捜索を開始してから既に二時間が経過した。
しかしそれでも見つからないことに俺は最悪の事態を想像してしまう。
彼女は魔力量が多い。それも、圧倒的に。

その魔力量は間違いなく色々なことに活用できてしまう。

何者かが接触してきてもおかしくない。

先ほど聞き込みをしたときの情報を思い出す。

フードを被った男が草原のほうに向かっていた。そしてナナは草原で特訓をしていた。

……あながち間違いではなさそうだ。

だとすれば間違いなく時間が無い。

闇雲に王都周辺を探し回っていると、アカネと遭遇する。

「ナナちゃんはいたか？」

「……いなかったです」

どうやらアカネも見つけ出せなかったらしい。

先ほどの考察を彼女に伝えると顔色を真っ青にした。

「それはマズいですね……。どうしましょうか」

「どうするって言ったって……見つからないことにはどうしようもないよな」

そんな時だった。

バチバチと森のほうから巨大な電撃音が聞こえてくる。俺とアカネは顔を見合わせると、そちらの方に駆けていった。

その音源はどうやら小さな洞穴らしかった。

ルルネたちも集まっていて、みんな緊迫した表情をしている。

中から、カツカツと歩いてくる音が聞こえる。俺たちは、そいつが現れるのを息を呑んで見守っていた。

「あー、久しぶりの身体はやはり良いな。生き返った気分だ」

出てきたのはスラリとしたイケメン風の魔族だった。

漆黒の衣装を身に纏い、その赤く細い瞳をキョロキョロとさせている。

「……と思えば、なかなかの歓迎だな。探す手間が省けて助かった」

そう言ってチロリと舌なめずりをした。ぱっと見は全く強そうには見えない見た目だ。

しかしそこから溢れ出る魔力は異常に俺たちに圧力をかけてくる。

「しかしあのバカ魔力の少女とガガイタス。二人分の魔力があれば倒すなんて余裕だろう」

「……ガガイタス？　もしかして、仲間の魔力を吸収したのか？」

俺が尋ねるとその魔族はギョロリとこちらを見て首を傾げながら言った。

「誰だ、お前は？　見たことない顔だな」

「……わざわざ名乗るほどではない。それよりも、仲間のガガイタスさえも吸収したのかと聞いている」

その問いに魔族は何でもないように頷く。

「当たり前だろう？　あいつらが何のためにいると思っているんだ？　俺の糧になるためにいるんだ」

「やはり魔王。貴方は私たちが倒さないといけないらしいわね……」

ルルネがポツリと言った。

どうやらこいつが魔王らしい。

俺はごくりと唾を飲む。

「しかし、これほどの魔力がわざわざ集まってくれるとは有り難い。この魔力を持って超大陸アベルに戻れば、一躍俺は英雄になれるぞ」

「超大陸アベルだって……？」

俺が首を傾げると、魔族は馬鹿にするように鼻で笑って言った。

「そんなことも知らないのか。超大陸アベルとはこの大陸アガトスとは別にある巨大な大陸だ」

「もしかして……その超大陸アベルって魔族たちが治めているのか……？」

俺の言葉にその魔族は頷いた。

魔族たちがどこから来ているのか不思議だったが、どうやらその別大陸から来ているらしい。

「さて……よりどりみどりでどれから食すか悩むが、やはりメインディッシュは最後だろう」

そう言った瞬間、そいつの姿が掻き消えた。

狙いはミア。

ミアは慌てて避けようとするが、彼女は英雄の中でも最弱だ。その速度に避けきれず、頭を掴まれてしまった。

「ぐっ……」

叫び声を上げるのを何とか堪えると、彼女は鈴をかざして聖魔法を使おうとする。

しかしそれすらも間に合わず、一瞬で彼女の瞳からハイライトが消えた。

魔族はポイッとミアを捨てると、そこでようやく腰の剣を引き抜いた。

「くくっ……やはり英雄などと呼ばれる奴らの魔力は美味しいな。すさまじく力が溢れてくるのを感じるぞ……」

絶体絶命となってしまった今、それでも俺たちはドンドンとパワーアップしていく魔王を倒さなければならないのだった。


それから俺たちは数時間にも及ぶ戦いを繰り広げていた。

しかしミアとルルネの魔力は既に魔王に吸収されている。

より強力になった魔王に、俺たちは防戦一方だった。

魔王を倒すには勇者の里にあるとされている《宝剣エクスカリバー》が必要だ。しかし今から《魔の森》の中央に戻る時間なんてあるはずもなく。

他に魔王を倒す手段があればいいが……そんなものも思い浮かばない。

「ガハハッ!　これで三人目だ!」

魔王はそう言いながらアーシャの頭を掴んでいた。

彼女も魔力を吸い取られ、瞳のハイライトが消えていく。

「アリゼさん……これは、マズいかも」

ニーナが近くでボソッとそう言った。

間違いない。今の俺たちの力では魔王には勝てない。

それからさらに数時間ほど戦い――残ったのは俺だけとなった。


―ｓｉｄｅ．ルイン―


そのとき、私は鏡華大心国の王都の近くまで来ていた。

要塞都市アルカナのレーア様、アルカイア帝国の帝都のハルカ様、ニーサリス王国のクリス様と辿っていき、ようやくアリゼさんがカリファ魔導国家にいると聞きつけたのだ。

私は歩きながら自分の腰にぶら下げた剣を握る。

この剣は村から出てくるときに村長からもらったのだ。

村に代々伝わるとても大切な剣だと言っていたから、無くさないようにしないといけない。

そんなことを思っていると、王都付近の森の方で強大な魔力が生じるのを感じた。

「……何が起こっているの？」

思わずそう呟くが、何か嫌な予感がする。

私はその予感のまま、そちらの方に走って行った。

魔王復活

「ふふふ……ははは っ！　これで俺は最強だ！　あとはお前を吸収すれば、俺も完全体になれる！」

英雄たちは魔力を奪われ、もう動けない状況だ。

残された俺まで倒されれば、もう彼を止められる人間はいなくなる。

手汗で剣が滑りそうになり、ぎゅっと握り直す。

負けるわけにはいかない。

おそらく、彼を倒せばルルネたちもまた元に戻れるはずだ。

それに世界は平和になるだろうし、ここが正念場だった。

魔王は恐怖を煽るようにゆっくりと近づいてくる。

俺はジリっと後ろに下がりそうになるが、意思の力でなんとか堪えた。

「さあ――お前も俺の糧になれ！」

瞬間、魔王が飛び出してきた。

俺はなんとか避けようとするが、ギリギリのところで掠ってしまう。

それだけでものすごい衝撃を喰らい、吹き飛ばされる。

「がぁっ！」

そのまま地面を何度かバウンドして、木の幹に叩きつけられた。

たったの一撃なのに。もう動けそうにない。

今まではアーシャのバフ魔法を貰っていたからなんとか堪えられたが、もう無理そうだ。

諦めて目を閉じる。

ごめん、みんな。

俺はみんなを救うことはできなかった……。

しかしふと、脳内に思い出が蘇ってくる。

十五年前、みんなを拾った時の記憶だ。

『やあやあ、僕は悪い大人じゃないよ』

そう声をかけた時の少女たちの怯えた表情。

それから同じ時間を一緒に過ごした。

『十年……十年経ったらまた会いに来てよ。その頃には、私たちはちゃんと自立して、立派な女性になってるからさ。そしたら一からやり直そう』

この答えもまだみんなに伝えられていない。

「……そうだな。諦めるわけにはいかないよな。ここで諦めてたまるものか」

俺は目を開いた。すでに魔王は近くまで寄ってきている。

俺は最後の力を振り絞って立ち上がった。

魔王が目を見開いて感心の声を上げる。

「ほう……まだ戦う意志を見せるか」

「俺は負けない。負けるわけにはいかない」

そして落ちていた剣を拾うと、俺は構えた。

「ハッ！　そんな折れた剣で何ができる！」

鼻で笑われようとも、どんなに馬鹿にされようとも、俺は戦う。

みんなのために。

俺が剣を構えていると、苛立ったように魔王は言った。

「……そうか。貴様はそれでも逆らう気だな？　じゃあ吸収は待ってやる。心が折れるまでな」

そして魔王はジリジリと近づいてくると——。


俺はこの数時間、記憶が朦朧としていた。

ただただ殴り蹴られ続けていたのだけは覚えている。

それでも、俺はまだ立ち上がった。

それに苛立ったように魔王は舌打ちする。

「ちぃっ！　まだ折れないか。……もう吸収してしまうか、面倒くさい」

マズい、とボンヤリする頭で思った。

吸収されたら本当に終わりだ。

それだけは避けなければならないが……。

もう体は動かない。

ピクリともしない。

今度こそ俺は目を瞑った。

諦めてしまったそのとき――。


「アリゼさぁああああああああああああん！」


そんな聞き馴染みのある叫び声のあと、ザシュッという小気味良い音が聞こえてきた。

「ぎゃぁあああああああああああ！」

今度は魔王の叫び声が聞こえてくる。

何が起こったのかと思って目を開くと、そこではルインが魔王の左腕を切り刻んでいた。

「遅れました、アリゼさん！　お久しぶりです！」

ルインは豪華な装飾の剣を構えながら俺にそう声をかけた。

俺は目を見開き、彼女の方を見る。

「どうしてルインが……」

「決まってます。アリゼさんに勝てると思ったから、こうして村から出てきたんです」

そうか……彼女もそこまで強くなったのか……。

俺があの村を出てから、すでに半年は経過してるもんな……。

そんな短期間で強くなれたルインも凄いが、半年も経っていることも驚きだ。

やっぱり旅は移動時間が長いから、時間経過が早く感じる。

思わず感慨に耽りそうになるが、そんなことをしている場合じゃないと首を振る。

今は魔王を倒すのが先だ。

俺はヨロヨロと立ち上がるが、ルインは近づいてくると手で制した。

「ここは私に任せてください。私の強くなったところを見ていてください」

「でも、相手は魔王だ。そう簡単に勝てるわけが……」

そう言った俺に彼女はにっこりと微笑みかけてくる。

「大丈夫です。今の私ならなんか勝てそうな気がするんです」

ルインの言葉に反応するように、右手に持っていた剣が黄金に瞬く。

俺はその剣を見ると尋ねた。

「それは……どうしたんだ?」

「これは村に代々伝わってきた剣らしいです。《宝剣エクスカリバー》というらしいですよ」

……なるほど、そういうことか。

だから先程の一撃で魔王の左腕を切り刻めたんだ。

あの村に勇者の末裔が住んでいたのだとすれば、ルインが勇者の末裔だとしてもおかしくない。

そしてその《宝剣エクスカリバー》がその村に大事に保管されていてもおかしくはなかった。

「それに……私が負けそうになってもアリゼさんがなんとかしてくれる。私はそう信じています」

彼女は振り返り、魔王の方を睨みながら言った。

絶対的な信頼が俺を包み込む。

魔王は血走った目でルインの方を睨み、低い声で言った。

「貴様だけは絶対に許さないぞ。よくもこの俺に傷をつけてくれたな」

「許す許さないもありません。アナタはここで死ぬのだから」

ルインの瞳には意思の強さが宿っていた。

……なんだかみんな、ドンドンと成長していく。

俺の知らないところで。

そのことが嬉しくもあり、少し悲しくもあった。

「うるさい、うるさい。……うるさいうるさいうるさいうるさい!! 俺は絶対的な王だ！ 誰も俺を超えることはできないんだ！」

魔王はそう叫びながら地面を蹴ってルインに接近する。

その速度は圧倒的で、俺は思わず目を見開いた。

……やはり俺たちとの戦いのときは手加減していたんだ。

まずいと思った。

流石に宝剣によって強化されたルインだとしても、避けることは――。

しかしルインは突然、消えた。

そのことに魔王は驚きの声をあげる。

「どっ、どこに行ったッ⁉」

「ここです、魔王」

すっと背後に現れたルインは、その剣を魔王の心臓に突き刺そうとする。

しかし寸でのところでそれを避けた魔王は、チッと舌打ちをする。

「……なんだ、その速さは」

「なんでもありませんよ。ただアナタが遅いだけです」


圧倒的だった。


――それから、ルインの蹂躙劇が始まった。

なんとか避け続ける魔王だったが、次々に傷が増えていく。

そしてルインはトドメと言わんばかりに、宝剣に魔力を溜め始める。

もう魔王は満身創痍で、動けない状況だった。

「これでおしまいです、魔王」

「……くっ。俺はまだ、諦めてないぞ」

魔王はそう言うが、すでにそれを避ける体力さえも残っていないことは明白だった。

「それでは、さらばです。魔王――」

そしてルインは地面を蹴り上げて、圧倒的な速度で魔王に接近すると、その心臓に剣を突き刺した。

「うがぁあああああああああああああ！」

魔王はそう叫ぶ。

しかしふと、俺は彼がニヤリと笑みを浮かべるのを見た。

それで俺は魔王が何を企んでいるのか、理解してしまった。

「ルインッ！　マズい！　避けろ！」

しかし宝剣を握ったままのルインに避けることができるはずもなく。

魔王の伸びてきた右腕に顔面を掴まれるのだった。

「捕まえたぞ！　ハハッ！　これでお前たちは本当に終わりだ！」

瞬間、ルインの魔力が魔王に吸収されていく。

彼女は驚き固まったまま、地面に倒れ伏した。

魔王は自分の胸に刺さっている宝剣を引き抜くと、その辺に放り投げた。

そして俺の方を見ると、にいっと不気味な笑みを浮かべる。

「お前だけはじっくりと殺してやろうと思ったが、前言撤回だ。すぐに楽にしてやる」

よりパワーアップした魔王はかき消えるように移動すると、俺の前に現れた。

俺は慌てて魔王の右ストレートをなんとか避ける。

ドゴンッと衝撃波で森の木々が薙ぎ倒されていく。

しかし――魔王は一つだけ慢心していた。

あの《宝剣エクスカリバー》をその辺に放り投げてしまったことだ。

俺はなんとかその投げ捨てられた宝剣のほうに駆けていく。

そのことに気がついた魔王は怒りの叫び声を轟かせた。

「貴様ぁあああああああ！　お前だけは絶対に許さないぞぉおおおおおおお！」

しかし魔王が俺の元にやってくる頃には、すでに俺の手の中に宝剣が握られているのだった。

◇

俺は《宝剣エクスカリバー》を手に、魔王と対峙する。

みんなのためにももう負けられない……！

そう意気込んで、手汗で滑る柄を強く握り直す。

「貴様ぁあああああああ！　お前だけは絶対に許さないぞぉおおおおおおお！」

魔王はそう叫び、こちらを射殺さんばかりに睨んでくる。

俺はそれに対してニヤリと無理に笑って言った。

「お前は慢心しすぎた。これで終わりにしてやる」

宝剣を握ると、魔力が、力が漲ってくるのを感じた。

もう、絶対に負けられない。

そして俺は地面を蹴って、魔王と交差して——。


どのくらいの時間が経っただろうか？

一時間や二時間ほどは経ったはず。

そして――激しい戦いの末、最後に立っていたのは俺だった。

「無念か……。どうやら俺は負けてしまったらしい……」

魔王は地に伏せてそう呟いた。

そして彼の身体は砂になっていく。

「だが……最後にこれだけは使わせてもらう！」

全身が消える直前、魔王はニヤリと笑い叫んだ。

何をするのかと身構えると、ルルネたち五人の下に魔法陣が展開された。

「なっ……!? 何をするつもりだ!?」

「ふははっ！ これでこいつらは超大陸アベルに転移する！」

なんてことを……!?

俺が慌てて止めようとするが、しかし魔法陣は既に展開されてしまっていた。

魔王が消えると同時に、ルルネたち五人は虚空に消えてしまった。

「ああ……！ あああああああ！」

俺は叫び、地面に蹲るのだった――。

エピローグ

魔王を倒してから一年が経った。

すっかりこの大陸アガトスは平和になった。

……が、その犠牲になってしまった仲間たちがいる。

「アリゼさん。そろそろ船が出る時間ですよ」

俺の元にルインがやってきてそう言った。

彼女の腰には《宝剣エクスカリバー》が差さっている。

その後ろからはナナも来ていて、続けてこう言った。

「早く超大陸アベルにニーナさんたちを探しに行かないといけませんからね！」

「……ああ、そうだな。ここまで用意するのも時間が掛かってしまったしな」

アルカイア帝国と、ニーサリス王国に協力してもらい、俺たちは超大陸アベルに向かう船を用意していた。

「それじゃあ、早く行こうか。——超大陸アベルに」

そうして、俺たちの新しい旅路が始まるのだった。

書き下ろし番外編

お友達

―side．レーア―


「レーア様。今日もお元気ですね」

私が庭で木剣をブンブンと振っていると、執事のセバスが近づいてきて言った。

木剣を置き、タオルで汗を拭うと私は晴れやかな表情で返す。

「アリゼ様に命を助けてもらって以来、こうして体を動かすのが楽しいのです」

「ふふっ、やはりアリゼ様には感謝してもしきれませんね」

本当はもっとお返しとかをしたかったが、あいにく、しっかりお礼をする前にこの街を発たれてしまった。今度会ったときは、ちゃんとお礼をしよう。

「そういえばアリゼ様から、ルインという少女に会ったら仲良くしてほしいとお願いされていましたよね」

セバスの言葉に私は頷く。

「ええ、そう言われていましたね。しかし……彼女がどこにいてどんな子なのかも分からないので、まだ約束は果たせていません」

「アリゼ様は森から出てくるとおっしゃってましたよね。《魔の森》に人が住んでいるとは思えないのですが……」

あの森は人が住めるほど平穏な土地ではない。強力な魔物たちが跋扈している森なのだ。

普通なら馬鹿な話だと一蹴するところだろう。

しかしアリゼ様の強さを鑑みると、そんな人間がいてもおかしくないと感じてしまう。

と、そんな話をしていると、パタパタと衛兵が寄ってきて言った。

「すいません！　レーア様に伺いたいことがあるのですが……！」

その衛兵の困った様子に私は首をかしげて尋ねる。

「どうかしましたか？」

「本当は領主様にお伺いした方がいい案件だと思うのですが、今日は王都の方へ出向いていらっしゃるらしいので、レーア様でも大丈夫でしょうか？」

確かに父は現在、王都の方に出向いている。

どうやら王が代わり、初の女王様が誕生するらしい。

そのため、どの貴族も皆王都に集められている。

「ええ、私でも大丈夫です。今は父から一任されているので」

「そうですか。……あの、《魔の森》から出てきたと言い張る少女がいまして。彼女は身分証も持っていないみたいなので、街に入れていいのか分からなくて」

その言葉を聞き、私はピンとくる。

どうやらそれはセバスも同じらしく、こちらを向いて目を合わせた。

「あの……その子の名前はルイン、とか言いませんか？」

「あれ、レーア様の知り合いでしょうか？」

私が言うと、困惑したように衛兵は首をかしげた。

私は頷き、こう答える。

「ええ、彼女は私の友人です。是非ここまで通してあげてください」

「は、はっ！　了解しました！」

そういうわけで、私はアリゼ様のおっしゃっていたルインという少女と出会うことになるのだった。

◇

「ええと……何で私は領主様の屋敷にいるのでしょうか……？」

衛兵が連れてきたルイン様を客間に通すと、彼女は困惑したようにソファに腰掛けた。

「初めまして、ルイン様。私はこのアルカナ辺境伯の娘、レーアです」

「は、はあ……どうも」

遠慮がちに頭を下げるルイン様。

どうやらこういった場所には慣れていないみたいだった。

「ふふっ、そんなに畏まらなくてもいいんですよ。もっとリラックスしていただいて」

「で、でも……お偉いさんなんですよね？」

「まあ、一応はこのアルカナの街を治める立場の人間ではあります」

私の言葉にビクビクと身を縮こまらせているルイン様。

私はそんな彼女に優しく微笑みかけ、事の経緯を話し始めた。

「私は……アリゼ様に命を救われました」

「え!?　アリゼさんに!?」

私が言うと、ルイン様はアリゼという言葉に反応して驚き、顔を上げた。

「はい、アリゼ様は身の危険を顧みず、私のためにマンドラゴラを狩ってきてくれました」

「マンドラゴラ……。懐かしいですね。私も熱を出したときは、よくアリゼさんに採ってきてもらってました」

今度は私が驚愕する番だった。

「そんなに何度もマンドラゴラを採ってらしたのですか!?」

「え、ええ、まあ……。風邪引いたときとか、怪我したときとかによく」

そんなに何度も採りにいけるなんて……。

流石はアリゼ様だと思った。

どうやらこのルイン様とはよほど仲が良かったらしい。

そうでもなければ、そう簡単にマンドラゴラを採りにいこうとは思わないはずだ。

「というか、ええと、レーア様はアリゼさんと会ったってことですよね？」

「はい、そうですね」

ルイン様の問いに私が頷くと、前のめりになって彼女は尋ねてきた。

「え、ええと、じゃあ！　アリゼさんがどこに向かったか知ってますか!?」

「彼は王都の方に向かいました。どうやらほかの英雄様たちを探しに行かれたみたいです」

「英雄……？」

私の言葉に不思議そうに首をかしげるルイン様。

何か引っかかるところがあったのだろうか？

しかしそれには言及せず、ルイン様は立ち上がって言った。

「私、今すぐに王都に行きたいんですけど、どうやったら行けますか⁉」

「……それは今すぐじゃないといけませんか？」

そんな慌てた様子のルイン様に私は遠慮がちに尋ねた。

このますぐに出て行かれてしまっては、ルイン様とお友達になれない。

でも、無理やり引き留めるわけにもいかないわけで。

「う～ん、別に今すぐじゃなくてもいいんですけど……」

不思議そうに首をかしげて言うルイン様に私は勇気を振り絞ってこう言うのだった。

「あのっ！　だったら私とお友達になってもらえませんか⁉」

◇

「し、しかし友達って何をすればいいんでしょうか……」

あれから私はルイン様とお友達になることに成功した。

しかし私もルイン様も友達ができた経験がなく、どうすればいいのか分からなかった。

「さ、さあ……？　私に聞かれても困るよ」

ちなみにルイン様には敬語はやめるように言った。

敬語だと話しづらそうにしていたし、そっちの方がお友達感がある。私も敬語はやめようと思ったのだが、結局敬語に慣れていたので敬語のままだ。

「セバス、お友達って何をすればいいのでしょうか？」

というわけで、私は隣に控えていたセバスにそう尋ねる。

すると彼は優しげな微笑みを浮かべ、こう言った。

「お友達とは何をしててもお友達なのですよ。何をしたから友達になった、っていうものではありません」

そうは言うが、私たちは普通の友達というものを知らない。

だからその感覚もよく分からなかった。

「でも普通は友達とは、何をして遊ぶものなのですか？」

「そうですね……強いて挙げるのなら、買い物に行ったりご飯を食べたり、とかでしょうか？」

「そんな普通のことでいいのでしょうか……？」

セバスの言葉に私もルイン様も首をかしげる。

しかしセバスが言うのなら間違いではないのだろう。

「そ、それじゃあルイン様。街へご飯を食べに行きましょうか」

「う、うん。そうだね、そうしてみようか」

というわけで、私たちは支度を済ませ、街に繰り出す。

「セバス、ご飯はどこに行くのが正解なのでしょうか？　やっぱり一番高いところがいいのでしょうか？」

私が尋ねると、彼はチッチと指を振って言った。

「値段は関係ありませんよ。一緒にいて楽しめればどこでもいいのです」

う〜ん、その感覚がよく分からない。

ルイン様も首をかしげていた。

しかしルイン様はふと思いついたようにこう言う。

「あ、だったら私、スイーツってのを食べてみたいかも」

「スイーツですか？　そんなものでいいのですか？」

「うん。私の住んでた村には甘いものとか一切なかったからね。アリゼさんの話で聞くくらいしかなかったんだよ」

なるほど、やっぱりルイン様は森の奥に住んでいたみたいだ。

しかし森の奥に村があるなんて知らなかった。

確かにそんな地では、スイーツは食べられないか。

「では、この街で一番美味しいスイーツ屋に行きましょうか」

そして私たちは連れ立って街を歩き、街一番のスイーツ屋に向かった。

そこではパフェやクレープなんかが食べられる。

しばらく歩き店にたどり着いた私たちは、早速注文をするのだが——。

「レーアさん、何を頼めばいいのでしょうか？」

「ええと、この店のおすすめはこのクレープですね」

「へえ……クレープってものがあるんですね」

感心したように言うルイン様。

どうやら本当に甘味を知らないらしい。

「それじゃあ私は味違いのクレープを頼みましょう」

「味にもいろいろあるんだね」

「はい。味違いを頼めば、交換することもできますので」

そしてやってきた店員さんに注文をして、来るのを待つ。

どうやらその間、ルイン様はずっとソワソワしていた。

話の中だけで聞いていた甘味を初めて食べる、ということに緊張しているのだろう。

「ふふっ、楽しみですね。ルイン様」

「う、うん。すごく楽しみ」

しばらくして届いたクレープはとてもいい匂いを放っていた。

「うわぁ……すごくいい匂い」

「そうでしょう？　ぜひ食べてみてください」

物珍しそうにクレープを見ているルイン様に思わず笑みがこぼれる。

可愛らしい女の子だと思った。

「それじゃあ……いただきます」

そしてパクリと一口食べるルイン様。

するとすぐに目を見開き、感激したような声を出した。

「お、美味しい……」

「ふふっ、口に合ったみたいで良かったです」

それから夢中に食べているルイン様を見ているだけで、なんだか心が温まった。

私もクレープを食べ、残り少なくなった頃――。

「あの、ルイン様。こちらも食べてみませんか？」

「え？　いいの？」

「もちろんです。その代わり、そちらも一口ください」

私は自分のクレープを差し出しながら言った。

ルイン様は嬉しそうに頷くと、私のクレープをパクリと一口。

「こ、こっちも美味しい！」

「では、私も一口もらいますね」

そしてルイン様が差し出してくれたクレープを一口いただく。

「こっちも美味しいですね」

「だよね！　うんうん、クレープってすごいんだね！」

目を輝かせているルイン様はとても可愛らしい。

私たちは夢中になってクレープを食べ終えると、満足げに言った。

「ふう……もうお腹いっぱいですね」

「レーアさんは小食だね。私はまだまだいけるよ」

「じゃあもう一つ頼みますか？」

そう尋ねると、ルイン様は首を横に振った。

「ううん、今日はここまでにしとく！　他は今後の楽しみということで！」

というわけで、私たちは店を出て夕暮れの帰路を歩く。

「今日は楽しかったですね。ありがとうございます、ルイン様」

「ううん！　こちらこそ楽しかったよ！　レーア様、ありがとう！」

そう言って、私たちは目を見合わせ、小さく笑った。

なんとなく友達というものが分かった気がする。

そうして私は生まれて初めて、同年代の友達というものができるのだった。

あとがき

初めまして、著者のＡｔｅＲａです。この度は本作を購入いただきありがとうございます。

本作はかなり僕自身の《好き》が詰まっている作品ですので、この作品を読み、少しでも面白いと思ってくださったのなら、絶対に僕と友達になれることでしょう。

うん、きっとそうに違いありません。握手しましょう。

この作品のテーマを一言で纏めるなら、《旅》と《時間》です。

……え？　一言じゃないって？　それは言わないお約束です。

――とまあ、冗談は置いておいて、僕は昔からネットで旅動画を見るのが好きでした。仲良し数人組が旅先でワチャワチャやっているのを見るのが好きでした。

なんかこう、いいですよね？　最高です。

具体的に好きなところを挙げてもいいのですが、個人的には抽象的な気持ちのまま、なんか好きなんだよね、って感じでいたいので、いいですよね、って感想で終わらせようと思います。

それに加え、師弟関係というか、受け継がれる想いっていうのも、またなんか心に来ます。

時間が経って変わることもあれば、変わらないこともある。そう言った温かな時間経過も書いていければいいなとか、思っています。

とか言いつつ、僕の実力的に理想の五十％くらいまでしか表現できていない気もしますが……。

はい、もっと精進します。

さて、この作品はもともと小説家になろう様のほうで書いていた作品です。新しい楽しみを見いだしていただけた人もいると思います。

書籍版とｗｅｂ版でそこそこ内容が変わっていると思うので、

ｗｅｂ版の方が良かった、という意見ももちろんあるとは思いますが、おそらく書籍版の方が僕のエッセンスを出しているので、書籍版のほうが好き、と言ってくださる方は僕とお友達になりましょう。握手です。ｗｅｂ版はｗｅｂ版でもちろん思い入れもありますし、書いていて楽しかったので、ｗｅｂ版のほうが好きという方も友達になりましょう。これなら友達百人で富士山に登り、おにぎりを食べるという壮大なる夢も叶えられそうです。

……あ、でも屋久杉を見に行ったとき、山道を二十㎞くらい歩いたのですが、しんどすぎて山登りの厳しさを知ったので（知った気になってるだけ）一緒に富士山に行く方は覚悟しておいてください。でもそれだけゴールに辿り着いたときの感動は大きいので、富士山を登りきったときに食べるおにぎりは絶対に美味しいはずです。鞄の中に入れっぱなしでカピカピに固まっていても美味しく感じるはずです……多分。

あ、それで美味しくなくても僕は責任をとりませんので、あしからず。

とまあ、筆が少し暴走した感じはしますが、この作品を二人三脚でともに作ってくださった編集様、素晴らしすぎて印刷して壁いっぱいに張りたいくらいの素晴らしいイラストを描いてくださったｔｏｉ８先生。その他この作品に関わってくださったすべての人々に感謝を申し伝えます。

それでは二巻で再び出会えることを願っております。ほなまた。

5人と
再会するため、
海をこえて
超大陸へ！
……こんなの
聞いてない